舍勒价值秩序理论及当代启示研究

冯凡彦 著

A Study on Scheler's Theory of Value Order and
Its Contemporary Enlightenment

中国社会科学出版社

图书在版编目(CIP)数据

舍勒价值秩序理论及当代启示研究 / 冯凡彦著 . —北京：中国社会科学出版社，2015.10
ISBN 978 – 7 – 5161 – 7394 – 7

Ⅰ. ①舍… Ⅱ. ①冯… Ⅲ. ①舍勒(1874～1928)—价值(哲学)—哲学思想—研究 Ⅳ. ①B516.59②B018

中国版本图书馆 CIP 数据核字(2015)第 295983 号

出 版 人	赵剑英
责任编辑	徐　申
责任校对	古　月
责任印制	王　超

出　　版	中国社会科学出版社
社　　址	北京鼓楼西大街甲 158 号
邮　　编	100720
网　　址	http://www.csspw.cn
发 行 部	010 – 84083685
门 市 部	010 – 84029450
经　　销	新华书店及其他书店
印刷装订	三河市君旺印务有限公司
版　　次	2015 年 10 月第 1 版
印　　次	2015 年 10 月第 1 次印刷
开　　本	710×1000　1/16
印　　张	13.5
插　　页	2
字　　数	231 千字
定　　价	49.00 元

凡购买中国社会科学出版社图书，如有质量问题请与本社营销中心联系调
电话:010 – 84083683
版权所有　侵权必究

前　言

马克斯·舍勒（Max Scheler）是德国著名的现象学哲学家，也是中外哲学史上第一个明确提出并专门探讨价值秩序问题的哲学家。今天，价值秩序问题已经成为一个重大的时代问题，以与时俱进为理论特色的马克思主义，理应研究价值秩序，并为人们的价值选择和价值评价提供指导。显然，舍勒的价值秩序理论是任何研究此问题的人都不能忽视的历史资源，对舍勒价值秩序理论的先行解读和研究也就具有了特殊的意义。

本书以价值秩序与社会秩序的关系为主导线索，综合运用文本分析与解释法、比较法、逻辑与历史相统一等多种研究方法，对价值秩序理论的内容、逻辑以及社会解释进行了较为详细的梳理与分析。研究发现，尽管舍勒价值秩序理论有众多的不足与缺陷，但它对价值秩序与社会秩序之间关系的认识是非常深刻的，也具有一定的合理性。从马克思主义的立场反思价值秩序与社会秩序的关系，不仅有助于丰富和发展马克思主义理论，而且对思想政治教育及当代中国文明秩序的构建有重要启示。

价值秩序理论是舍勒现象学价值论的核心内容，它是在19世纪末20世纪初欧洲和德国社会变革背景、时代精神背景和学术研究背景的共同作用下，对现实社会的精神危机所做的一种理论应答，其主要理论来源是基督教思想和胡塞尔现象学，理论旨趣在于重新审理现代性，并尝试为道德奠基。

舍勒的价值秩序理论并没有一个公认的完整体系，其主要理论观点和社会解释散见于舍勒不同时期的著作中。因此，梳理价值秩序理论的主要观点和内容体系是研究工作的首要环节。价值秩序是自身被给予的质料秩序，主要展现为由高到低排列的五种价值样式即神圣价值、精神价值、生命价值、实用价值和感官价值之间的相互奠基关系；从根本上讲，价值秩序是一种人心秩序,因此也可称之为人心价值秩序;价值秩序不仅是理解个人的根据,也是社会秩序赖以建立和存在的深层根据。

价值秩序理论本身的构建方法是非逻辑的,但方法上的非逻辑并不否定理论本身的逻辑性。分析发现,舍勒对人的精神本质的揭示是其价值秩序理论的逻辑前提,有了对精神的独特认识,一个壮丽无比的价值世界才得以展现在舍勒面前;精神直观法是价值秩序理论的方法支持;而作为精神的非逻辑维度的情感理性是价值秩序理论的合法性基础。

在逻辑分析的基础上,本书又从历史角度切入,对一个历史的片段即资本主义的起源和整个历史的展开过程即古代社会、现代社会与未来社会的变化,从价值秩序的实然与应然之间的矛盾状况出发,揭示人心价值秩序与社会秩序的如下关系:资本主义起源于现代心性,价值秩序的失衡是古代社会的遗憾,价值秩序的颠倒是现代社会的无奈,价值秩序的重建是未来社会的期盼。

研究舍勒价值秩序理论的最终目的是丰富和发展马克思主义理论,所以,就共同关注的社会秩序正当性问题,展开价值秩序理论与马克思哲学的沟通交流很有必要。本书从对社会秩序的一般理解中,分析得出社会秩序是社会组织秩序与人心价值秩序的和谐统一的结论,指出马克思主要是从社会组织秩序视角分析社会秩序的正当性,而舍勒主要是从人心价值秩序视角分析,二者产生视角差异的原因在于他们对社会和价值的认识不同。在此前提下,从三个方面提出了价值秩序理论与马克思哲学可能的交流。通过交流进一步认识价值秩序理论的贡献与局限、深刻与片面,从而为丰富和发展马克思主义指明方向。

舍勒的价值秩序理论最终给我们揭示出这样一个道理:作为个体存在的人只有遵循心的逻辑去生活,才能实现其存在的本真意义,过上真正有德的生活;作为群体存在的社会,其文明与文化的发展、道德状况的优劣、社会秩序的和谐与否等等都与特定历史阶段中的价值秩序密切相关。因此,不论是推动道德世界的进步,还是构建文明的社会秩序,都必须发挥本然的人心之力量,重建价值秩序。基于此认识,本书专门用一章篇幅初步分析了舍勒价值秩序理论对当代中国思想政治教育及文明秩序构建的启示,以期为本人正在从事的高校思想政治教育理论研究和实践工作提供切实可行的指导,并为当前社会主义核心价值观和核心价值体系研究提供一点启示。

目　录

第一章　绪论 …………………………………………………… (1)
　第一节　问题缘起 ……………………………………………… (1)
　　一　价值秩序问题是一个重大的时代问题 ………………… (1)
　　二　人类社会发展需要多维视角的透视 …………………… (2)
　　三　思想政治教育的价值及其实现需要准确定位 ………… (2)
　第二节　研究意义 ……………………………………………… (4)
　　一　研究舍勒的意义 ………………………………………… (4)
　　二　研究舍勒价值秩序理论的意义 ………………………… (5)
　第三节　国内外研究现状综述 ………………………………… (7)
　　一　国外对舍勒及其价值理论的研究 ……………………… (7)
　　二　国内对舍勒及其价值理论的研究 ……………………… (8)
　　三　国内关于价值秩序的研究 ……………………………… (10)
　第四节　研究视角与研究方法 ………………………………… (11)
　第五节　研究思路与框架结构 ………………………………… (12)
　第六节　舍勒对"社会"和"历史"的现象学界定 ………… (14)

第二章　舍勒价值秩序理论的历史话语背景 …………………… (17)
　第一节　时代背景 ……………………………………………… (17)
　　一　社会变革背景 …………………………………………… (17)
　　二　时代精神背景 …………………………………………… (20)
　　三　学术研究背景 …………………………………………… (23)
　第二节　理论来源 ……………………………………………… (25)
　　一　基督教的思想质素 ……………………………………… (25)

二　现象学理论与方法 …………………………………… (27)
　　三　生命哲学的思想启迪 ………………………………… (31)
第三节　理论旨趣 …………………………………………………… (36)
　　一　重新审理现代性 ……………………………………… (36)
　　二　尝试为道德奠基 ……………………………………… (40)

第三章　舍勒价值秩序理论的基本内容分析 ……………………… (43)
第一节　价值秩序是自身被给予的质料秩序 …………………… (44)
　　一　舍勒对价值本质与特性的揭示 ……………………… (45)
　　二　舍勒的价值样式与价值秩序论 ……………………… (49)
　　三　舍勒为价值秩序的合法性辩护 ……………………… (59)
第二节　价值秩序从根本上是一种人心秩序 …………………… (65)
　　一　人心秩序首先表现为爱的秩序 ……………………… (65)
　　二　爱的秩序是价值秩序的先天依据 …………………… (67)
第三节　价值秩序是社会秩序的深层根据 ……………………… (68)
　　一　从价值秩序蕴含的三对关系来看 …………………… (68)
　　二　从价值秩序具有的功能作用来看 …………………… (77)

第四章　舍勒价值秩序理论的构建逻辑解析 ……………………… (81)
第一节　人的精神本质是价值秩序理论的前提 ………………… (81)
　　一　人的本质规定性在于精神 …………………………… (82)
　　二　精神是具有自我意识的对象化的自由存在 ………… (85)
　　三　精神是行为、功能和力量的统一 …………………… (88)
第二节　精神直观是价值秩序理论的方法支持 ………………… (91)
　　一　精神直观是一种特殊的认识世界的方法 …………… (91)
　　二　精神直观认识方法的实质是精神体验 ……………… (93)
　　三　舍勒对精神直观的主体间性问题的辩解 …………… (95)
第三节　情感理性是价值秩序理论的合法性基础 ……………… (99)
　　一　情感理性属于精神的非逻辑维度 …………………… (100)
　　二　情感理性具有优先性、在此性和不可证性 ………… (103)
　　三　情感理性构成价值秩序理论的基石 ………………… (106)

第五章　价值秩序理论对社会历史变迁的解释 …………… (111)

第一节　心性的现代转变——舍勒对资本主义起源问题的
　　　　探讨 ………………………………………………… (111)
　　一　资本主义起源问题已有研究的简要回顾 ………… (111)
　　二　舍勒对资本主义起源问题的独特探索 …………… (114)
第二节　价值秩序的失衡——古代社会的遗憾 …………… (118)
　　一　古代人类型及心性 ………………………………… (118)
　　二　古代人的价值追求 ………………………………… (119)
第三节　价值秩序的颠倒——现代社会的无奈 …………… (121)
　　一　现代人类型与价值秩序的颠倒 …………………… (122)
　　二　价值秩序颠倒的根源及其机制 …………………… (126)
　　三　价值秩序颠倒的悖谬与无奈 ……………………… (132)
第四节　价值秩序的重建——未来社会的期盼 …………… (135)
　　一　修复人心是资本主义的未来出路 ………………… (135)
　　二　修复人心重建价值秩序的可能途径 ……………… (137)
　　三　基督教社会主义及其批判与超越 ………………… (143)

第六章　价值秩序理论与马克思哲学的沟通交流 ………… (147)

第一节　关于社会秩序的一般理解 ………………………… (147)
　　一　社会秩序的内涵与构成 …………………………… (148)
　　二　社会组织秩序与人心价值秩序的关系 …………… (149)
第二节　社会秩序的正当性：马克思与舍勒的不同分析视角 …… (152)
　　一　马克思的社会组织秩序视角及与舍勒的不同 …… (153)
　　二　马克思与舍勒视角差异的产生原因分析 ………… (158)
第三节　舍勒价值秩序理论与马克思哲学的沟通融合 …… (161)
　　一　关于人的存在本质 ………………………………… (162)
　　二　关于价值的认识 …………………………………… (164)
　　三　关于社会秩序的演变 ……………………………… (165)
第四节　在沟通融合中认识舍勒价值秩序理论的贡献与局限 … (168)
第五节　对舍勒价值秩序理论的总体评价 ………………… (171)

第七章　舍勒价值秩序理论的当代启示 …………………… (174)

第一节 舍勒价值秩序理论对思想政治教育的启示 …………（174）
　一 价值秩序与思想政治教育的问题和难题 ………………（174）
　二 价值秩序与思想政治教育的价值和目标 ………………（177）
　三 价值秩序与思想政治教育的原则和方法 ………………（182）
第二节 舍勒价值秩序理论对当代中国文明秩序构建的启示 …（184）
　一 不可验证的方法与可以理解的结论 ……………………（184）
　二 价值秩序是文明秩序的深层根据 ………………………（188）
　三 现代社会的主要问题与解决之道 ………………………（191）
　四 舍勒价值秩序理论对当代中国文明秩序构建的启示 ……（194）

附录 马克斯·舍勒学术生平 ……………………………………（197）

主要参考文献 ……………………………………………………（200）

后　记 ……………………………………………………………（208）

第一章 绪论

第一节 问题缘起

一 价值秩序问题是一个重大的时代问题

每一个时代总有自己的主要问题,"问题就是时代的声音"(马克思语)。远古和中古时代的主要问题是物质匮乏引起的生存问题,同自然抗争获取尽量多的物质生存资料就成为那个时代的强音;人类历史进入现代以后,生存问题基本得到了解决,而物质产品的极大丰富和人的自由度的扩大,使得现代人在众多的选择面前出现了新的问题,那就是该如何选择提供给他的众多东西。这个问题概括地说就是价值的多样化及价值选择的困境。在价值多样化面前,人们必然要问:我该优先选择哪个价值?这个问题实际涉及的就是价值秩序。因此,从一定意义上说,价值选择的困境恰恰反映了价值秩序的迷乱或虚无,价值选择的困境要求必须有一个客观的价值秩序作为人们价值选择的标准。可见,价值秩序尤其是客观价值秩序对于人的生存和社会发展具有至关重要的作用。古今中外的文化历史中一直存在着价值秩序,但价值秩序问题长期以来并没有引起众多哲学家、思想家的热忱关注及专门研究。

马克斯·舍勒(Max Scheler)是中外哲学史上第一个明确提出价值秩序概念并专门探讨价值秩序问题的哲学家。尽管他对价值和价值秩序的认识与我们今天所讲的价值、价值秩序的含义有所不同,但舍勒致力于解决的时代难题却是今天的我们同样遭遇且难以回避的。换句话说,中国的现代化事业实际上是一部前现代、现代、后现代的合奏曲,西方国家曾经和正在经历的现代性矛盾和困惑也正在侵袭着当代中国。所以,价值秩序如果成为新世纪哲学所要重点关注和解决的问题的话,舍勒的价值秩序理论就是我们必须深入研究和解读的宝贵理论资源。研究现代社会应然的价值秩序的构建也应该成为当代马克思主义理论工作者义不容辞的学术责任和使命。所以,我选择研究舍勒的价值秩序理论,以作为今后深入探讨价值秩序问题的一个起点。

二 人类社会发展需要多维视角的透视

马克思唯物史观认为,物质资料的生产方式是人类社会发展的动力,生产力是社会发展的终极原因,这是唯物史观"唯物"之所在。从物质力量出发,以现代资本主义为样本,马克思对社会秩序的产生、发展和演变展开了详尽的分析论证,从而形成了完备的社会哲学。同时我们也看到,马克思、恩格斯以及马克思主义的后继者都没有忽视精神在社会发展中的作用,他们认为精神在一定条件下甚至能够起到巨大的作用。但对推动社会发展的物质力量与精神力量的关系,马克思主义始终坚持物质力量是决定性的、主要的,而精神力量是从属的,并受物质力量的制约。因此,物质力量的研究和分析始终是马克思社会哲学的重点。舍勒的价值秩序理论则从现象学立场出发,对个体的人心、群体的精神气质做了深入细致的描述和分析,从而得出社会秩序的变化与人心变迁、精神气质的转变有本质性的关联。他认为现代现象是一场总体转变,既包括社会制度层面的结构转变,如国家组织、法律制度、经济体制等的转变,也包括精神气质即体验结构的转变,而体验结构的转变更为根本。这就是说,在舍勒看来,社会发展最终是由人心的变化和精神气质的改变引起并推动的。客观地看,深刻与偏激构成了舍勒理论的二重特性。其深刻之处在于他看到了精神力量在社会发展一定阶段的特殊重要性,而偏激之处在于他把精神力量归结为社会发展的终极原因和动力,复归了德国唯心主义历史传统。对于我们来说,如果能自觉剔除其中的极端成分,吸收其深刻之处,必定能够更加深入地理解并完善马克思主义的社会秩序变迁理论,从而对人类社会发展进行全方位的透视,更自觉、更有效地推动人类社会的发展与进步。

三 思想政治教育的价值及其实现需要准确定位

作为一名思想政治教育理论和实践工作者,我常常要经受来自各方面的质疑和误识,最常见的就是人们对思想政治教育价值的怀疑。有人说思想政治教育太空,既不能像自然科学那样教给人们实用的知识,也不能像艺术那样满足人们的精神享受。零零总总的看法自然激起了我对思想政治教育价值的思索与探求欲望。实际上，近年来，对思想政治教育价值的研究已经取得了一定的成绩。可以说，对于此问题的关注首先起源于社会上曾经流行的"思想政治教育无用"论，而集中于思想政治教育到底有何种价值。从已经取得的研究成果来看，无论是思想政治教育的个体价值，还是社会价值，有一点是肯定的，那就是思想政治教育确实不能解决人的吃饭、穿衣、住房等物质需求，但也有一点是肯定的，那就是它能通过做人的思想工作而改善人的精神状况，从而改善整个社会的精神面貌。但思想政治教育在改善人的精神状况方面的具体机理是什么，却是一个非常复杂又未能得到很好说明的问题。心理学、教育学、思想政治教育心理学、马克思主义哲学等都进行过探讨，都从自己学科角度做出了有价值的研究，并一直在思想政治教育实践中发挥着作用。但舍勒的价值秩序理论为解决此问题提供了独特的视角和启示，那就是着眼于人心、以追寻人心价值秩序为根本来改善人的精神状况。另外，舍勒价值秩序理论还为思想政治教育工作的合法性及合理性提供有益的支撑，如舍勒对精神价值的理解，可以帮助我们准确定位思想政治教育的价值，驳斥"思想政治教育无用"论。根据舍勒，思想政治教育的价值属于精神价值层级，它本质上就与实用价值无关，借口思想政治教育无用而全盘否定现行思想政治教育存在合理性的看法，从根本上混淆了精神价值和实用价值，暴露的是对价值和价值秩序的无知。再如舍勒价值秩序理论所揭示的价值基本样式之间的奠基关系，即感官价值奠基于实用价值，实用价值又奠基于生命价值，生命价值奠基于精神价值，所有价值均奠基于神圣价值的基本观点，说明人在感受价值时应该遵循由高到低的顺序，否则就会出现感受无力或感受麻木的情况，而现实生活中人们对感官价值和实用价值的过分追求恰恰就是造成价值感受无力或麻木的根源，只有重返客观的价值秩序，强调人的超越性追求才能从根本上扭转这种局面。

总之，在国内大部分学者看来，舍勒的价值秩序理论带有浓厚的"非理性主义"色彩和神学色彩，为多数人所不取甚至反对。但本研究倾向于认为舍勒价值秩序理论在剔除其片面性后，作为一种理论创新，时隔百余年仍然具有巨大的现实穿透力。正因如此，才想在上述三个问题思考的基础上对舍勒的价值秩序理论做一个系统的梳理与分析。

第二节 研究意义

一 研究舍勒的意义

舍勒1874年8月22日生于德国的慕尼黑,1928年5月19日病逝于美因河畔的法兰克福。他是夹在胡塞尔与海德格尔之间的一位现象学哲学家。与胡塞尔和海德格尔相比,舍勒的学术影响力和名气要小得多,故直到今天甚至无人敢称他为现象学的第二泰斗或一流的哲学家。但值得我们注意的是,舍勒却受到了现象学泰斗胡塞尔的充分肯定,胡塞尔坦言:"他绝不是一个二流的思想家,而是一位极其敏锐、独立和具有科学的严格性的研究者。"① 海德格尔也高度评价了舍勒的哲学探索之路,在舍勒去世后,他说:"哲学之路又一次重归于暗。"② 舍勒的哲学成就同样受到了同时代其他哲学家的充分肯定,加达默尔称他为"精神的挥霍者",蒂利希称舍勒思想"富有伟大的直觉力",巴尔塔萨将舍勒思想视为"世界观的聚盆",特洛尔奇称他为"禀有天主教精神的尼采",社会学家韦伯赋予舍勒一串思想家的标志:"现象学家、直觉思想家、浪漫的浪漫论者、形而上学家、神秘主义者,等等等等",迄今还有欧洲的著名思想家说:"舍勒对欧洲思想的发展具有决定性的意义。"③ 舍勒因此获得"思想界的浮士德"之美誉。但长期以来,国内外对这样一位思想家的思想却没有予以应有的关注。美国舍勒研究专家曼弗雷德·S.弗林斯认为,这里面的原因是多方面的。一是由于他的犹太人血统,他的著作在纳粹时期一直遭到禁止,而战后他的全集出版工作又进展比较慢,这无疑不利于后人对他的哲学思想的研究;二是由于他去世过早,许多思想没有来得及展开,只留下许多手稿和片断,也影响了人们对他的思想的理解。但正如施太格缪勒所指出的那样:"由于舍勒的极其广博的学识涉及非常不同的领域(从生物学、心理学开始,经过认识论、伦理学、社会学直到宗教哲学这一最崇高的领域和形而上学这一最抽象的领域),也由于他赋有极其深刻的洞察力,在他所涉及之处,不是发现了新事物,就是把历史上彼

---

① 倪梁康:《现象学及其效应》,生活·读书·新知三联书店1994年版,第306页。
② 吕迪格尔·萨弗兰斯基:《海德格尔传》,靳希平译,商务印书馆1999年版,第576页。
③ 以上评价均参见[美]曼弗雷德·S.弗林斯,《舍勒思想评述》,王芃译,华夏出版社2004年版,中译本前言。

此分歧的研究方向联合为一个宏伟的综合体，所以舍勒就给后世留下了一部极其丰富的哲学全书。"① 由此看来，舍勒的哲学思想是一座巨大的思想宝库，有待我们深入发掘和研究。对舍勒思想的研究不仅有助于我们理解影响深远的"现象学运动"，也有助于我们把握整个 20 世纪的欧洲思想史。

二 研究舍勒价值秩序理论的意义

从理论方面看，首先是有助于深入理解舍勒的整个思想体系。一般认为，哲学人类学是舍勒最有成就的思想，而他关于人格和人格发展的思想是他整个哲学体系的核心，是他庞大的思想体系的拱顶石。那么，统摄舍勒思想的灵魂是什么呢？其价值哲学的核心内容又是什么呢？纵览舍勒的学术历程和学术宗旨，分析舍勒庞杂宽广深邃的思想，不难发现，自 19 世纪与 20 世纪之交开始学术生涯起，舍勒就把哲学思考和对社会危机的批判分析结合起来，把自己的理论研究看作重建德国和欧洲社会客观价值秩序的一种努力，他的思想的一切作为，不过是要收拾现代启蒙运动搞出来的精神秩序的烂摊子。从整体观之，舍勒思想是对现代精神困境做出的强有力的反应，但他与韦伯、西美尔、特洛尔奇等思想家对现代性的关注点不同，舍勒首要关注现代性的精神气质问题，即价值秩序的颠倒，并试图用精神直观法洞察价值秩序与社会秩序之间的关系。他强烈感受到现代社会价值秩序颠倒所导致的精神危机，并主张通过重建价值秩序来振兴整个社会的精神面貌。所以，价值秩序理论是舍勒整个思想体系的灵魂，是其价值哲学的核心内容。

其次是有助于拓宽我国价值哲学和秩序的研究论域。秩序按其存在的层面可分为事实世界的秩序（包括政治秩序、经济秩序、文化秩序）和价值世界的秩序（即价值秩序）。价值按其层次可分为价值物、价值观念和价值秩序。无论是存在于秩序层面的价值秩序还是存在于价值层面的价值秩序，都是统领整个秩序与价值领域的"思想统帅"和"总司令"。在当今学界，秩序的研究与价值的研究均如火如荼，而价值秩序的研究却被忽视了，因而价值秩序的研究在理论上近乎是一个盲点。从当今国内外的

---

① ［德］施太格缪勒：《当代哲学主流》，王炳文、燕宏远、张金言等译，商务印书馆1986年版，第 130 页。

现实来看，无论是我国和谐社会的构建，还是合理的国际政治经济新秩序的建立，最根本的是要反思和批判已然和实然的价值秩序，建构应然的价值秩序。因此，价值秩序带有根本性、全局性。价值秩序是值得研究的重大理论和现实问题。舍勒作为历史上首次提出"价值秩序"概念，并对之做出自己独特的解释和理解的哲学家，其理论的局限性、不完全性和深刻性、穿透力同时并存。认真研究舍勒的价值秩序理论，不仅有助于吸取舍勒理论的精华，发展和完善马克思主义理论，也有助于拓宽我国价值哲学和秩序的研究论域，开辟价值秩序研究的哲学研究新时代。

从实践方面看，首先有助于推动人类文明的全面进步。人类文明应该是物质文明与精神文明的统一，发展应该是社会全面进步与人的全面发展的统一。在物质与精神的张力关系中顾此失彼或厚此薄彼都只能是瘸腿的文明，我们需要的恰是一个物质享受与灵魂幸福和谐统一的人类新文明。通过系统阐述和分析舍勒价值秩序理论的内容、逻辑和社会解释，可以更清晰地透视现代社会的主要问题，从而为人们解决这些问题提供可选择的方案或努力方向，也为人的全面发展、社会的全面进步指明了出路。

其次，从一定意义上说，舍勒的价值秩序理论为我们的思想政治教育提供了理论指南。舍勒毕生关注的就是人的问题，他的价值秩序理论的出发点和逻辑起点是人，最终理论目的还是为了人。他认为"哲学的所有核心问题均可归结为这样一个问题：人是什么，人在存在、世界和上帝的整体中占据何种形而上学的位置？"[①] 思想政治教育的对象、目的、出发点和落脚点也是人，作为"成人"之学的思想政治教育，这一问题的解决恰恰是其前提和基础。从价值秩序理论的社会效应来说，在当时欧洲"诸神逃遁"、信仰缺失的社会背景下确实为人的超越性存在、为人的安身立命找到了一个可以依靠的支点。纵观今日之中国，社会的深刻转型、市场经济的纵深发展、现代化建设事业、和谐社会建设等正在同步展开，但令人担忧的是，在物质文明飞速发展的同时，精神文明似乎并没有得到同步发展，西方国家曾经出现过的"道德滑坡，人心不古，世风日下"的情况在我国同样存在。由于实用理性和技术理性的支配和影响，不仅人身上的超越性被渐渐淹没在世俗世界中，而且思想政治教育也被沾染上了很大的功利性，思想政治教育的实效性日益降低。通过分析舍勒的价值秩

---

① [德] 马克斯·舍勒：《舍勒选集》，刘小枫选编，上海三联书店1999年版，第1281页。

序理论，我们会发现，"道德世界的衰败是由现实人心的扭曲与蜕变造成的，而要推动道德世界的进步，所依赖的仍必须是发源于人之本心的力量"。① 所以，舍勒价值秩序理论可以为思想政治教育提供一定程度的理论指南。

第三节 国内外研究现状综述

一 国外对舍勒及其价值理论的研究

对舍勒思想的研究，国外比国内成果要丰富得多，但囿于语言和其他条件的限制，本人只能接触到少量的英语版成果和翻译介绍过来的中译成果。国外学者对舍勒思想的研究最系统、起步最早的首推国际舍勒研究权威学者、《舍勒全集》的主编曼弗雷德·S. 弗林斯，他对舍勒思想有全面透彻的理解，而且花费近三十年时间专心研究舍勒思想，早在1965年就推出了《舍勒思想评述》，后由王芃翻译成中文于2003年出版。在这本书里，作者分十章对舍勒思想的方方面面做了评述，其中在第四章和第六章分别对价值的微观世界和等级化的价值世界做了评述，对于我们从舍勒思想整体出发把握其价值秩序理论有较大参考价值。1997年他又推出了《舍勒的心灵》，后由张志平、张任之翻译成中文于2006年出版，全书共分九章，从价值伦理学与位格、现象学的主体间性、宗教体验现象学、怨恨理论、资本主义问题与伦理、知识社会学、哲学人类学等舍勒思想的各个层面进行了富有创见的研究，是第一部基于舍勒全部著作之上的舍勒思想的"全方位导游"。在这本书中，作者对舍勒价值的本质、价值的根源和价值秩序作了较为详细的解读，但未对其进行学理上的分析与研究；对善恶与价值秩序之间的关系进行了分析；对价值及价值秩序的载体——位格做了分析；对价值秩序在个体位格的爱的秩序中的折射做了透彻的分析和研究；对道德发展的媒介做了详细的分析论证。总之，这本书是我们进一步研究舍勒各个方面思想的宝贵资源，也是本研究的重要参考书。

美国的 J. N. 芬德莱著的《价值论伦理学——从布伦坦诺到哈特曼》

---

① 张志平：《价值、历史与人心：舍勒的情感现象学研究》，复旦大学，1999年，第118页。

（刘继译，中国人民大学出版社，1989年版），德国的施皮格伯格著的《现象学运动》（王炳文、张金言译，商务印书馆，1995年版）都对舍勒的价值伦理学思想进行了简要介绍。最值得一提的是德国的沃尔夫冈·施太格缪勒在《当代哲学主流》（上卷）中对舍勒思想所做的评述，已经成为其他国内外学者研究舍勒思想的权威参考。施太格缪勒在这本书里阐述了舍勒关于认识的思想、价值理论和人格理论、对同情感的现象学研究、宗教哲学、关于有生命东西的等级结构的理论等。在价值理论部分，他首先给我们阐述了舍勒与布伦塔诺在价值与情感关系认识上的不同，然后重点分析了舍勒对康德的理论批判。

另据北京大学张晓华博士论文中文献概况部分的介绍，自20世纪30年代起，欧美就已经出现了一批关于舍勒思想的博士论文和研究专著，可惜本人一直未获得相关文献资料，但有一点是肯定的，即对舍勒价值秩序理论做出系统梳理并专门研究的成果还未见到。

二　国内对舍勒及其价值理论的研究

与前些年相比，近几年国内对舍勒思想的研究虽然远未达到白热化程度，但已经明显升温。无论是在专著、专题论文，还是硕士博士论文选题方面，与以往相比都有了很大的突破。

第一，专著。目前能够见到的专著只有一本，就是张志平的《情感的本质与意义：舍勒的情感现象学概论》，是在其博士论文的基础上修改而成。其余的都是综合性的著作，对舍勒思想的介绍和评述只是其中的一个章节或部分。这主要有：郑杭生主编的《现代西方哲学主要流派》，（中国人民大学出版社，1988年版）在介绍现象学流派时，专门用一节介绍了舍勒的生平、著作及其思想发展，舍勒的现象学概念，舍勒的知识类型说，舍勒的价值伦理学；袁澎涓主编的《现代西方著名哲学家评传》（上卷）中欧阳光伟先生的《舍勒》一文（四川人民出版社，1988年版）专门对舍勒的生平和著述、现象学态度、直觉认识论、价值伦理学和宗教哲学观、哲学人类学进行了全面的介绍和评述；石毓彬、程立显、余涌等人编的《当代西方著名哲学家评传》第四卷——道德哲学（山东人民出版社，1996年版），以及王炜、周国平编的第九卷《人文哲学》（山东人民出版社，1996年版）分别刊出了两篇关于舍勒的文章，前文由陈泽环撰写，主要从道德哲学的角度对舍勒的生活经历和学术活动、舍勒的实质价值伦理学、舍勒伦理学的历史地位进行了评述，后文则由刘小枫撰写，更偏重于对舍勒的现代性神学思想的介绍；江畅主编的《现代西方价值哲学》（湖北人民出版社，2003年版）对舍勒价值伦理学的介绍和分析比较全面，内容涉及六个方面：对康德形式主义伦理学的批判，价值的本质及其特征，价值的层次，感情与价值的理解，哈特曼对舍勒思想的发展，理论难题和历史命运等；周辅成主编的《西方著名伦理学家评传》（上海人民出版社，1987年版）也用专门一节对舍勒的价值伦理学思想进行了概要式评述；倪梁康的《现象学及其效应》（北京三联书店，1994年版）一书，将舍勒置入整个现象学史中，集中比较研究了舍勒与胡塞尔在现象学观念、现象学还原、本质直观方法以及现象学论域方面的联系与差异；倪梁康的《自识与反思》（北京商务印书馆，2005年版）一书在对自身意识发展史的考察中，讨论了舍勒的价值伦理学中的伦常明察方法和良知自由理论，是近年来舍勒伦理学研究中最有分量的一篇文献。

第二，博士和硕士论文。根据本人目前掌握的资料，近几年，国内各大高等院校的硕士博士论文把舍勒思想作为研究选题的趋势呈现出喜人的增长态势。从万方数据库和国家图书馆博士文库的检索结果来看，这方面的硕士论文成果主要有：芦淼《心灵，文明与社会发展：弗洛伊德、韦伯、舍勒思想比较》（2004年），李立宏《舍勒价值伦理学探析》（2004年），余珊珊《论马克斯·舍勒的死亡哲学》（2005年），王善英《舍勒人的本质思想探析》（2005年），徐会兰《道德教育的反思——舍勒情感伦理学与康德形式主义伦理学之比较》（2006年），李梦林《"怨恨"与宪政论析》（2006年），李骅《论怨恨》（2006年），杨蓁《舍勒人格思想研究及其对当前道德教育的启示》（2007年）。博士论文主要有张志平《价值、历史与人心：舍勒的情感现象学研究》（1999年），刘翠《人的生存本体论结构：解读舍勒的哲学人类学》（2003年），邹伟忠《人格主义与价值问题：以舍勒价值哲学为锲入点的研究》（2003年），李革新《舍勒的人格哲学研究》（2004年），张晓华《马克斯·舍勒的现象学价值学说研究：从价值的自身被给予性问题入手》（2006年），王艳《人心之序——舍勒价值论研究》（2007年）。在这些学位论文中，与本研究密切相关的有张志平《价值、历史与人心：舍勒的情感现象学研究》、张晓华《马克斯·舍勒的现象学价值学说研究：从价值的自身被给予性问题入手》以及王艳《人心之序——舍勒价值论研究》。

第三，期刊论文。在研究和论述价值问题的有关文章里，也会看到对舍勒价值哲学思想的简短评价。这说明目前我国学者对舍勒的研究与以前相比在兴趣和研究成果方面已有很大改观，但对舍勒价值秩序理论予以特别关注并做系统研究的专著或学位论文还未见到。整体来看，前人所做的研究都多多少少、直接或间接地涉及了舍勒的价值学说，有的也对舍勒的价值学说与社会发展、文明进步之间的关系做了初步的探索，为本研究提供了丰富的材料和有益的启示。

另外，舍勒的大部分著作都已经有了中译本，尤其是刘小枫编的《舍勒全集》的出版，给本研究提供了极大的方便，这使得在德文面前变得"目不识丁"的我，能够有胆量选择德国原创哲学家思想进行研究的主要原因。

三 国内关于价值秩序的研究

关于价值秩序的研究到目前为止，国内外还未发现一本专著，有关价值秩序探讨的专题文章也为数不多。在期刊网输入主题词"价值秩序"搜索，共检索到相关文章7篇：贺来的《价值秩序的颠倒与现代社会的命运》(《吉林大学社会科学学报》2003年11月第6期)，胡建的《社会文化价值目标的转型与新价值秩序的重建——"文艺复兴"与"宗教改革"价值新论》(《中共浙江省委党校学报》1997年第6期)，何显明的《毛泽东哲学与中国道德价值秩序的重建》(《浙江学刊》1993年第4期)和《中国价值秩序的重建——毛泽东文化哲学片论》[《福建论坛》（人文社会科学版）1993年第6期]及其《邓小平与当代中国价值秩序的重建》(《中共宁波市委党校学报》1995年第1期)，刘庚子的文章《文艺复兴：通向新价值秩序的入口处》(《南方周末》2007年5月10日)，还有一篇是《从"易中天现象"看电视时代文化价值秩序的变化》(刊登在《当代传播》2007年第3期，文后标注摘自《声屏世界》作者：林晓东)。另外，何显明的《漂泊的心灵：现代化进程中的文化价值失范现象》(《学习与探索》1996年第1期)和《邓小平同志对当代中国精神形象的设计》(《党建》1997年第5期)也与价值秩序和精神气质的构建有关联。

总起来看，国内外学者关于舍勒价值理论的研究成果具有以下两个特点：

首先，专门研究舍勒价值理论的成果非常少，大部分是将价值理论作为舍勒思想体系的一个部分置入整体概述或介绍评价当中。从目前掌握的资料看，专门研究舍勒价值理论的专著没有，硕博论文只有北京大学张晓华博士的《马克斯·舍勒的现象学价值学说研究：从价值的自身被给予性问题入手》（2006年）和复旦大学王艳博士的《人心之序——舍勒价值论研究》（2007年）两篇。张晓华的论文全面揭示了舍勒的整个价值学说的基本概念、方法、内涵和现象学特色，并对舍勒的价值学说做出了总结与评价，指出了舍勒价值学说的理论特色、思想影响和内在不足；王艳的论文从人心之序入手，阐述了舍勒价值论思想的理论特色和实践旨趣，并对舍勒所处时代的社会、思想背景，舍勒价值论思想的各种思想资源进行了梳理，对价值秩序与人心之序、爱的秩序与人心之序的关系进行了阐述，对修复人心的可能性进行了论证，论文最后还对舍勒与马克思对资本主义的批判进行了比较，这些都为本研究提供了宝贵的参考资料。

其次，专门研究舍勒价值秩序理论的成果几乎没有。在目前国内研究舍勒价值论思想的两篇论文中，价值秩序都是作为一个"片段"镶嵌在价值理论之中，成为研究舍勒价值论思想过程中绕不过去的一个环节，而没有把它作为一个独立的理论体系来研究。实际上，舍勒哲学研究的体系化特征使得价值秩序理论已经成为一个完整的体系，只是还没有人对价值秩序理论的内容、构建逻辑以及理论的社会应用等进行系统的梳理与分析，这不仅遮蔽了舍勒价值秩序理论应有的光芒，而且失却了舍勒价值秩序理论应有的社会作用。因此，舍勒价值秩序理论尚有很大的研究空间。

第四节　研究视角与研究方法

舍勒价值秩序理论试图承担的理论任务主要有两个：重新审理现代性，尝试为道德奠基。但在履行此理论任务的同时，舍勒将重点放在了探讨价值秩序与社会秩序之间的关系问题上，并以价值秩序的正当性考察社会秩序的正当性，由此把对价值秩序的理论探讨转移到社会实证分析领域，从而形成了价值秩序理论的完整框架。因此，本着以问题为中心研究理论的原则，本课题选择了从人心与社会的关系视角来研究舍勒的价值秩序理论。具体研究方法主要有：

文本分析与解释法。本研究是对特定人物的某一专门思想理论的研究，故在研究方法的选择上，主要以文本分析与解释法为主。具体来说，本研究主要以舍勒著作的所有中译本为研究依据，同时参考部分英文本，对贯穿在不同著作中的价值哲学思想进行综合、归纳、提炼，概括出价值秩序理论的大致内容体系，并对价值秩序理论的内涵尝试做出符合舍勒本意的解释和进一步的诠释。

比较研究法。舍勒价值秩序理论致力于解决的问题是很多哲学家共同关注并从不同角度探讨过的，在涉及这些问题时需要将舍勒的论述与其他哲学家的论述进行比较，这样才能更好地理解舍勒的独到之处。所以，在研究过程中，不时穿插使用比较研究法。尤其在与马克思相关论述的比较中，我们既理解了舍勒的深刻，也看到了舍勒的片面，这有助于我们博采众长，发展和深化马克思主义理论研究。

逻辑与历史相统一的方法。舍勒所说的客观价值秩序本身不是逻辑推演的结果，它是非逻辑的，属于自身被给予的先天领域，是精神情感直接把捉到的本质事实。但舍勒对客观价值秩序的揭示却是有一定的逻辑行程的，揭示价值秩序理论的逻辑行程就成为研究它不可缺少的环节。另外，客观价值秩序在不同的历史时期又会被不同程度地扭曲变形，从而出现每个时代独有的价值秩序。因此，古代社会的价值秩序不同于现代社会，现代社会的价值秩序是对客观价值秩序的颠倒，未来社会对价值秩序有更高的期盼，这样，对整个人类历史从价值秩序角度所做的审视与回顾对研究工作就很有必要。总体来看，只有将逻辑分析与历史回顾结合起来，才能全面理解舍勒价值秩序理论的深刻性与现实穿透力。

第五节 研究思路与框架结构

本研究试图以价值秩序与社会秩序的关系为主导线索来研究和解读舍勒价值秩序理论，并使之与马克思主义展开当代意义上的对话与交流，最终在吸收其思想精华剔除其糟粕的基础上，达到丰富和发展马克思主义理论，并为当代思想政治教育工作和文明秩序的构建提供必要的帮助和启示。

深入研究一个哲学理论，首先必须对该理论产生的时代背景进行历史跟进，以凸显理论着力解决的时代问题；凡是理论，都有完整的内容体系和内在构建逻辑，必须将理论的内容体系阐释清楚，将理论的内在构建逻辑揭示出来，才能达到对理论的真正理解；理论只有解释现实才有说服力，才能说明理论的有效性和正确性，否则理论就站不住脚；理论只有在比较中才能彰显独特与不足，才能得到客观的评价。本课题对价值秩序理论的研究就是按照上述研究思路展开的。

主体内容如下：

第一部分：舍勒价值秩序理论的历史话语背景。简要分析了舍勒价值秩序理论提出的时代背景、理论来源和理论旨趣。

第二部分：舍勒价值秩序理论的基本内容分析。首先是对理论基本内容的描述，涉及舍勒对质料价值、价值样式和价值秩序的现象学揭示，核心内容是客观价值秩序。其次是理论内涵的解释，价值秩序从根本上说是一种人心秩序。最后尝试分析了价值秩序与社会秩序之间的关系，从学理上揭示出价值秩序是社会秩序的深层根据。

第三部分：舍勒价值秩序理论的构建逻辑解析。在深入分析文本资料的基础上，进一步揭示出人的精神本质是舍勒价值秩序理论的立论基础，精神直观是价值秩序理论的方法支持，情感理性是价值秩序理论的合法性基础。

第四部分：价值秩序理论对社会历史变迁的解释。本部分从一个历史的片段——资本主义的起源，和整个历史的展开——古代社会、现代社会与未来社会的变迁两个角度切入，分析了价值秩序理论对社会历史变迁的独特解释，为后面与马克思主义相关立论观点进行比较埋下伏笔。

第五部分：价值秩序理论与马克思哲学的沟通交流。首先通过对社会秩序结构的分析提出社会秩序是社会组织秩序和人心价值秩序的和谐统一，然后考察了马克思与舍勒论证社会秩序正当性的不同视角，分析了二者视角差异产生的原因，最后从三个方面提出了价值秩序理论与马克思主义可能的沟通交流。在此过程中，穿插着对价值秩序理论贡献与局限、深刻性与片面性的揭示，并试图为丰富和发展马克思主义理论指出可能的方向。

最后一个部分，简单分析了舍勒价值秩序理论对思想政治教育工作和当代中国文明秩序构建的启示。

第六节　舍勒对"社会"和"历史"的现象学界定

本研究中,"社会"和"历史"是价值秩序理论应用于社会历史变迁分析过程中的两个关键概念,由于舍勒对其含义的理解大大超出了我们今天对社会的理解,因此,有必要先介绍一下舍勒对其含义的现象学界定。

首先看舍勒对"社会"的理解。舍勒认为,人是一种共同存在。人作为一种共同存在,有四种共在形式:人群(the mass)、生活共同体(life-community)、社会(society)、总体位格(encompassing person)。他认为这四种形式都不能独立存在,而且在时间上没有先后之分,但在一个特定时代,总有一个居于支配地位。

在舍勒看来,人群是通过心理传染而结合在一起的乌合之众,在其中,没有相互之间的理解和负责,人们的意识和良知处于麻木状态;以家庭、家族、部落、原住民及非政治意义上的"民族"等形式出现的生活共同体,是通过同情感(fellow feeling)而结合在一起的休戚与共的共在形式,成员之间存在自然而然的理解、自然的忠诚、普遍而自发的相互信任、道德上的共同负责。生活共同体所持的是自然世界观——前理论的、自然被给予的世界观,在自然世界观中,没有什么事态需要证据去证实。人群与生活共同体之间的差异在于他们的持续性不同:人群是短暂的,人群中的人很快就会发现他们又生活在生活共同体的环境中。

社会与人群和生活共同体都不同。

首先,与生活共同体相比,在社会中缺少人与人之间的情感上的休戚与共。社会只能通过契约的制订人为地建立人与人之间的关系,在社会中至多能存在某种类似于被宣告和发誓的休戚与共的东西,它是由某个社会群体也许代表官方的群体所设立规定的。在这种休戚与共发生之前,个体必须按照概念上的协议自愿结成一体。

其次,与生活共同体相比,社会是一个自我负责的个人联合体,缺乏共同负责。在生活共同体中,他者首先被经验为"一起生活"的人。自我和他人是相互渗透的,并存在着高度的共同负责。在社会这个人造物中,他人不是首先被经验为共同生活的,而是被经验为异己的他者(alien-other)。他具有愿意或不愿意与他人相关的自由。舍勒认为正是这种意愿使社会个体"成熟起来",也正是个体自我负责的经验和自由与自然的共同负责的缺乏之间的矛盾，使得社会个体才在成为伙伴或朋友之前先"相互掂量"。

再次，形成社会的契约关系都是以一个更广泛的生活共同体为背景的。比如"欧盟"、"东南亚联盟"，在每个共同体中，所有成员都对他们特殊的文化单位整体个体负责，但在欧洲范围内或东亚范围内，国家与国家之间仍然存在着一种社会性的关系。

最后，社会缺乏持续性与空间性。一个社会个体可以只寻求并建立与他者的关系，而不会把他人当成关系项。因此，社会关系本身可以被利用、操纵、发掘、终止、恢复或建立。就此而言，人为的社会不可能拥有持续性，它随旧契约的终结而消亡，并随新契约的制订而不断再生。另外，社会会不断蔓延到以生活共同体为显著特征的不同人们当中。它强行侵入拥有原初自然领地并缺少政治边界的生活共同体当中。只要社会性的人没有侵入，生活共同体就会拥有自然的栖息地；如果相反的情形出现，生活共同体的土地就会变成客观的、可转让的、政治性的不动产。正是由于社会性关系不受自然领地的约束，所以，它不仅没有持续性，而且是非空间性的。

但是，如果社会与空间时间性维度无关，那么，它和价值秩序就不会有任何恰当的关系。因为价值秩序具有空间时间性。如何理解社会与价值秩序之间恰当关系的合法性呢？弗林斯认为，社会实际表现出的与价值秩序的关系是一种客观性的而非情感性的关系。在这种关系中，所有价值都被人们或能被人们像对待可操纵对象那样对待。之所以会这样，原因在于社会本身的性质。社会不仅倾向于通过契约的制订人为地建立人与人之间的关系，而且也倾向于对这种关系进行管理性控制。他者之我不仅是异己之物或异己的他物，而且是与自我发生关系的可控制、可观察的对象。不仅宇宙是客观的、可控制的世界，充满他人的人的世界——社会——也是如此。生活共同体的有机世界观被机械世界观所取代。这样，社会就具有一种不同寻常的、和生活共同体的心性完全不同的心性：生活共同体所共享的主要是对生命价值的感受，而社会却是以那些最容易控制的价值等级为特征。精神价值和神圣价值都不是在他们各自的位格感受中被给予，而主要是以客观化的方式被给予。它们出现在批评性的和反思性的意识态度当中,它们变成了审视、论证、科学的和理论的研究以及圆桌讨论的对象。① 这正是舍勒从人心视角对客观的社会现实展开的批判与反思。

显然,舍勒所说的社会正像他自己所说的那样始于十三世纪②,因此本文所探讨的社会变迁是指从十三世纪以来的社会变迁。

再看舍勒所说的历史。在舍勒的著作里没有明显的章节专门谈论历史概念,但在他探讨懊悔现象时间接论及了历史。这就是作为"历史实在"的"过去"。舍勒认为,从现象上看,过去总是包含两个层面:一是自然发生的事实;二是这种事实的意义、价值、影响及效力。作为自然发生的事实,过去具有完成性、确定性和不可改变性;作为这种事实的意义、价值、影响及效力,过去又具有未完成性、不确定性和可改变性。例如,对杀人者而言,其杀人的行为作为已经发生的事实是永远无法改变的,但这种行为的意义或者说对他一生的影响却是未完成的,因为它可以使杀人者变本加厉、残忍成性,不断生出新的罪孽,也可以使他痛苦一生,以至于将功补过、重新做人。舍勒认为,无论是个体、民族、国家还是整个人类世界,都有其自身的过去。这种过去从其价值、意义及效力上讲都是未完成的或可赎回的,并且能够超越客观的时间顺序直接影响我们的现在和未来。正因如此,人不仅可以决定自己的现在、把握自己的未来,而且也可以改变自己的过去。当然,不是改变过去发生的既定事实,而是改变它的效力或赋予它以崭新的价值或意义。也正因如此,历史的变迁从根本上说才是人心的变迁、价值秩序的变迁。

---

① 参见[美]曼弗雷德·S. 弗林斯《舍勒的心灵》,张志平、张任之译,上海三联书店 2006年版,第97—113页。

② 同上书,第108页。

第二章 舍勒价值秩序理论的历史话语背景

"任何真正的哲学都是自己时代的精神上的精华。"[①] 舍勒是一位使命感和责任感非常强的哲学家,他的整个哲学思想可以说都是对当时欧洲社会尤其是德国社会现实状况的思虑与反映,价值秩序理论也不例外。价值秩序理论就是特定时代历史话语背景下的产物。揭示价值秩序理论产生的历史话语背景,有助于我们更好地理解和把握价值秩序理论的内涵。

第一节 时代背景

黑夜呼唤黎明,混乱期盼秩序。只有在"心的无序"或价值颠覆的年代才会有对心之秩序或价值秩序的寻觅与建构。所以,舍勒价值秩序理论的产生离不开他所生活的时代境遇及真正的哲学家的时代使命。舍勒短暂的生命历程横跨19世纪后期与20世纪前期,这个时期在西方历史上是一个社会剧烈变动、精神危机凸显而各种思想学说争奇斗艳的时代。这样一个充满忧患与动荡不安的时代环境,自然激发起舍勒对时代精神状况的叩问和思考。

一 社会变革背景

舍勒生活的年代是一个典型的变革与动荡时期。

从整个资本主义社会的大背景来看,第一,西方资本主义经过两百多年的发展,已经由自由竞争阶段发展到垄断阶段即帝国主义阶段,这个阶

[①] 《马克思恩格斯全集》第1卷,人民出版社1995年版,第220页。

段意味着资本主义对外扩张遇到了它的极限,资本主义不得不从其内部开始,进行新一轮势力范围的瓜分,资本主义内部矛盾呈加剧之势,世界大战处于一触即发的状态。这种情势引发了人们对生活意义和价值问题的深度思考。第二,科学技术的发展对人们的生活和价值观念产生了重要影响。19 世纪中叶到 20 世纪初,西方世界发生了两次技术革命和一次科学革命。科学技术的巨大发展使人类整体力量大大增强,而个人的地位则相对下降,个人普遍出现了一定程度的无能感和被技术统治的感觉。由此,个人价值问题凸显出来。爱因斯坦"相对论"的广泛传播和认同,也在一定程度上促进了价值研究的相对主义和主观主义倾向。[①] 第三,科学理性已经全面主宰资本主义社会,商品经济关系及其观念已经渗透到西方社会生活的各个方面。这导致两个结果:一是资本主义社会成为一个由物统治而非由人统治的社会,整个社会变得更加贪得无厌、物欲横流,资本对人的统治达到了无以复加的地步,商品拜物教和货币拜物教的出现,把人直接变成了商品与货币的奴隶;二是与上述结果相联系,在经济活动中道德价值与功利价值、功利价值与生命价值、生命价值与精神价值等的关系逐渐凸显出来,并成为迫切需要予以解答的问题。第四,人与人、阶层与阶层之间的财富差距进一步拉大,导致整个社会的阶级矛盾激化,阶级斗争和工人运动更加流行。这四个方面的发展既孕育着世界大战的爆发,也孕育着个人解放运动和社会主义运动的兴起,它预示着资本主义社会危机已经来临。

从当时德国国内的情势来看,到 19 世纪末,德国的经济实力已经超过了英法等老牌资本主义国家,成为欧洲头号经济强国。但这样一个经济强国,仍然面临着国内与国外问题的尖锐矛盾与冲突。就国内而言,德国资产阶级革命是不彻底的,代表大地主利益的容克贵族在政治上仍有强大势力,阻碍着资本主义的进一步发展,而德国软弱的资产阶级又缺乏政治远见与掌握国家权力的意志。[②] 这样,在封建贵族与新兴的资产者之间就存在利益和权力的全面抗争。就国外而言,德国与英美等资本主义国家之间又存在激烈的竞争关系。

国内与国外矛盾的交织以及整个资本主义发展的状况,使得德国处于

[①] 参见江畅《现代西方价值哲学》,湖北人民出版社 2003 年版,第 19 页。
[②] 胡伟希:《流年物语——西方近现代文明的哲思》,云南人民出版社 2005 年版,第 4 页。

历史上少有的多事之秋，同时也预示着大的社会变革就要来临。而这无疑给善于思考的人提供了绝佳的条件和机遇，正如古语所言"自古文章憎命达，由来魑魅喜人过"。所以，这一时期德国产生了很多著名的思想家，如马克思、伯格森、尼采、韦伯、桑巴特、西美尔、特洛尔奇、胡塞尔、海德格尔等。他们以不同的视角、从不同的角度对资本主义社会展开了讨论甚至是声讨。舍勒就是加在胡塞尔与海德格尔之间的一位讨论资本主义社会的思想家。只是在这样的背景下，他主要着眼于资本主义的精神气质，将重点放在了努力建构一个客观的价值秩序上面，并以此为标准和参照系展开社会秩序的价值评判。

《伦理学中的形式主义与质料的价值伦理学》早在第一次世界大战开始前就已经全部完成，这部著作中的价值秩序思想可以说就是对以上状况的反映。但随着"一战"的结束，德国作为战败国，其经济陷入萧条，人民生活也十分艰难。与此形成鲜明对照的是，俄国十月革命的胜利在世界上建立起了第一个社会主义国家。世界上第一次形成了两种对立的国家制度：资本主义与社会主义。世界由此分化为两大阵营。所以，这个时期舍勒的心情是很复杂的，但思路又是非常清晰的。他一方面感到自己有责任有义务帮助德国找到一条重建与复兴之路，另一方面，又不愿看到欧洲的沉沦与两种社会制度的对立，他非常愿意调和两种社会制度乃至东方文明与西方文明，渴望建立一个和睦共处的崭新世界。因此，后来陆续写作的一些文章在《伦理学中的形式主义与质料的价值伦理学》基础上，对价值秩序思想进行了进一步的扩展和补充，形成了价值秩序理论的基本框架。这个理论框架包含了现代社会的分析、批判与重建。当然，也流露出舍勒对自己生活于其中的资本主义社会秩序的暧昧态度。比如，他在批判资本主义对价值秩序的颠倒时，总是流露出对中古社会价值秩序追求的欣赏，但他又没有明确表达希望返回中古社会的愿望；在世界上诞生了第一个社会主义国家苏联后，他看到了资本主义与社会主义的对立，但他不希望两者对立，而是试图调和资本主义与社会主义。他通过价值秩序将资本主义与社会主义统一于现代心性之下，并从心性改良角度提出了资本主义向社会主义的过渡问题。总之，舍勒对资本主义社会的态度是暧昧的，与革命的马克思主义态度截然不同。那么，当舍勒直面资本主义社会危机时，为什么没有像马克思那样将关注点集中于现存的资本主义制度，而是将关注点聚焦于资本主义精神气质，从人的伦理意识结构入手逐步深入到价值世界来解读资本主义社会呢？这不仅与他本人的天主教宗教背景和个人的心理气质态度有关，也与舍勒所处时代的整个精神背景和学术背景密切相关。

二 时代精神背景

19世纪末20世纪初的欧洲文明总体来说呈现出三个特征：其一，由于工业和商业的发展，有价值的对象大量地增加和多样化。其二，人类社会生活日益社会化，爱与合作，恨与冲突的范围已全面扩展。其三，现代欧洲人获得价值的信心大大增强，"使欲望适应事实"被"使事实适应欲望"所代替。可以说，生活于这个时代的人类总体并不幸运，他们饱尝了生计的艰难、环境的险恶；但对于立志于成为思想家的人来说，却又是幸运的，时代给他们提供了机遇与条件。这是因为：人是会思考的动物，人不仅仅满足于物质生活的充盈以及温饱问题的解决，他是人，他要思索生活的意义；他要问，人从何处来，又到何处去？也许，在一个宁静甚至富裕的世界里，人们由于物质生活的引诱太强烈而会忘记意义的思考。但在一个充满忧患与动荡不安的时代与环境中，人们反倒更会有一种冲动要去思考与思索生活的意义。可见，不良的生活环境或者不幸的个人命运，常常激发起人对生命的叩问。①

舍勒就是这样一个不幸的幸运儿。他所生活的德国在19世纪末20世纪初不仅是社会剧烈变革的时期，同时也是整个欧洲精神陷入迷误和出现危机的时期。

欧洲精神的迷误，其根源在于基督教的破产和技术理性的统治。基督教是西方人的信仰之源，担负着为人的生存提供意义系统和终极关怀的使命，西方人因为拥有基督教的上帝而获得了生活的确定感，获得了宁静的精神家园。但历史跟西方人开了个很大的玩笑，终有一天，有人大声宣布"上帝死了"。"上帝死了"意味着人们一贯信仰的基督教彻底破产了。因为上帝是信仰、理性、道德三位一体的化身，"上帝之死"也就是"信仰之死'、"理性之死"、"道德之死"。所以，上帝之死实际上由三个过程或环节构成。第一个环节就是哥白尼"太阳中心说"对"上帝创世说"的

---

① 参见胡伟希《流年物语——西方近现代文明的哲思》，云南人民出版社2005年版，第191页。

毁灭以及达尔文进化论给上帝造人说的无情打击,它极大地动摇了教会长期以来所遵循的信条;第二个环节是康德的理性形而上学对上帝的驱除。在康德看来,上帝的存在根本无法从理性形而上学得到证明,这样,上帝作为最高理性存在的传统谎言就此告破;第三个环节是尼采"上帝死了"的呐喊,彻底将上帝从人们的道德生活中赶走。失去了上帝之眼的监督,道德也就失去了自律性而成为相对主义的东西。① 上帝的死亡或者说基督教的破产,彻底摧毁了西方人的精神支柱,也摧毁了西方人的信仰和价值体系。因为上帝是人生存的意义和价值所在,上帝也承载着人的信仰和价值体系。现在,这一切都崩塌了,人陷入了精神的迷惘之中。更重要的是,脱离了上帝之眼的监督,人自以为干什么都是被允许的,人在为获得自由而欢欣之时,却发现精神已经误入歧途——落入"消极自由"之中。它带来的不仅是价值相对主义和虚无主义的盛行,还有"逃避自由"的呐喊。这一切用弗罗姆的话说就是,"他自由了——也就是说,他孤独无助,备受各方威胁……天堂永远失去了,个人茕茕孑立,直面世界,仿佛一个陌生者置身于无边无际而又危险重重的世界里。新自由注定要产生一种深深的不安全、无能为力、怀疑、孤单与焦虑感"。② 这就是欧洲精神的迷误。

欧洲精神的迷误,也与技术理性的过分伸张有直接关系。在技术统治一切的时代,每个人的存在似乎都变成了一台正在高速转动的大型机器上的一个小齿轮,而存在的目的似乎就是去完成一个个机械的任务。于是,人变得越来越片面,越来越缺乏灵性。与舍勒同时代的哲学家雅斯贝尔斯尖锐地指出,科技时代的西方世界正沦落为一个缺乏人性内涵和精神价值的物质技术世界或功利世界,它正陷入"精神贫乏、人性沦丧、爱与创造力衰退"的生存危机之中。舍勒对人的这种生存危机状况也有清醒的认识。他在《人在宇宙中的位置》一文中,首先指出历史上有关人的三种观念:一是犹太——基督教传统思想范围中的神学人观念;二是希腊哲学思想范围中的"理性人"观念;三是自然科学和发生心理学思想范围中的生物人观念。尽管有这么多有关人的观念,但舍勒认为:"我们却没

---

① 王艳:《人心之序——舍勒价值论研究》,复旦大学,2007年,第10页。
② [美]埃里希·弗罗姆:《逃避自由》,刘林海译,国际文化出版公司2000年版,第44—45页。

有一个统一的关于人的观念。研究人的各种特殊学科与日俱增,层出不穷,但是无论这些科学如何有价值,它们却掩去了人的本质,而不是去照亮它。"① 尤其是达尔文进化论关于人的起源问题的解答是对历史上有关人的各种观念的最强烈的撼动。舍勒据此得出结论:"在历史上没有任何一个时代像当前这样,人对于自身这样地困惑不解。"② 从此以后,"人是什么"的古老问题就一直萦绕在舍勒的心头。他试图在关于人的各门具体科学所取得丰硕成果的基础之上,将人的经验研究和形而上学的沉思结合起来,建构起一个关于人的整体概念,形成"完整的人"的观念。可以说,没有对人的生存危机的思虑与研究,没有对人的精神本质的深入分析,就没有价值秩序理论的建立。

欧洲的危机时期始于第一次世界大战。第一次世界大战发生后,雅斯贝尔斯痛心地指出:"基督教没落,信仰丧失,其结果,直到虚无主义,传统再也抵抗不住严肃的攻击……他们没有领会其伟大的告诫者,毋宁把不安当作瓦解来加以拒斥,任凭事态发展,导致其世界大战,导致了丧失人的存在的可怕现象。"③ 他接着评论说:"纵观所有这些素材的、政治的、精神的转变,就不难发现,1918 年出现于德国的那个'西方的没落'一语是十分令人信服的。今天,欧洲不是在回光返照的意义上,而是在任何破碎的、自我询问的意义上置身于世界。"④ 海德格尔把时代的这种精神状况描述为"世界黯迷下去,众神逃遁,大地解体,人变成群众,一切创造性和自由遭受憎恨和怀疑"。⑤ 在中国,有的学者用"上不在天(心中毫无敬畏)、下不在地(人与自然关系的激烈冲突)、外不在人(人我关系的外在性)、内不在己(迷失了自己的本真的生存)"⑥ 来概括这种状况。思想敏锐的舍勒当然对时代的精神状况有非常清楚的把握,他写道:"各种征象表明,生活秩序在衰亡,而我们还在这种生活秩序的力量和方向之下生活。在这许多征象之中,我看到,最令人确信无疑的恐怕莫

---

① [德] 马克斯·舍勒:《舍勒选集》,刘小枫选编,上海三联书店1999 年版,第1327 页。
② 同上。
③ [德] K. 雅斯贝尔斯:《论欧洲精神》,金寿铁译,《世界哲学》2008 年第 2 期,第65 页。
④ 同上。
⑤ [德] 海德格尔:《形而上学导论》,熊伟、王庆节译,商务印书馆1996 年版,第41 页。
⑥ 杨岚、张维真:《中国当代人文精神的构建》,人民教育出版社2003 年版,第434 页。

过于深深的陌化这一征象了。"① 舍勒用"陌化"表征了马克思笔下"异化"的镜像，但更多地描绘出人心失序与价值颠覆的精神反常镜像，并对此深感忧心。正是这种状况预示了人的精神家园亟需新的思想、观念来指导与引领。

另外，欧洲文明在这一时期也呈现出新的特点，一是工商业的发展使得整个社会的价值物大量增加并多样化，人们的生活比以往更加富裕更加丰富多彩，与此相伴的就是现代社会价值观念的多元化和混杂化，使得价值评价变得更加困难；二是人与人、国与国之间的关系日益复杂化，爱与合作、恨与冲突同时并存，二者在全球化趋势的引导下正以不可阻挡之势向全球全面扩展。随着资本主义内外竞争的加剧，恨与冲突逐渐升级，人类面临自我破坏、自我毁灭的可怕镜像。舍勒对此深感忧虑，时代使命使他感到迫切需要一种新的理论来回答现代社会的这些难题。也正是出于同样的忧虑，许许多多的哲学家、思想家开始探讨欧洲精神走出迷误、摆脱危机的道路。舍勒的价值秩序理论就是重振欧洲精神解决精神危机和社会危机的一种尝试。

三　学术研究背景

舍勒价值秩序理论作为一种现代哲学价值论，其产生不仅与当时社会变革背景和时代精神背景有关，也与现代欧洲和当时德国社会的学术研究氛围密切相关。

纵观西方哲学发展的历史，西方哲学研究的重心经历了从古代重视本体论到近代重视认识论，再到现代重视价值论的演变过程。② 价值论在西方的兴起，与近现代欧洲技术理性的过分张扬和科学的全面胜利所导致的实证主义泛滥以及哲学面临的危机不无关系。

近代欧洲，随着技术理性和科学精神的高扬，科学的实证研究方法和手段日趋成熟，并扩展到各个领域，就连哲学领域也不例外，直至在哲学领域内部形成了实力强大的实证主义学派。但胡塞尔认为"实证主义在

---

① [德] 马克斯·舍勒：《资本主义的未来》，罗悌伦等译，生活·读书·新知三联书店1997年版，第1页。
② 江畅：《现代西方价值哲学》，湖北人民出版社2003年版，第3页。

扼杀哲学"①。为什么胡塞尔认为实证主义能够扼杀哲学呢？原因有二：一是他认为实证主义排斥对意义与价值的追问。实证主义主张，科学无非是事实的科学，因此科学不应回答有关价值的问题，因为它们超出了纯粹客观事实的范围而涉及主体的问题。这样，"实证科学正是在原则上排斥了一个在我们的不幸的时代中，人面对命运攸关的根本变革所必须立即做出回答的问题：探问整个人生有无意义"②。而在整个资本主义发展过程中和第一次世界大战中，胡塞尔已经深切感受到了科学的局限以及追问意义价值的必要性。他认为现代人在使用技术时只对事实负责，不对人负责，将科学原则滥用于生活世界的所有方面，忽略了人之为人的独特意义与价值，导致人生及人的生活世界与科学、哲学相剥离。二是他认为实证主义拒斥形而上学。实证主义认为形而上学问题都是无法用经验证明的问题，对之进行思考、论述是毫无意义的。这即是在否定哲学存在的意义，摧毁哲学，将哲学逐出人类智慧的殿堂。③ 因为"实证主义在扼杀哲学"，所以，哲学必须拒斥实证化倾向。

  哲学在拒斥实证化倾向后，又产生了新的"问题"。在舍勒看来，哲学的"问题"说到底就是如何处理好它与信仰和科学的关系问题。"经过一段漫长的时间，哲学由作为信仰的'自觉自愿的婢女'渐渐变成了信仰的僭越者，并同时成为科学的婢女。"④ 对此，舍勒认为"哲学与信仰和科学之间的新型关系颠倒了欧洲精神形态曾经达到的真正关系"⑤，但事实要求"哲学绝不允许只充任科学的婢女，就像它不能只做宗教信仰的婢女一样"⑥。这样，哲学就需要在与信仰和科学的对比中重新说明和界定自己的任务，发掘属于自己的独特的研究领域，从而为处在精神迷误之中的西方世界提供精神支持。那么，哲学的任务是什么呢？以洛采、文德尔班和李凯尔特为代表的新康德主义弗赖堡学派开始了积极的探索并做出了可贵的贡献，他们建立的先验唯心主义价值论，就是对哲学任务的重新发掘。但先验唯心主义价值论天生就带着自身难以克服的困境，它以牺

---

  ① ［德］胡塞尔：《欧洲科学危机和超验现象学》，张庆熊译，上海译文出版社1988年版，第10页。
  ② 同上书，第6页。
  ③ 王艳：《人心之序——舍勒价值论研究》，复旦大学，2007年，第6页。
  ④ ［德］马克斯·舍勒：《哲学与世界观》，上海人民出版社2003年版，第22页。
  ⑤ 同上。
  ⑥ 同上书，第75页。

性内容来换取普遍性和必然性,因而"先天论的普遍性是没有内容的普遍性,先天论的必然性是空洞的必然性。而且正因为无内容,不须经验,所以才成其普遍;正因其空洞,不经感觉,所以才成其必然"①。舍勒恰是看到了先验唯心主义价值论的上述弊端,才开始另辟蹊径,寻找适当的方法来努力建立实质的价值理论。在这个过程当中,奥地利哲学家布伦塔诺的作用也不可忽视,因为在他的影响下形成了胡塞尔的现象学,而只有胡塞尔的现象学才为舍勒探索价值世界的奥秘打开了通途。在以上这些哲学家的努力下,哲学终于争得了属于自己的一块研究领域——价值问题。可见,发端于19世纪中叶的哲学的价值论转向是近代哲学危机所产生的最有意义的哲学影响之一,舍勒的价值秩序理论正是在这种价值论转向大潮中开出的一朵灿烂的哲学之花。

第二节 理论来源

一 基督教的思想质素

基督教思想对舍勒价值秩序理论的建构起到了非常重要的作用。具体来说,表现在两个方面:一是基督教的爱理念与爱的共同体理念;二是基督教思想家奥古斯丁"爱的秩序"与帕斯卡尔"心有其理"思想。

在基督教中,爱上帝、爱邻人、爱自己是一个密不可分的整体。因此,爱不仅是连接人与上帝的纽带,也是连接人与人的纽带。基督教认为人不仅是个体存在,而且也是共同存在。作为共同存在,必然是以爱结成精神的共同体,即"爱的共同体"而存在。舍勒对基督教的迷恋使得舍勒全盘接受了基督教的爱理念和爱的共同体理念,从而在自己的理论建构中深深打上了基督教思想的烙印。舍勒首先把人看作爱的存在,在此前提下展开价值世界的探秘活动。这样,他一方面认为人作为爱的存在优先于人作为认识的存在和意志的存在,"爱"成为舍勒价值秩序理论的建构本体;另一方面他把构筑"爱的共同体"作为他心目中重建价值秩序、帮助现代人走出其精神困境的可能选择。与此同时,对基督教的认同,也使舍勒十分重视宗教自身的价值,在他的价值秩序中,神圣价值概念的出现与此不无关系。

---

① [德]康德:《道德形而上学原理》,上海人民出版社1986年版,第31页。

基督教思想家奥古斯丁"爱的秩序"思想与帕斯卡尔"心有其理"思想可以说是舍勒价值秩序理论的直接思想来源。奥古斯丁生活在古代社会向中世纪过渡、基督教统治根深蒂固的四、五世纪，帕斯卡尔则生活在基督教神学已遭到理性挑战并开始走向式微的十七世纪。尽管两人的生活境遇很不同，与舍勒生活的年代相去甚远，但他们的思想却深深影响了若干世纪以后的舍勒。

奥古斯丁在他的伦理学中把美德定义为爱的秩序。他所说的爱的秩序其实就是永驻于上帝之中的永恒不变的"神律"。"神律"作用于人心就成了人心中的道德律。奥古斯丁认为人遵从心中的道德律就意味着人严格按照宇宙间的价值法则去生活。他确立的两条价值法则是"有用"和"正当"。"有用的事物与人的物质生活相关；正当的事物则与人的精神生活相关。如果我们把本是正当的东西当作有用的东西，就是利用精神生活获取物质利益——这是对精神的亵渎；如果我们把本是有用的东西当作正当的东西，就是利用物质享受来麻痹精神——这是彻头彻尾的拜物主义。真正的生活就在于：使正当的东西与有用的东西适得其所，即享用前者以满足我们的精神需要，使用后者以满足我们的肉体需要。"[①] 可以看出，奥古斯丁的价值法则实际上揭示了"有用"与"正当"之间的价值秩序。这样，在奥古斯丁那里，爱的秩序与价值秩序建立了联系和对应关系。奥古斯丁的这种思想被舍勒吸收进他的价值秩序理论当中。在《爱的秩序》中，当舍勒说"爱的秩序是一种上帝秩序，而后者则是世界秩序之核心"[②] 时，实际上就已经告诉了我们这一点。但与奥古斯丁相比，舍勒的价值秩序是建立在现象学基础之上的，他对价值样式和价值等级秩序的划分也不同于奥古斯丁。

帕斯卡尔"心有其理"的思想也深深嵌入舍勒价值秩序理论当中。在《思想录》中，帕斯卡尔对几何学精神和敏感性精神做了区分，认为几何学精神与理智的逻辑推论有关，敏感性精神与心灵的直觉有关。几何性精神与敏感性精神的认识和理解对象不同，如果人们颠倒了它们的认识

---

① 张志平：《价值、历史与人心：舍勒的情感现象学研究》，复旦大学，1999 年，第 13—14 页。

② [德] 马克斯·舍勒：《爱的秩序》，林克等译，生活·读书·新知三联书店 1995 年版，第 48 页。

和理解对象,就会无功而返,甚至荒唐可笑。[①] 舍勒非常欣赏帕斯卡尔的"心有其理"思想,在他的论述中一再加以引用,并循着"心的逻辑"最终发现了作为他价值秩序理论内核的"客观价值秩序"。

当然,舍勒对"爱的秩序"和"心有其理"的欣赏,除了自己对基督教的迷恋外,在当时还有特定的理论动机。舍勒的这个理论动机就是极力弥合理性与情感的二元分割与对立,建立超级理性概念的宏大志向。在后面的叙述中,我们将会看到舍勒这一宏大志向最终得以实现的明证,那就是本文对舍勒隐而未发的"情感理性"概念的首次揭示。

二 现象学理论与方法

舍勒价值秩序理论属于现象学价值论,现象学理论与方法自然是它不可或缺的理论来源。但要说直接来源,主要应是胡塞尔现象学。胡塞尔现象学对舍勒整个哲学研究起到了非常重要的影响,也是舍勒价值秩序理论的直接源头。

第一,方法论上的启发。

胡塞尔创立现象学的真正目的主要是建立一门严格科学的哲学。他为什么会有这样的哲学目标呢?这来源于胡塞尔对人类生活的关注以及对哲学任务的体认。他认为哲学应该为人类生活指明方向,应该指导人类过一种理性生活。而在他看来,只有按照绝对有效的规范来做出判断和选择的生活才是真正理性的生活,绝对有效的规范来自哪里呢?他认为,自然科学由于经验概括的相对性以及只关注事实不关注价值的属性,当然不可能给我们提供任何固定的规范。这样,寻找绝对有效的规范就成为哲学的当务之急。绝对有效的规范就是真正科学的知识,也就是具有绝对确定性的知识,胡塞尔把这样的知识称为"先验知识"。这样的知识怎么获得呢?这是认识论要解决的问题。

在传统认识论中,无论是理性主义者还是经验主义者,都是以某种非自明的既定前提或预先假设作为自己的立论依据。而胡塞尔认为,认识论要真正解决知识的绝对确定性问题,自身必须是绝对自明、一无前提的。因为知识的先验性相对于事实的先验性只具有派生的意义,所以,从严格

[①] 参见张志平《价值、历史与人心:舍勒的情感现象学研究》,复旦大学,1999年,第14页。

意义上讲，先验之物并非思想之物，而是先验事实本身。只有当先验知识与先验事实相符合时，先验知识才是绝对有效的。为此，就必须找到通达先验事实的恰当方法。经过对布伦塔诺思想的研究和自己的思考，胡塞尔最终发现，通过现象学还原，即"悬搁"、"加括号"、"终止判断"、"存而不论"的方法就可抵达对纯然明证、自身被给予的先验事实的认识。①具体说来，胡塞尔的现象学还原是通过意识还原、本质还原和先验还原三步来完成的。意识还原通过扬弃对超验的、独立于意识的"自在之物"的信念，返回到意识领域；本质还原通过扬弃对意识中的个别之物之存在的信念，直观自身被给予的、绝对明证的本质之物；先验还原通过扬弃对一切意识内容，包括经验自我、个别之物及本质之物的存在的信念，返回到纯粹意识领域。通过这三步还原最后把握到的就是纯粹的现象即本质。在胡塞尔看来，这种本质直观法不是演绎或归纳，而是一种先天认识方法，这种认识方法就是现象学方法。施皮格伯格通俗地把这一认识方法概括为"非常执拗地努力查看现象，并且在思考现象之前始终忠于现象"②。胡塞尔自己把现象学方法理解为："一是排斥中介因素，把自身被给予的本质直观看作一切知识的来源和最终标准；二是现象学在经验事实的基础上要求通过本质直观来获得对本质因素及它们之间的本质关系的把握。"③

综上所述，现象学在胡塞尔那里主要是被当作通达真正科学知识的方法而存在的。舍勒与胡塞尔不同，他没有胡塞尔那样的建立严格科学的抱负。相反，他只关注活生生的现实本身，并一直"以一种生活于时代之中，并为了时代而生活的强烈意识从事哲学研究"④。所以，对舍勒而言，方法问题永远是第二位的。但舍勒显然是受了胡塞尔现象学方法的启发，并对胡塞尔的本质直观进行了改造和创新，提出了自己对现象学方法的独特理解。在《现象学与认识论》一文中，舍勒说："现象学首先既不是一门科学的名称，也不是哲学的代词，而是精神审视的一种观点，人们在此观点中获得对某物的直观或体验，没有这个观点，这个某物便隐而不现，

---

① 张志平：《价值、历史与人心：舍勒的情感现象学研究》，复旦大学，1999年，第23页。
② [德] 施皮格伯格：《现象学运动》，王炳文、张金言译，商务印书馆1995年版，第964页。
③ 倪梁康：《现象学运动的基本意义——纪念现象学运动一百周年》，《中国社会科学》2000年第4期，第72页。
④ [德] 施皮格伯格：《现象学运动》，王炳文、张金言译，商务印书馆1995年版，第389页。

它就是特殊类型的'事实'的王国。我说的是'观点',而不是方法。方法是一种目标确定的关于事实的思维方式,如归纳、演绎。但这里的问题首先在于那些先于所有逻辑确定新的事实本身,其次在于一种审视方式。"① 可见,舍勒并没有把胡塞尔的现象学当作一种方法接受,而是当作一种精神审视世界的态度,即精神直观。为了进行精神直观,舍勒首先划分了三种事实:"自然的事实"、"科学的事实"、"现象学的事实"。所谓"自然的事实",在舍勒那里是指"一个在事物本身和我们在经验这些事物时所具有的状况之间的中间王国。它可以说是一个回答,即世界对我们的肉体状况以及它们的统一性、我们的欲望对宇宙所提出的问题的一个回答。相对于'纯粹事实'而言,它是一个在双重意义上的'象征'——事物本身的象征和我们的状况的象征"。② 正是从这种自然事实之中,人们获得"日常的知识",从而形成"自然的世界观的态度"。与自然的事实相对立的是现象学的事实和科学的事实。这两种事实都是我们必须经过一定的操作和加工才能获得的事实,所以它们都属于非自然的事实。在"自然的事实"的获取中人们形成了"自然态度",在"科学的事实"的获取中人们形成了"科学态度",在"纯粹的事实"的获取中人们形成了"现象学的态度"。这样,三种事实和三种态度中的每一种事实和态度都与其他两种事实和态度有所不同。最重要的是这三种事实并非平行并列,而是存在着一种奠基关系。现象学的事实奠定了自然事实和科学事实的基础。舍勒的精神直观所要获得的最终本质就是纯粹的事实,即绝对的存在和绝对的价值及其等级秩序。

  精神直观法对舍勒哲学研究的影响以及对整个欧洲人的生活意义,用舍勒自己的话说"犹如一个成年累月蹲在黑暗牢房里的人踏进万紫千红的花园时迈出的第一步。这一牢房是那指向单纯机械事物和可机械化事物的知性用其'文明'给我们限定的人类环境。而那一花园将是上帝的五彩缤纷的世界:尽管还遥远,却已看见它在为我们打开大门并向我们致候——那么明媚的世界。牢房里的人是今天和昨天的欧洲人:他叹气、呻吟,在他自身机制的负担下蹭步,眼里只有地球,步履沉重,至于上帝和

---

① [德]马克斯·舍勒:《舍勒选集》,刘小枫选编,上海三联书店1999年版,第49页。
② 转引自倪梁康《现象学及其效应》,生活·读书·新知三联书店1994年版,第320页。

世界，他早已忘记"。① 由此可见，精神直观法对于舍勒来说，就是由混沌世界通往灵明世界的唯一道路，它就像孙悟空的"火眼金睛"，能够透视大千世界纷繁复杂的现象，把捉到纯粹的本质。借此方法或者态度，舍勒对他所关心的社会科学诸多领域展开了深入的研究，并取得了丰硕的成果。相对胡塞尔，舍勒更堪称作一位应用现象学家。施太格缪勒在《当代哲学主流》中恰当地评价说："如果说胡塞尔宣告了一种新的哲学研究方法的话，那么马克斯·舍勒就是将这种方法付诸实施的第一人。"② 价值秩序就是舍勒借助精神直观发现的价值世界之内在逻辑与法则。

第二，价值论上的引导。

舍勒的价值秩序理论甚至整个价值论都是在胡塞尔价值论的引导下逐步深入和展开的。胡塞尔的价值论以他的现象学哲学理论为基础。前面说过，他的现象学哲学以建立"严格科学的哲学"为使命，这种"严格科学的哲学"既包括对绝对真理之追求，也包括对永恒价值之追求。正是这种对永恒价值之追求，使他自觉建立起了自己的价值论。胡塞尔的价值论从三个方面构成了舍勒价值秩序理论的思想来源。

一是胡塞尔对价值和价值感受的明确区分。胡塞尔说："快乐是感觉主体的状态或行为。价值却具有一客体，它在感觉行为中被意识为一存在的因素并有其价值。但我在评价时只有感觉发生。感觉是主观的，价值是客观的。"③ 这就是说，在胡塞尔看来，价值和对价值的感受是不同的，价值本身是客观的，而人们对价值的感受却是主观的。在日常生活中，人们总是把对价值的感受误当作价值本身，所以才有价值相对主义的肆意流行。这一点深深影响了舍勒对价值的界定。舍勒也把价值看作一种客观的、独立的、不依赖于具体载体的先天事实，并且认为不变的是价值本身，变化的是人们对价值的认识和感受。

二是胡塞尔对价值与价值物的区分。胡塞尔说："我们应当区分：对象，物，性质，事态，它们在评价中呈现作表象、判断等相应意向对象，它们是价值意识的根基；另一方面则为价值对象本身以及价值事态本身或

---

① ［德］马克斯·舍勒：《资本主义的未来》，罗悌伦等译，生活·读书·新知三联书店1997年版，第166页。
② ［德］施太格缪勒：《当代哲学主流》，王炳文、燕宏远、张金言等译，商务印书馆1986年版，第130页。
③ 转引自李幼蒸《形上逻辑和本体虚无》，商务印书馆2000年版，第43页。

与它们相应的意向对象的变样。"① 这里，胡塞尔提到的"价值对象"就是价值本身，而呈现作"相应意向对象"的"对象，物，性质，事态"则是有价值的对象即价值物，它们是价值意识的根基。这一点引导舍勒将价值与善业明确区分了开来。善业在舍勒的价值哲学中就是价值事物。

三是胡塞尔对价值认识途径的揭示。胡塞尔认为价值虽然是客观的、不以人的经验意识为转移，但价值绝不是柏拉图式的"理念式"存在，它是现象学意义上的存在，是内在的、主体性的，是由认知的主体所形成、建构的。这一建构的过程，从意识活动的主体方面看，是主体在意向性活动中，在各种不同的实在内容和变动不定的意向内容中直接直观地把握其中不变的本质，把握其中的本质要素和它们之间的联系的过程；从意识活动的对象方面看，是对象在意识中如何构造自身，也即显现物在认识中如何显现的过程。这一点被舍勒吸收并加以改造，成为舍勒价值把握的精神直观法。②

三　生命哲学的思想启迪

生命哲学是 20 世纪初盛行于德、法等国的一种崭新的哲学思潮，尼采、狄尔泰、柏格森是最主要的代表人物。生活于这个时代的舍勒深受生命哲学的思想启迪，在现象学态度的导引下，他对生命哲学产生了独特的理解，并直接对价值秩序理论的构建起到了基础性作用。

舍勒认为，将生命哲学当成一种以现存的"生命"、文化和科学为研究对象，以探寻其前提的哲学，这只是一种非常肤浅的看法，因为已经存在过的生命、文化和历史都是死的、可供人观察的，是可以从概念上加以把握的，而真正的生命却是那种在我们的体验和反思中直接闪现出来的富于创造性的活动。因此，生命哲学是发源于充满激情的生命或者生命的丰富体验的哲学，它的内容是在哲学家充满爱、恨的情感运动中、在我们与大全和上帝最直接、最密切的交往中呈现出来的一切。显然，这是一种现象学韵味十足的生命哲学观。舍勒的生命哲学观是在批判吸收尼采、狄尔泰、柏格森等人的思想观点的基础上形成的。

---

① ［德］胡塞尔：《纯粹现象学通论》，商务印书馆 1992 年版，第 241 页。
② 李江凌：《价值与兴趣：培里价值本质论研究》，中国社会科学出版社 2004 年版，第 31—32 页。

尼采生命哲学对舍勒价值秩序理论的形成有两点重要的影响：

一是尼采对人的生命的充分肯定，为舍勒对人的本质的思考提供了立足点。尼采之前，"生命"只是从生物有机体中抽象出的一种观念，是僵死的、消极的，尼采则赋予"生命"以全新含义：生命意味着一种向深广莫测的世界中奔涌而去，并在这奔涌中不断成长、壮大或日益高涨的强力意志；一切科学真理、道德法则或价值体系都是从生命深处喷涌而出的。与达尔文和斯宾塞强调生物有机体对环境的适应性不同，尼采更强调生命的战斗、创造和冒险以及对自身的不断超越和克服。尼采的"生命"不是维持，而是生长。① 尼采强调人的不断生长及生命对自身的不断超越，为舍勒对人的本质的思考提供了立足点。当舍勒把人称为不断寻求超越的意向和动姿时，他正是吸纳了尼采的上述观点。不同的是，在尼采那里，人就是生命；而在舍勒这里，人则具有感官、生命、心灵与精神的多重性，并且只有精神才构成人之为人的本质。

二是尼采对肯定生命的先决条件的认定，为舍勒确立最高价值即神圣价值提供了反面支持。尼采认为在从苏格拉底以来的西方传统道德价值观念的支配下，人的生命力遭到上帝的压制，本能遭到摧毁，人不能自由创造自己，而只能是上帝的造物与奴役对象，结果人不是朝着比动物更强健的方向发展，反而朝着比动物更羸弱的方向发展了。于是，他提出重估一切价值，对传统道德，特别是基督教道德展开严厉的批判。认为否定和颠覆基督教，是肯定生命的先决条件。而恰恰在这一点上，舍勒对尼采进行了反驳。尼采以生命最大值为尺度，将基督教判为没落道德、奴隶道德，在舍勒看来是将"真的理念"还原为一种"生物价值"的错误做法。在舍勒看来，基督教正是用上帝的名义给人贴上了神圣的标签，把人奉为万物之灵，没有上帝也就没有了人的尊严。正是在不断向上帝，向神圣位格靠近的过程中，人实现人的崇高本质。所以，与尼采不同，舍勒认为在价值秩序中，神圣价值居于最高地位。正因为尼采的这种敌视上帝、批判基督教道德的做法，使得舍勒将尼采划归为现代社会仇恨上帝的怨恨分子中的一员。

三是尼采对现代社会人的生命力的持续没落与不断衰竭的揭示，为舍

---

① 参见 [德] 马克斯·舍勒《资本主义的未来》，罗悌伦等译，生活·读书·新知三联书店1997年版，第127页。

勒确立生命价值的等级地位以及揭示现代社会价值秩序的颠倒提供了思想土壤。尼采认为，现代社会崇尚的理性与科学只追求严格性、普遍性和绝对性，排斥和压抑人的本能欲望和生命意志，从而造成现代人之生命力在逐渐衰竭。他强调强力意志正是要张扬人的生命强力，使之由没落再次走向强大。因为在尼采那里，上帝已死，人成了最后的主宰，生命价值也就成了最高价值。舍勒对尼采的问题进行了深入思考，提出了两点不同看法：一是现代社会人的生命力的衰竭是由于现代人的价值意识发生了根本的改变，即感官价值和实用价值凌驾生命价值；二是现代社会上帝不能死。显然，舍勒此时所谈的上帝已不是实体性的上帝，而是指超越性的价值——神圣价值和精神价值。舍勒只是借用上帝观念揭示人身上永恒的神性，高扬人的地位与价值。这样，在舍勒看来，神圣价值和精神价值就是比生命价值更高的价值等级层次。尼采没有让人朝向更高的价值层次——精神价值与神圣价值去攀升，而是只让人在生命层次上停留，并认为一切价值只不过是主体在历史中创造的结果，客观的价值秩序根本就不存在。舍勒以尼采思想为土壤并对之进行了批判反思，为我们揭示了客观价值秩序和生命价值的恰当地位：生命价值在价值等级秩序中只是中间等级的价值，而且人是由感官生命和精神位格组成的复合体，他并不能自由创造价值，只能通过自己的精神去发现客观价值秩序。人只有沿着客观价值秩序的方向，不断追求更高价值，才能实现自己的精神本质并最终获得救赎。由此使我们看到了现代社会价值秩序颠倒的另一表现，即世俗价值与神圣价值的倒置。

与尼采相比，狄尔泰的生命哲学对舍勒价值秩序理论的构建有着更为直接的影响。其影响主要可以归纳为三个方面：一是狄尔泰有关人的观念；二是狄尔泰的描述心理学；三是狄尔泰的实在论。

狄尔泰认为，人与自然物不同，即自然物没有意识、理性、激情和意志，自然世界是无价值、无目的、无历史、文化与传统的世界，而人却通过其自由精神创造并拥有了这一切。作为肉体生命，人像自然物一样处在自然之中，受自然法则支配；作为精神生命，人拥有自己独特的精神世界，价值、文化、历史和传统就是精神生命客观化的表现。人的这种独特性决定了不能用自然科学研究自然物的"说明"法研究人，而必须采用新的方法即"理解"方法研究人。因为前者是对可见的自然物的外在性的因果观察和经验解释，后者则是对不可见的精神历史的内在性的意义把握和重新体验。"理解"方法一方面要使历史中的"客观"精神在我们的体验中重新"在"起来,另一方面还要洞察精神历史的本质,即生命的体验结构本身。在狄尔泰看来,只有洞察到精神历史的本质并以之为指导,我们在面对未来时才可能采取更合理、更负责的行动。正因为狄尔泰对人的本质有如此认识,所以,他主张应采取一种分析——描述心理学的方法来说明人的心理生命。即将心理生命视为我们在体验中直接呈现的意义关联整体,并通过分析去描述人的各种体验单位,以便使我们的理解更具有清楚明白性。① 舍勒对人的本质的理解,在很大程度上受狄尔泰将人区分为自然生命和精神生命的影响。同样,狄尔泰的分析——描述心理学也为舍勒的价值情感现象学提供了方法论依据。舍勒将人的各种情感作为在人的内心中直接呈现出来的心理单元或体验单元加以研究,所以,舍勒自己也承认,他的研究所走的道路就是狄尔泰分析——描述心理学的道路。②

狄尔泰认为,我们对实在的经验,来源于我们的体验,因为只有在人体验到其行为遭到抵抗时,实在才能被人意识到。只有通过对抵抗的体验,人的真正的自我意识和对实在的认识才有可能。受其影响,舍勒也认为,"实在"是作为现象直接被给予的,并且在被给予的过程中,实在通过抵抗把自己表现为独立于认识者的东西。对于舍勒的这种观点,施皮格伯格曾指出,舍勒所接受的乃是由迈纳·德·比兰(Maine de Biran)、弗列德里希·布特维克(Friedrieh Bouterwek),特别是狄尔泰所开创的实在论传统。③

柏格森的生命哲学对舍勒的影响也是深刻的。但这种影响主要是研究方向和提问方式上的而不是观点和结论上的。柏格森认为,真正的实在是在时间中绵延的生命之流,它是我们通过直觉把握到的。与科学和理性所认识的各种空间事物相比,生命之流更为根本,因为前者只是后者被实用化后的产物。生命之流被实用化为空间事物是和人的本能和理智分不开

---

① 参见[德]马克斯·舍勒《资本主义的未来》,罗悌伦等译,生活·读书·新知三联书店1997年版,第139—141页。
② 参见 Schele. ressentiment. Tr. william W. Holdheim, WI: Marquette University Press, 1994. p. 23.
③ [德]施皮格伯格:《现象学运动》,王炳文、张金言译,商务印书馆1995年版,第403页。

的。因为人的本能和理智都指向外部世界，都受人控制和利用自然以维持有机体生存的功利性欲望的支配，所以，真正实在在人的视界中被扭曲变形。这样一来，我们要想把握真正的实在，就必须放弃由本能和理智构成的欲望自我，而在纯粹的、不带有任何空间性和功利性的直觉中去注视当下的内心体验。只有在我们的内心体验中，作为真实实在的内在的生命之流才能把自身作为整体向我们呈现出来。对于柏格森的哲学态度，舍勒将其描述为，在直觉中、在对世界本身的爱的运动中勇敢地放弃自我，以朝向纯粹给予的事物迈进。① 而这种态度，正是舍勒所倡导的。正因为如此，在舍勒看来，德意志的"现象学"知道自己与柏格森是一致的，因为德意志现象学有意识地把存在本身的给予性摆放在判断的真理性之前，就像柏格森把和事实的接触中所体验到的明证性摆放在所有关于标准或效用的问题之前一样。② 可以看出，舍勒已经把柏格森当成现象学的同路人了。而且，在柏格森对直觉方法和基督教及其"爱"的观念的推崇中，我们也总是可以看到和舍勒共同的倾向。但是，对于直觉这个柏格森认识论的核心概念，舍勒也将其和现象学的"本质直观"进行了区分——认为二者根本不同，前者是含混不清的，后者却有严格的界定。③ 而且，在柏格森那里，直觉是在任何生物中都能想象到的一种认知力量，作为生物的特殊本能，它与生命冲动的方向是一致的，直觉之所以能够把握生命本身，原因就在于此。而现象学意义上的"本质直观"仅仅是人所特有的一种精神能力，是人能够超越感官生命及周围世界的限制的一种特殊能力，所以，"本质直观"具有自由、独立、能洞悉本质的特性。他们共同的研究方向在于：批判近代机械论形而上学之把生命降低为可以算计、量化的物，反对科学主义和理性主义以其先在的智性框架思维模式对存在或真正实在的分割与宰制，而主张在纯粹直观或直觉中与本源的存在进行明证性的交往。这也是舍勒对客观价值秩序的探究方式。

---

① 参见［德］马克斯·舍勒《资本主义的未来》，罗悌伦等译，生活·读书·新知三联书店1997年版，第144—145页。
② 同上书，第149页。
③ 同上书，第147页。

第三节 理论旨趣

在社会变革背景、时代精神背景和学术研究背景三大背景的促动下,舍勒建构价值秩序理论的旨趣和目的是非常明显的,那就是重新审理由资本主义开创的现代性,并尝试为道德奠基。

一 重新审理现代性

《舍勒选集》的编者刘小枫认为:"舍勒思想博杂,颇难归纳概述。但从整体观之,要旨实为现代性问题富有深度和广度的反映。"① 价值秩序理论作为舍勒思想中最为重要的部分,当然会集中体现其理论研究的要旨。所以,其理论旨趣是重新审理现代性,而且是更富深度和广度。

现代性是不同于现代化和现代主义的现代现象之一,但又与现代化相伴而生。现代性到底指什么,很难形成一个确切的概念,以至于现代性成了今日众多学科、众多学者手中异彩纷呈的一个概念。有人认为现代性是一种不同于古代和近代的生活方式,有人认为现代性是对现代社会所出现的各种问题的一种理论反思,也有的把现代性看作启蒙思想所带来的人性解放和理性追求,还有人认为现代性只是一种区别于过去的时间概念而没有任何其他意义。实际上,上述看法都只是抓住了现代性一个方面的内涵,而没有从整体上描述出现代性的真正意蕴。现代性包含着丰富而复杂的内涵,因为"它所指或能指的都不只是一种时间性向度,而且还有且更重要的是一种极其复杂、充满内在矛盾的文明或文化过程,一种悖论式的实践价值取向,一种交织着内在紧张和冲突的存在结构,一种看似透明却又诸多暧昧的生活样式,以及一种夹杂着乐观主义想象与悲观主义情结、确信与困顿的人类精神状态"②。"现代性"所指和能指尽管如此之多,但在哲学界对现代性还是有一个比较占主导地位的基本看法,即现代性"既是指以启蒙运动为标志,以自由、民主、科学、理性为核心的时代意识和价值取向,也是指以市场经济、民主政治、科学管理等为基本构

---

① [德]马克斯·舍勒:《舍勒选集》,刘小枫选编,上海三联书店1999年版,编者导言4。

② 万俊人:《现代性的伦理话语》,黑龙江人民出版社2002年版,第133页。

成要素的社会发展模式和内在要求"①。这种主导看法实际上把现代性理解为两个方面的现代性,即文化价值层面的现代性和社会政治经济制度层面的现代性,这种理解也确实有其合理之处。因为在我们看来,现代性是对现代化的各个方面总体性格的基本认识和判断,现代化本身就大的方面来讲涵盖了社会政治、经济和文化和价值观念的现代化。

在舍勒之前,虽有马克思对现代性的全面审理和反思批判,但马克思的现代性审理主要是从社会政治经济角度进行的,文化价值的现代性审理在马克思那里是从属于政治经济的。

马克思没有使用过"现代性"这一概念,但他对现代社会理论的奠基作用却在学界得到了公认。贝斯特(S. Best)和科尔纳(D. Kellner)在《后现代转向》一书中指出:"卡尔·马克思是第一位使现代与前现代形成概念并在现代性方面形成全面理论观点的社会理论家。"②伯曼(M. Berman)也指出,马克思是最早从社会理论角度对现代性进行批判性反思的哲学家。对马克思来说,"'现代生活'包含着一个紧密结合在一起的整体",而当代社会理论却丧失了这种整体感。伯曼指出:"近来对于现代性的思考已分裂为两个彼此隔绝的不同部分:经济与政治方面的现代化,与艺术、文化和感受力方面的现代主义。"③由马克思的论述和伯曼的分析可以看出:第一,经济结构分析和生命感觉分析共同构成了马克思的现代性思考维度;第二,马克思的实践唯物主义理论旨趣决定了马克思现代性批判的重点在经济结构分析上。马克思认为实践是人的最基本的生存方式,而人的整个生存现实(包括外在和内在的生命感觉)都是在实践中形成和变化的,因而马克思哲学的旨趣就不可能只是停留在唤醒人们的生命体验和个体意识,而势必通过真正能够使人"自我确证"的实践活动的展开来"创造与人的本质和自然本质的全部丰富性相适应的人的感觉",使每个人都真正成为"人"。这种思维方式决定了马克思不是从观念中而是从现实中去寻找导致现代性危机的主要原因,并从现实中寻求

---

① 丰子义:《马克思现代性思想的当代解读》,赵剑英、庞元正主编,《马克思哲学与中国现代性建构》,社会科学文献出版社2006年版,第11页。

② [美]斯蒂芬·贝斯特、[美]道格拉斯·科尔纳:《后现代转向》,南京大学出版社2002年版,第100页。

③ [美]马歇尔·伯曼:《一切坚固的东西都烟消云散了》,徐大建、张辑译,商务印书馆2003年版,第113页。

摆脱现代性危机的出路。

在《1844年经济学哲学手稿》中，马克思集中论述了现代性危机的现实根源——劳动的异化。他指出，在资本主义社会中，劳动者生产的财富越多，他自己越贫穷；他创造的价值越多，自己越失去人的价值和尊严；他创造的东西越完美，他自己越是畸形，等等。马克思认为异化并不是日常生活中的空幻的精神氛围，而是支配着日常生活的现实的力量和关系。他说："异化借以实现的手段本身就是实践的。因此，通过异化劳动，人不仅生产出他对作为异己的、敌对的力量的生产对象和生产行为的关系，而且生产出其他人同他的生产和他的产品的关系，以及他同这些人的关系。"①"这一事实不过表明：劳动所生产的对象，即劳动产品，作为异己的东西，作为不依赖于生产者的独立力量，是同劳动对立的……劳动者的这种现实化表现为劳动者的非现实化，对象表现为对象的丧失和为对象所奴役，占有表现为异化、外化。"② 这样，通过对异化劳动的分析，马克思揭示出现代社会中异化的四种基本的、现实的形式：劳动产品的异化、劳动过程的异化、人的本质的异化和人与人之间的关系的异化。马克思同时强调异化现象是可以被扬弃的，异化的扬弃也需要通过现实的手段来实现。在马克思看来，一方面，在分工的基础上逐步形成起来的异化劳动是私有财产的直接原因；另一方面，私有财产又是异化劳动得以延续和强化的基础。正是在这个意义上，马克思指出："私有财产的积极的扬弃，作为对人的生命的占有，是一切异化的积极的扬弃，从而是人从宗教、家庭、国家等向自己的人的即社会的存在的复归。"③ 在《共产党宣言》中有这么一句话："共产党人可以把自己的理论概括为一句话：消灭私有制。"④ 这正是马克思为我们提供的解决现代性危机的基本方案。对于马克思的现代性批判反思，我们可以这么说：他已经看到了全部的分析维度，但在以后的理论批判中把重点放在了现实社会政治经济制度的抨击，可以说是抓住了核心和要害，但要追根溯源的话，恐怕还是需要从生命感觉、精神文化方面予以补充完善。只有这样，才能形成现代性批判的全面视角，才能摆脱现代性的全面危机。

---

① 马克思：《1844年经济学哲学手稿》，人民出版社2000年版，第60—61页。
② 同上书，第51—52页。
③ 同上书，第82页。
④ 《马克思恩格斯选集》第一卷第2版，人民出版社1995年版，第286页。

与舍勒同时代的西美尔也对现代性进行了审理,他们两人的视角是相通的,基本上可以归于文化价值视角,但着眼点和具体的结论不同。形象地说就是,马克思是在另外一条战壕里作战,而西美尔和舍勒是拿着不同的武器,在同一条战壕里作战。无疑,马克思、西美尔的现代性审理都对舍勒产生了不同程度的影响。

西美尔率先开辟了从文化反思现代性之路。在西美尔看来,现代性不能仅仅从社会经济结构来把握,还必须通过现代人的文化体验来把握,他认为现代性危机首先是文化的危机。这种文化危机主要体现在两个方面:第一,生活的目的臣服于其手段,从而不可避免地使许多不过是手段的事物被人们认为是目的,造成目的与手段的倒置;第二,文化的客观产品服从于纯粹的客观规则从而游离于主体文化之外①。这就是西美尔揭示的现代性的文化困境——"客观文化(物质文化)对主观文化(个体文化)的统治",也即文化的异化。

如果说马克思的现代性审理使舍勒看到了从另外一个视角审理的必要性和重要性,那么,西美尔的现代性审理则使舍勒意识到从文化价值视角予以重新审理的必要性。

也许是受西美尔思想的启发,舍勒的现代性反思和批判是从人的体验结构入手的。舍勒认为现代现象是一场"总体转变",包括社会制度层面的结构转变和精神气质(体验结构)的结构转变。② 所以,资本主义世界的现代性不能仅从社会的政治、经济结构来把握,还必须通过分析人的体验结构来把握。舍勒指出,从传统社会向现代社会的转变,不仅是环境和制度的转变,而且是人自身的转变,这是一种发生在人的"灵魂和精神中的内在结构的本质性转化",是"冲动与精神的动态结构的失衡"③。舍勒的这种认识导出他的现代人类型的出现,这种类型人的精神气质,表现为现代型的价值选择秩序。因此,现代性是深层的"价值秩序"的位移和重构,表现为工商精神气质战胜并取代了超越性价值取向——神学——形而上学的精神气质。舍勒因此认为"现代性的根本问题是共同

---

① 李志军:《现代性问题图景中的马克思与西美尔》,《内蒙古社会科学(汉文版)》2007年第2期,第62页。

② [德]马克斯·舍勒:《舍勒选集》,刘小枫选编,上海三联书店1999年版,编者导言22。

③ 同上书,编者导言24。

体精神的破碎，重建人类社会的共契精神——爱的共同体精神，是解决现代性问题的关键"[1]。

按照舍勒的看法，人的体验结构之现代转变的后果就是人心秩序的失范、价值虚无化、人生的无意义感。所以，在我们看来，舍勒所说的现代性问题的实质就是道德文化危机与意义危机，现代性难题也因此在于，超越性的价值源头消解之后，现代人在合理地建构社会制度结构的同时，是否能并如何能重建人的心性结构？是否能并如何能重建人的精神家园与意义世界？

也许我们以刘小枫先生的话"如果现代性问题将继续纠缠 21 世纪的人类思想，舍勒思想的意义未可估量"[2] 来概括舍勒价值秩序理论在现代性反思和批判方面的当代意义，是再恰当不过的。

二　尝试为道德奠基

道德解决人们"应当做什么"的问题，而人们在"做什么"之前首先要搞清楚"为什么应当做'什么'"，这后一个问题就是所谓的道德基础问题。道德基础不是现成的、永恒不变的，需要思想家据理论证并予以奠基。

在集中体现其价值秩序理论内容的著作《伦理学中的形式主义与质料的价值伦理学》第一版前言中，舍勒坦言："这些研究的主要目的在于：为哲学的伦理学进行严格科学的和实证的奠基。"[3] 也就是说，舍勒整个价值伦理学的主要目的是为哲学伦理学或道德奠基。

在舍勒之前，关于道德基础问题的学术探索就已经开始并取得了相当丰富的研究成果。

在西方伦理学史上，苏格拉底认为，人应当公正，应当勇敢，应当行善，这些都是美德，而美德受知识驱动，知识源自理性，理性源自灵魂。因此，他把一切美德归因于智能、灵魂。显然，他把道德奠基于知识基础之上。柏拉图主张人应当正义，而正义是灵魂之中理性、意志、激情三部

---

[1]　[德] 马克斯·舍勒：《舍勒选集》，刘小枫选编，上海三联书店 1999 年版，编者导言 15。

[2]　同上书，编者导言. 25。

[3]　[德] 马克斯·舍勒：《伦理学中的形式主义与质料的价值伦理学》，生活·读书·新知三联书店 2004 年版，第一版前言 1。

分的和谐共处。可以看出，柏拉图将道德奠基于灵魂当中的善念。亚里士多德认为，人应当合乎德行去行动，而"德行就是中道，是对中间的命中"，"中道"法则建立于生活经验基础之上。信仰上帝、忏悔与救赎是基督教伦理学的主要内容，所以中世纪的道德源自上帝的全知、全能、全善。在康德那里，道德法则是由实践理性自身颁布的绝对命令，全部道德概念皆导源于理性。①

由以上所述看出，在道德基础的已有奠基中，从苏格拉底、柏拉图到亚里士多德，再到康德，实际上都蕴含着某种价值论色彩，但对"什么是有价值的"看法是有差异的。不可否认，康德的道德奠基尝试是前所未有的，堪称伦理学领域的"哥白尼式革命"。但康德的道德奠基也是不彻底的，因为康德为其伦理学设置了一个没有情感、欲望等实质内容的先验基础，这使得他的道德法则虽具有形式上的绝对性、普遍性，但却没有向我们实质性地指明应该把什么样的价值和价值秩序当作自己追求的目标。舍勒认为"'这位出色的人'用他的伦理学'只是关心了家里的仆人，但却没有关心家中的孩子'"②。舍勒正是看到了康德伦理学的弊端，并从批判康德伦理学入手开始了道德基础的重新奠基，而舍勒奠基道德的着眼点和逻辑入口正是价值秩序。

在舍勒看来，道德是基于价值秩序而成立的。价值秩序是先天、客观、独立的，而道德却不是先天的、独立的，道德存在于个体的价值追求当中。具体来说，当个体按照客观的价值秩序趋向于实现较低价值时，他就是恶的；当他趋向于实现较高价值时，他就是善的。所以，在舍勒这里，善和恶这两种道德价值既不是行为或世界本身的属性，也不属于客观价值秩序序列，而是"骑在价值实现的背上"。换句话说，善始终意味着个体体验到了内在的道德力量，从而促使其实现较高价值，而恶始终意味着个体道德力量的匮乏，从而不由自主地向较低价值滑落。这样，舍勒就从人的丰富而具体的情感体验出发，实现了将道德奠基于价值秩序之上的理论尝试。按照舍勒道德奠基的思路，个体只要按照存在于他心中的、先验的价值秩序去生活，他的道德生活就是可能的；社会只要在由客观价值

---

① 参见董世峰《价值：一种道德基础的建构——N. 哈特曼价值伦理学研究》，中山大学，2002年，第105—106页。

② [德] 马克斯·舍勒：《伦理学中的形式主义与质料的价值伦理学》，生活·读书·新知三联书店2004年版，第一版前言2。

秩序指引下形成的时代精神的引领下发展，社会发展才是道德的。

我们认为，舍勒的道德奠基颇有点柏拉图主义色彩。一是舍勒为伦理学建立了一个先天、客观、独立的价值秩序，而这个客观价值秩序是超越了感性直观的限制，依靠精神直观把捉到的先验事实，这个先验事实既不同于柏拉图的理念又与柏拉图的理念具有某种相似性；二是舍勒将价值秩序植根于人的心灵，认为人按照客观价值秩序实现较高价值时表现出的善，是建基于心灵的先天偏好或内在良知，是心灵的先天偏好或内在良知的外在表现，这就承认了心灵的先天偏好或内在良知是人人皆有的内在质。这与柏拉图所主张的善念是万物皆有的内在质具有某种契合性。

正是舍勒道德奠基的柏拉图主义色彩，注定了舍勒道德奠基的败北。从马克思主义立场出发，我们认为只有将道德奠基于现实社会的物质生产实践基础之上，道德才能获得坚实的基础，从而发挥应有的规范作用。因为马克思早已认识到："正确理解的利益是整个道德的基础"[1]，而所谓"正确理解的利益"，其实就是产生于人类社会生产实践活动之中的利益。生产实践活动是人类的第一个历史活动，是其他一切实践活动得以进行的前提。这个前提就是："人们为了能够'创造历史'，必须能够生活。但是为了生活，首先就需要吃喝住穿以及其他一些东西。"[2]

---

[1] 《马克思恩格斯全集》，第2卷，人民出版社1957年版，第167页。
[2] 《马克思恩格斯选集》，第1卷，人民出版社1995年版，第79页。

第三章 舍勒价值秩序理论的基本内容分析

舍勒曾说："不论我探究个人、历史时代、家庭、民族、国家或任一社会历史群体的内在本质，唯有当我把握其具体的价值评估、价值选取的系统，我才算深入地了解它。我称这一系统为这些主体的精神气质（或性格）。"这里的价值评估、价值选取系统或称精神气质结构，就是舍勒所说的价值秩序。在《伦理学中的形式主义与质料的价值伦理学》一书中，舍勒实际上谈到了两种价值秩序。"其中的一种秩序按照价值的本质载体方面的规定而在等级上有序地含有价值的高度；而另一种秩序则是一种纯粹质料的秩序，因为它们是在——我们想称作'价值样式'（Wertmodalitäten）的——价值质性序列的最终统一之间的秩序。"也就是说，第一种秩序是以价值的本质载体来划分的价值形式间的高低秩序，我们暂且称其为形式的价值秩序；第二种秩序是以质料价值来划分的价值质性间的高低秩序，我们暂且称其为质料的价值秩序。形式的价值秩序也是一种先天的联系，所以不能从知性和理性的角度来理解，而必须从现象学的立场来理解，就此，舍勒所表达的意思是：（1）人格价值高于实事价值；（2）本己价值高于异己价值；（3）行为的价值虽然都附属于人格，但是自发行为的价值要高于回答反应的价值；（4）作为伦常价值的志向价值和行动价值要高于成效价值；（5）意向体验的所有价值要高于单纯状态体验的价值；（6）基础价值要高于形式的价值，而形式的价值要高于特殊关系的价值；（7）个体价值要高于群体价值；（8）自身价值要高于以工具价值、符号价值和象征价值为代表的后继价值。舍勒并没有认为以上几点就全部涵盖了所有在价值载体方面的秩序。按照舍勒自己的说法只要这些能够帮助我们标示出价值的先天秩序类型就已经足够了；相反，如果企图完全阐述这些基本类型，那么就相当于进行一门实证的伦理学，而舍勒根本没有这样的想法。所以，对于第一种秩序，舍勒只是做了简单的介绍，只是为人们理解这一问题打开了一个可能的通道。在《伦理学中的形式主义与质料的价值伦理学》中讨论最多的是质料的价值秩序。质料的价值秩序也是我们在此关注并感兴趣的一种秩序。因为根据舍勒的思想，质料的价值秩序是所有先天关系中最为重要和最为基础的关系。

质料的价值秩序有两种存在形态：应然的价值秩序和实然的价值秩序。应然的价值秩序具有先天性、客观性、独立性，学界常称其为客观价值秩序，它是超然于社会历史的一种永恒的绝对的标准。实然的价值秩序是生活于一定社会历史条件下的人们实际遵循的价值秩序，它可能与客观价值秩序"相合"，也可能是对客观价值秩序的一种扭曲或变形。每当实然的价值秩序在社会个体间发生普遍性地改变时，整个社会风气就会悄然改变，这时社会历史的整体变迁也就为期不远了。所以，实然价值秩序的改变引领社会历史的变迁。

第一节 价值秩序是自身被给予的质料秩序

在《伦理学中的形式主义与质料的价值伦理学》一书中，舍勒实际上谈到了两种价值秩序。"其中的一种秩序按照价值的本质载体方面的规定而在等级上有序地含有价值的高度；而另一种秩序则是一种纯粹质料的秩序，因为它们是在——我们想称作'价值样式'的——价值质性序列的最终统一之间的秩序。"[①] 也就是说，第一种秩序是以价值的本质载体来划分的秩序，第二种秩序是以价值样式来划分的秩序，两种价值秩序都是一种先天的质料的秩序，所以不能从知性和理性的角度来理解，而必须从现象学的立场来理解。对于第一种秩序，舍勒只是做了简单的介绍，在《伦理学中的形式主义与质料的价值伦理学》中讨论最多的是第二种价值秩序。本研究所说的价值秩序就是按照价值样式来划分的秩序。所以，对价值秩序的描述性介绍，首先要从价值和价值样式说起。

---

① ［德］马克斯·舍勒：《伦理学中的形式主义与质料的价值伦理学》，倪梁康译，生活·读书·新知三联书店 2004 年版，第 121 页。

一 舍勒对价值本质与特性的揭示

自 19 世纪中叶开始,价值就成为哲学家们关注和探求的热点问题,尤其是在思辨哲学高度发达的德国,价值领域再次成为德国哲学家们进行思想耕耘的一片沃土。在舍勒之前,对价值论的研究主要有两个代表性的学派,一是源于康德以文德尔班和李凯尔特为代表的先验主义价值论,一是源于布伦塔诺以胡塞尔为代表的现象学价值伦。先验主义价值论把价值理解为"应当所是"、"绝对目的"或"规范意识",这种理解实质上是他们各自心目中的价值理性目的的展示[①];而胡塞尔眼中的价值就是主体在意识活动中建构起来的一种本质或观念。这样,先验主义价值论和胡塞尔的现象学价值论实际上都没有真正弄清楚价值的本质,反而使得"价值是什么"的问题更加扑朔迷离。为此,舍勒从现象学态度出发展开了自己独特的价值探秘活动。

(一) 价值是自身被给予的先天质料

舍勒在说明"价值是什么"之前,先对"价值不是什么"进行了一番研究。舍勒的结论是:价值不是价值事物。这样舍勒就把价值与价值事物鲜明地区分了开来。舍勒的这种区分类似于休谟对价值与事实的区分,但所涉及的概念内涵又截然不同,因此,我们可以把舍勒的这种区分看作对"休谟问题"的深化与发展。

价值事物就是舍勒所说的"善业"(goods)。什么是善业呢?《伦理学中的形式主义与质料的价值伦理学》一书的中文译者倪梁康认为,善业实际上是"善"的复数,相当于"诸善",但在德文里,善业不仅涉及道德价值,而且涉及物质财富,是承载着善的行为和物质、精神财富的统称[②]。但这样显然没有说明白"善业"究竟是什么。要真正理解"善业"的含义,必须进一步区分价值事物与事物。

舍勒认为,在自然世界观感知中首先被给予我们的并不是感觉的内容,而更多的是事物,这个事物可能会是某个价值的载体,并因此而成为有价值的事物,但"只要它的作为'事物'的统一本身不是通过一个价

[①] 参见李江凌《价值与兴趣:培里价值本质论研究》,中国社会科学出版社 2004 年版,第 22 页。

[②] [德] 马克斯·舍勒:《伦理学中的形式主义与质料的价值伦理学》,倪梁康译,生活·读书·新知三联书店 2004 年版,第 7 页。译者注。

值质性的统一而被构造起来的,而只是偶然地在它身上发现价值,那么它就不是一个'善业'"①,而只是一个事物。舍勒认为,价值事物并不奠基于事物之上,相反,价值事物是奠基在一个特定的价值之上。因此,价值事物之为价值事物的根本乃在于:价值事物展示着奠基于一个特定的基本价值之中的诸价值质性或诸价值状态的"事物性"统一,它完全为价值所贯穿,这个价值可以说是充填了事物性的"位置",而且一个价值的统一已经指引着所有其他处在价值事物中的质性之总和性——既包括其他价值质性,也包括那些不展示这些质性的质性,如颜色、形式等质性。因而,在一个相同质性的世界中,事物可以完全不同,而这个价值事物世界却是同一个。舍勒认为,事物与价值事物的差异性鲜明地表现在:一个价值事物可以被摧毁,而那个展示着同一个实在对象的事物却并没有一同被摧毁,如一个褪了色的艺术品(图像)、一台报废的汽车等。同样,事物可以划分,而这同一个对象作为"价值事物"却并不因此被划分,而是被摧毁。因此,舍勒认为不能将事物自身的本质或事物性回归为一个价值,也不能将所有的事物统一回归为价值事物的统一。相反,舍勒认为,从生成原初性的立场来看,在自然世界观中,实在对象首先既非作为纯粹事物,也非作为纯粹价值事物而被给予,而是作为有价值的事物被给予。这样,在舍勒看来,有价值的事物就成为我们从自然世界观观察世界的一个真实的起点,也是一个朝向纯粹事物和纯粹价值世界的出发点。

但舍勒认为,价值存在从本质上与价值事物和有价值的事物不同。价值既不依赖于价值事物,也不依赖于有价值的事物即价值载体,价值是一种真实的客体,但这种客体不是一种实体性存在,而是一种观念客体。舍勒指出:"价值质性则相反是'观念客体',就像颜色质性和声音质性一样。"② 对于舍勒关于价值的这种描述,弗林斯进行了进一步的研究后指出:价值既不是某一事物的属性,也不是一种事物,更不是一种逻辑抽象。价值是一种功能性存在。什么是功能性存在呢?弗林斯这样解释:"每当某物必须借助于另一物实现自身的功能并使自身成为现存时,这个

---

① [德]马克斯·舍勒:《伦理学中的形式主义与质料的价值伦理学》,倪梁康译,生活·读书·新知三联书店 2004 年版,第 22 页。

② 同上书,第 23 页。

某物的功能性存在就出现了。"① 也就是说价值独立于事物，但又必须借助事物，并与之建立功能性联系才能被给予。正如颜色这种质性是独立于各种各样的具体有色之物而存在，但又必须借助于各种有色之物来呈现自己一样，价值质性也是独立于有价值的事物但必须借助于事物显现自身。颜色是在"看"中被把握的，而价值是在"感受活动"中被把握到的，这种感受活动主要是指情感感受活动，在舍勒看来，人的情感感受活动并不是一团混乱，而是遵循着与思维的逻辑律一样的规律和秩序。

综合舍勒的论述和弗林斯的研究，我们可以把价值的本质概括为：价值是在我们的情感感受中自身被给予、又在具体的事物中呈现出来，同时又独立于这两者的先天质料。价值的内容不是关系，它属于质的范畴，我们能够从事物中直接确认和体验出价值的性质。例如，"令人愉快的"与"令人不愉快的"这一价值现象只有在令人愉快或不愉快的事物及愉快或不愉快的感受中才能呈现出来；但不论我觉得苹果令人愉快还是气氛令人愉快，也不论我目前愉快与否，"令人愉快的"与"令人不愉快的"这两种相反的价值却始终存在；日常生活中，我们有时觉得这件东西有用，有时又觉得那件东西有用，对同一件东西，有时觉得现在有用，过去没用，有时觉得过去有用，现在没用。在此，有用性事物以及我们对事物的有用性感受始终是变化的，但作为价值，有用性与无用性本身却始终没有变化；对一件艺术品，有的人感觉它美，而有的人觉得它丑，但美和丑作为价值现象不会改变，改变的只是人们对它的感受。

鉴于舍勒及其研究者对价值的以上看法，我们有必要对舍勒价值的特征做出说明和概括，以进一步明晰舍勒价值的内涵。

（二）价值的客观独立性与不可定义性

价值的客观独立性表明了舍勒价值论的独特性，与历史上的主观价值论划清了界限。

价值的客观性不是指客观存在意义上的客观性，而是指价值是独立于价值载体和人的感受的先验事实，所以，价值的客观性和价值的独立性是统一的，我们称之为价值的客观独立性。

首先，价值独立于价值载体。之所以这样讲，是因为以下事实的明见

---

① ［美］曼弗雷德·S.弗林斯：《舍勒的心灵》，张志平、张任之译，上海三联书店2006年，第17页。

性：当一个实事的价值已经非常清楚和明见地被给予我们时，价值的载体却没有被给予我们。如一个人对我们来说是尴尬讨厌的或适意可亲的，而我们无法说出道理何在；我们会早就把一首诗或一个其他的艺术品把握为"美的"或"丑的"、"雅致的"或"粗俗的"，同时却丝毫不知有关形象内容的特性是什么；一个对象、一间房间是"友好的"或"难堪的"，而我们却不知这些价值的载体是什么。这表明我们对价值的把握并不依赖于对这些价值载体的经验，也不以我们对价值载体的把握和理解为条件。正如舍勒指出的："对象的价值走在对象前面；价值是对象自己的特殊本性的第一'信使'。当对象本身还是含糊不清时，对象的价值就已经可以是清楚明白的了。"①

其次，价值独立于事物的变化。舍勒认为，价值质性也不会随着事物的变化而变化，就像一个蓝色的球被涂红时，蓝颜色并不会变红一样，价值质性也不会因为它们的载体在价值中的改变而受影响。为此，舍勒列举了一些例子予以说明："食物始终是食物，毒药始终是毒药，即使这些物体对于这个或那个生物体来说可能既是有毒的，同时又是可食的。友谊的价值并不会因为我的朋友被证明是虚假的或者因为他出卖了我而受到损害。价值质性的鲜明质性差异也不会由于我们常常极难区分一个实事具有哪些质性不同的价值而受到损害。"② 这表明价值也独立于事物的变化。

最后，价值独立于价值感受活动。舍勒强调："价值是一些清楚的、可感受的现象，不是一些含糊的、本身只能通过那些熟识的现象才获得其意义的 X。"③ 价值原初是在一个"对某物的感受"中成为被给予性，而不是被感受到或可以被感受时才存在。"因而感受的消失并不取消价值的存在。"④ 这就是说价值既不能被创造也不能被消灭，它们的存在不依赖于人的精神性情感感受。

正是由于价值的客观独立性，决定了价值在本质上是一个不可定义的直观现象或原现象，这个直观现象也就是现象学的本质或事实。舍勒认为，现象学事实不同于科学事实与自然事实之处，就在于现象学事实具有

---

① ［德］马克斯·舍勒：《伦理学中的形式主义与质料的价值伦理学》，倪梁康译，生活·读书·新知三联书店2004年版，第19页。
② 同上书，第20页。
③ 同上书，第17页。
④ 同上书，第296页。

纯粹性,它是不需借助中介和符号来被认识的,是直接的自身被给予性。正如舍勒指出的:语言没有为这些价值质性本身构造出特殊的名称,而只是或者根据它们的事物载体或者根据它们的感觉基础来区分它们①。他认为,像可爱的、诱人的、庄严的、美的等这样一些语词相应的美学价值,以及雅致的、勇敢的、纯洁的、善的等这样一些伦理学领域的价值,都不是从作为这些价值载体的事物的共同特性中抽象出来的概念术语,只有把这些事物置于另一个并非价值概念的概念之下时,我们才有可能给出这些共同特性。因而舍勒认为价值是不可定义的。

价值的这种不可定义性和它的客观独立性、先天性是统一的。舍勒认为,"存在着真正的和真实的价值质性","它完全独立于一个它在其中显现出来的善业世界的此在,并且完全独立于在历史中这个善业世界的运动与变化,而且对它们的经验来说是'先天的'(a priori)"。②但我们注意到,价值的观念存在与价值的现实存在在舍勒那里是不同的。价值的观念存在是客观独立的、先天的,但价值的现实存在不能脱离价值事物,价值只有在价值事物中才成为现实存在。所以,舍勒说:只有在善业中,价值才成为现实的存在。并且随每一个新的善业的形成,现实世界都在进行真正的价值增长③。

二 舍勒的价值样式与价值秩序论

舍勒指出:"存在着真正的和真实的价值质性,它们展示出一个具有特殊关系和联系的特有对象区域,并且作为价值质性就已经可以例如是更高的和更低的。但是,若果如此,那么在它们之间也就存在着一个秩序和一个等级秩序,它完全独立于一个它在其中显现出来的善业世界的此在,并且完全独立于在历史中这个善业世界的运动与变化,而且对它们的经验来说是'先天的'。"④ 这就是说,在舍勒看来,不仅价值质性是存在的,而且这些价值质性之间还存在先天的联系和关系。价值质性的种类就是舍勒所说的价值样式,它们之间的联系和关系形成了价值秩序,二者都独立

---

① [德]马克斯·舍勒:《伦理学中的形式主义与质料的价值伦理学》,倪梁康译,生活·读书·新知三联书店2004年版,第13页。
② 同上书,第15页。
③ 同上书,第23页。
④ 同上书,第15页。

于现实世界具体价值事物的变化,因而具有先天性。

(一) 五种基本的价值样式

有些研究者认为,舍勒的价值样式划分是武断的、主观的,好像没有客观的令人信服的依据,这大概是忘记了舍勒价值哲学研究的基本立场和方法。舍勒价值哲学研究的基本立场不是寻找知识的确定性和完整性,他并没有穷尽所有价值样式的知识理想,而只是借助现象学方法,在一种精神审视世界的态度中偶尔发现价值质性之间的一个大致等级秩序,最终目的是以这个粗略的价值秩序结构作为绝对标准,来观照和评价现实的人心以及社会秩序的正当性。所以,舍勒无意也不可能穷尽所有的价值样式,因为价值世界是一个浩瀚无比的观念客体领域,任何人都只能把捉到这个世界的某一个方面的事实,而不可能同时"看到"所有的事实。我们关注的主要是价值世界的先天事实对人类社会的意义和功能。舍勒认为价值质性是在情感感受活动中被给予的,所以,舍勒基本上是按照情感感受活动的类型来描述他直观到的价值质性的基本样式的。以下是对价值样式的一个简要介绍,关于它们的社会意义和功能在后面的章节中会涉及。

1. 感官价值

感官价值是在感性感受活动中被给予的价值样式,它表现为从适意到不适意的价值序列,与它相关的是享受与忍受两种基本的感性感受功能和相应的快乐与疼痛的感受状态。

舍勒认为感官价值的可感受性只在躯体组织中被给予,而与被感受的客体无关;不同物种之间和同一物种的不同个体之间对同一感官价值的体验也不尽相同。比如当我们说一把椅子不舒适时,是指我们的躯体感觉到这把椅子不舒适,而不是指这把椅子本身具有"不舒适"的属性,而同一把椅子在另一个人那里可能会感到非常舒适。但这些情况并不影响适意与不适意的价值区别。舍勒指出:"适意与不适意的价值区别本身还是一个绝对的区别,这个区别在对这些生物的知识之前就是清楚的。"[①] 生物体偏好适意而非不适意,这一命题并非是从归纳和观察得来的,而是存在于这些价值和感性感受的本质之中。舍勒认为如果有人提出存在着一个人种或动物种,它们偏好不适意而非适意,那么没有人会相信他,因为这种

[①] [德] 马克斯·舍勒:《伦理学中的形式主义与质料的价值伦理学》,倪梁康译,生活·读书·新知三联书店 2004 年版,第 128 页。

情况必然是不可能的。这些生物至多只会在偏好的趣味上与我们不同，把我们当作适意的事物感受为不适意的，或者把对我们而言不适意的东西感受为适意的，但它们仍会先天地偏好对它们而言适意的价值。

2. 实用价值

在《伦理学中的形式主义与质料的价值伦理学》一书中，舍勒并未把它划入一个独立的价值等级，而是认为实用价值附属于感官价值。后来随着对实用价值在现代资本主义社会中强大影响的认识，他的态度有所转变。在《道德建构中的怨恨》、《楷模与领袖》等文章中已经把它作为一种独立的价值等级来对待，但舍勒没有对与实用价值对应的感受和感受状态做出清楚说明。弗林斯认为实用价值"是在实践活动中产生的自我保存和潜意识地渴望成功的感受中被给予的"①。并指出"尽管舍勒从未提及这种等级的感受状态，但它们肯定是以我们相信的这些价值在其中被给予的那种感受为基础的成功或失败的感受状态"②。实用价值表现为从有用到无用的价值序列。舍勒认为它们是一种"工具"价值，是生物体在使用工具的过程中感受到的价值，为人和动物共有，比如动物会利用自然材料筑建巢穴、类人猿会用木棍获取它们够不到的食物，在这些活动中都会感受到实用价值。但实用价值并不是人们在使用工具时才显现出来，实际上，工具不被当作工具使用或者非工具当作工具使用，都不影响实用价值的存在，实用价值是一种先天存在的质性。

3. 生命价值

生命价值是在生命感受活动中显现出来的价值样式。舍勒所说的生命感受是指对健康和疾病的感受、对年龄的感受、对死亡临近的感受、对虚弱和力量等的感受，以及从属于这些感受的对它们的回应，如喜悦、忧郁、恐惧、同情、愤怒、报复等，它包含在从高贵到粗俗或者说从好到坏的价值序列中。弗林斯认为生命价值有两个方面："a. 它们可以在某个机体内被感受到。b. 它们可以作为外部对象的外观被感受到。前者的价值中有许多为人与动物所共有。而后者的价值只有人类能感受到。"③ 这就是说生命价值既可以在机体中被感受，也可以透过外界事物闪现出来。外

---

① [美]曼弗雷德·S. 弗林斯：《舍勒的心灵》，张志平、张任之译，上海三联书店 2006 年版，第 22 页。
② 同上。
③ 同上书，第 21 页。

界事物的生命价值在诗人、作家的笔下早已变得栩栩如生,比如白居易笔下"野火烧不尽,春风吹又生"的小草,矛盾笔下顽强、笔直的白杨树,弗林斯所说的苍劲的橡树、骏马、充满帝王气概而被人们当成民族象征的雄狮、美丽的夕阳之宁静等都闪耀着高贵的生命价值,但对这种透过外界事物闪现出来的生命价值的感受能力只为人所特有。需要注意的是,生命价值在机体内的感受是充满整个有机体的,而不是只在有机体的某个区域发生,它不像感官感受那样仅局限于机体的某个特定区域,而是遍布整个活的有机体,无法在器官上被定位。

舍勒认为生命价值是一个完全独立的价值样式,因为生命本身是一个无法被对象化的本质性,而不是一个经验概念。他指出:"'生命'是一个真正的本质性,而不是一个仅仅把所有地球上生物体的'共同标记'聚合在一起的'经验的属概念'。"① 在讨论价值对于生命所具有的相对性问题时舍勒指出:"实际上生命价值就展示着一个最终的、无法拒绝的价值质性,恰如生命本身展示着一个无法推导的原现象一样。"② "无论我们是把'生命价值'理解为一种特别的、在实事上得到独特描述的价值样式,还是理解为作为载体而对生命事实和生命显现起作用的价值,始终都有效的是:价值一般(以及它们的价值存在)存在着和存有着,它们并不是通过对实际生物的某种反应才存在和存有。但很有可能是这种情况:一组如此存有的价值以独特的方式恰恰属于'生命'(在一种本质联系的意义上),而且是以一种双重的方式:一方面,具有生命之物本质的事物是这些生命体的必然载体,另一方面,这些价值也以特殊的生命感受内容的形式或生命感受活动的形式而成为被给予性。"③

4. 精神价值

精神价值是在精神感受活动的中心即人格感受中被给予的价值样式。舍勒认为它包括三种主要类型:(1)"美"与"丑"以及纯粹审美价值的整个区域;(2)"正当"与"不正当"的价值,它们构成客观法制观念的最终现象基础;(3)"纯粹真理认识"的价值,就像哲学所试图实现的那些价值。当这个等级上的肯定价值被意识到时,主体的感受状态就是

---

① [德]马克斯·舍勒:《伦理学中的形式主义与质料的价值伦理学》,倪梁康译,生活·读书·新知三联书店 2004 年版,第 130 页。
② 同上书,第 336 页。
③ 同上书,第 336—337 页。

一种"精神上的喜悦",反之则是"悲哀"。精神价值不依赖于身体,它独立于所有感性感受状态和生命感受领域,它自身带有一种相对于整个身体领域和环境领域的特有解脱性和独立性,可以被人们交流和分享。比如,一场精彩的文艺表演能带给众多的人以美的享受,一场特大地震造成的不幸能给整个民族带来巨大的悲哀和伤痛。舍勒认为"存在着这样的清楚明见性:'应当'为了它们而牺牲生命价值"。[1] 预示了精神价值高于生命价值的本质规定性。并且,精神价值不受载体存在时间的限制,即使作为它们价值载体的善业改变了乃至消失了也不会影响它们代代相续。弗林斯把精神价值的这种特性概括为"穿透时间而存在"的性质。

5. 神圣价值

神圣价值是价值等级中最高和最终的价值样式,舍勒认为它是在纯精神的宗教形而上学性感受中被给予的,而且神圣价值是在作为绝对对象而被给予的对象上显现出来。绝对对象是处于绝对领域中的对象,它具有多种显现的形式,在形而上学中显示为世界的基础,在宗教中显示为人格的神。由于舍勒的基督教神学生活背景,使得基督教的神就成为他笔下唯一的绝对对象。所以,他认为神是人们不断趋向这种绝对领域的根本依据,人在超越的趋向中直接体验到作为绝对对象的神,而神圣价值就在作为绝对对象的神身上显现出来。但神圣价值独立于神圣对象,不论这个神圣对象是以偶像的面貌出现,还是以崇敬形式或神的纯粹概念的方式出现。弗林斯认为,体验到神圣价值的感受状态就是福乐。如果没有这种体验,就会产生绝望。舍勒认为人们原初把握神圣价值的行为是一个特定类型的爱的行为,这个爱的行为的神圣价值指向先行于所有关于神圣对象的形象表象与概念,并规定着它们。爱的行为朝向某种具有人格存在形式的东西,无论这个人格具有什么内涵。因此神圣价值在本质上是一个人格价值。

在揭示了价值的基本样式之后,舍勒进一步阐述了价值样式之间的奠基关系,从而提出了他的客观价值秩序思想。

(二)价值秩序是价值样式之间的奠基关系

舍勒指出:"如果一个特定的个别价值 a 只有在某个特定的价值 b 已经被给予的情况下才能被给予,那么 b 这种价值就为 a 这种价值'奠

---

[1] [德] 马克斯·舍勒:《伦理学中的形式主义与质料的价值伦理学》,倪梁康译,生活·读书·新知三联书店 2004 年版,第 131 页。

基'；而这是本质法则。但这样一来，各次'奠基着的'价值，即这里的价值b，也就是各次的'更高的'价值。"① 从舍勒的这段话我们已经可以清楚地感受到"奠基"在价值高低等级关系中的特殊重要性。奠基的内涵与我们今天理解的奠基基本相通，表达的无非是"成为……的基础"之意，比如，如果说只有某物A先行存在，才有某物B的存在，就意味着B奠基在A之中。舍勒认为，感官价值奠基在实用价值之中，实用价值又奠基在生命价值如健康之中，生命价值尽管独立于精神价值，但仍奠基于后者之中，"因为，唯当生命本身（在其所有外化形态中）是价值载体，它们根据一种绝对客观的价值级序而接受一个特定的高度，它才实际地具有这些价值。然而这样一个'级序'只能通过那些本身在生命上重又受到限定的精神行为来把握"。② 因此生命本身作为价值载体只是一个价值中性的存在，它们只有处于价值级序的特定层次之中时才会实际地拥有价值，而这种级序只能通过认识、审美等精神行为来把握。只有当精神价值以及把握这些精神价值的精神行为存在时，生命才绝然具有一个价值。最后，所有价值级序中的价值都奠基于作为神圣价值的无限人格精神的价值之上，人格价值作为最高价值，成为价值世界的所有价值存在的基础。正是这种奠基关系形成了价值质性之间先天的等级关系，即客观价值秩序。

通过奠基形成的价值样式之间的意义关系在于：只有在实用价值先行被体验到的情况下，感官价值才能被给予，如猴子只有先感受到用一根木棍或其他代替四肢的工具从火中取栗的实用价值，才能更真切地感受到随之而来的适意或不适意的感官价值；只有在生命价值被先行给予或感受的情况下，实用价值才能被感受，如一个人在感觉自己生命力旺盛、精力充沛的情况下，才更有"资格"去想如何利用身边的各种资源和条件干一番轰轰烈烈的事业，相反，生命感觉上的软弱无力或者行将就木，会使一个人觉得万事皆空从而万念俱灰；同样的道理，只有精神价值先行被给予，生命价值才能更清楚地被给予。在战争和革命年代，之所以有那么多的仁人志士甘愿抛头颅洒热血献出自己宝贵的生命，并不是他们不懂得珍

---

① ［德］马克斯·舍勒：《伦理学中的形式主义与质料的价值伦理学》，倪梁康译，生活·读书·新知三联书店2004年版，第114页。
② 同上书，第115—116页。

惜生命，恰恰相反，是他们对精神价值的感受和体悟加深了对生命价值的体悟，才能做出"生命诚可贵，爱情价更高，若为自由故，二者皆可抛"的豪迈壮举，才有"杀头不要紧，只要主义真"的革命信念；精神价值与神圣价值的关系也遵循同样的法则，即只有神圣价值先行被给予，精神价值才能更好地被感受。一个圣徒可以忍受常人难以接受的清贫而坚守自己的信念就是例证。

总之，由奠基形成的价值样式之间的关系说明：神圣价值高于精神价值，精神价值又高于生命价值，生命价值高于实用价值，实用价值高于感官价值。五种价值样式之间由于相互奠基而形成的高低关系就是舍勒的客观价值秩序。客观价值秩序是一种质料的、先天的关系，其特征可以从以下三个方面来认识：

第一，价值秩序的质料性。舍勒认为，客观价值秩序是一个质料的秩序。那么，何谓质料呢？从《伦理学中的形式主义与质料的价值伦理学》一书的名称就可以看出，"质料"首先是一个与"形式"相对立的概念。对于大部分具有马克思主义理论背景的中国学生来说，理解内容与形式的关系可能比较容易，那么质料与内容之间有没有对应关系呢？或者说两者指的是不是同一个对象呢？这要从舍勒对质料的理解说起。舍勒对质料的理解明显不同于胡塞尔讲的感性材料（意识之外的特定对象），也不同于康德的"物自体"，更不同于马克思主义中的"内容"范畴。在《伦理学中的形式主义与质料的价值伦理学》一文中，他认为在认识论领域和伦理学领域存在着一个基本的谬误，那就是将"质料之物"等同于"感性"内涵。因为在舍勒看来，质料之物是"被给予"之物，而感性内涵则是"通过'事物对感受性的作用'而产生的，与这种感觉相符的是特殊的感觉状况：快乐和不快，'事物'用这些感觉状况'来侵袭主体'"。[1] 这种等同的实质是把感性内涵也看作"被给予"的。舍勒认为其错误就在于"'感性内涵'或'感觉'的概念根本不是指在一个内涵中对这个内涵的规定，而仅仅规定着一个内涵（如一个声音、一个颜色连同它们的现象学特征）如何传送的方式"[2]。并认为上述基本谬误产生的根源就在于：

---

[1] [德]马克斯·舍勒：《伦理学中的形式主义与质料的价值伦理学》，倪梁康译，生活·读书·新知三联书店2004年版，第64—65页。

[2] 同上书，第65页。

人们不去问什么是被给予的，而是问什么是能够被给予的，结果必然认为感性功能无法涉及的东西是不能被给予我们的，能给予我们的也一定是感性功能能触及的东西，这样就产生了感性内涵是"被给予"的错误思想，进而也就把质料之物等同于感性内涵。舍勒说："在现象学意义上的'感觉内容'……严格地看只是这样一种内容，它们的出现和消失设定了我们被体验到的身体状况的某种变更：首先完全不是声音、颜色、气味质性和口味质性，而是饥、渴、疼痛、快感、疲劳以及所有那些模糊地定位于特定器官的所谓'器官感觉'。"① 这就是说，感性内容（感觉）只是一种身体状况上的某种变更，它并不是"内容"，而是所谓的"器官感觉"。而且他还认为，为了语言上的便利，我们可以将"整个外部直观世界的所有因素，即那些（在出现和消失中）可以参与身体状况变化的因素，也称之为'感觉'"②，这个扩展的感觉"既不是一个特定的对象，也不是像'红'、'绿'、'硬'那样的一个直观内容，更不是一个像马赛克一样拼凑起来的事实的小'因素'"③。"感觉"的本质就是"每当这个世界作为独立于一个个体的当下身体之物而被体验到时"所具有的"变更方向"④。所以在舍勒看来，感性内容（感觉）绝对与"内容"无关，"'感觉内容'永远不会在任何一种词义上'被给予'"⑤，"一个'纯粹的'感觉是永远不会被给予的。它永远只是一个需要受到规定的X"。⑥ 而哲学的任务并不是从"感觉"中构造出直观的内容，而是尽可能地将这些内容从那些始终伴随着这些内容的感官感觉中剥离出来。

通过上面的分析可以看出，在舍勒这里，"感性内容"不是真正的"内容"，而只是一种传送内容的方式或者"变更方向"。所以，"在颜色、声音中并不存在任何'感性的'东西。恰恰是这些概念最需要得到现象学的澄清；也就是说，需要探寻'感性内涵'这个概念在其中得到充实

---

① ［德］马克斯·舍勒：《伦理学中的形式主义与质料的价值伦理学》，倪梁康译，生活·读书·新知三联书店 2004 年版，第 69 页。
② 同上书，第 70 页。
③ 同上。
④ 同上。
⑤ 同上。
⑥ 同上书，第 71 页。

的那个事实状况"①。那么感性内容如何得到充实呢？舍勒的"质料"就是这个被给予之物中呈现的直观内容。这种内容显然不是所谓的"感性内容"：既不是胡塞尔意义上的作为意识之外的特定对象的感性材料，也不是康德意义上的偶然、混乱而且需要构形的感性之物，而是一种先天之物，属于"自身被给予之物"。这个"质料"在舍勒的现象学里也称为现象学经验。所以，"质料"有两个特点：一方面它是"直接的，即不具有任何类型的象征、符号、指示的中介"；另一方面它又是"纯粹'内在的'经验"②。这里的"内在"指这样一种自身被给予性：被给予的就是被意指，而不存在被给予与被意指之间的分离。"这种直接性和内在性特征显然是在排除胡塞尔质料概念中的实项性要素之后舍勒要保留的两个要素，即作为'立义意义'和'意向内容'的要素。只有这样，舍勒才能够克服胡塞尔在意向对象的奠基上所表现出的偏狭，'质料'才能从胡塞尔的逻辑领域扩展到价值和情感领域，成为一种本体的质料先天，由此情感行为才可能不借助于客体化行为而直接树立起对象。"③ 客观价值秩序就是一种自身被给予的质料的价值秩序。

　　第二，价值秩序的先天性。要理解客观价值秩序的先天性，首先要搞清楚先天的内涵。在传统意义上，先天指的是"先于"观察性经验的材料，用舍勒的话说这是一种形式的先天。形式的先天也和某物"相关"，但其内容却是赋予内容以形式的形式本身，因此，它被限定在观察性经验上，不能涵盖"对某物的意识"中的经验。而舍勒所说的先天是非形式的先天，或者说是质料的先天，"对……的意识"所强调的问题既不是形成的构造活动，也不是由自我进行的综合，而是"在意识中被给予的'是'什么"的问题，即在意识中事实上"在此"的是什么。意识所"意识到"的或者说事实上"在此"的可以是任何内容，无论它是有意义的、无意义的、逻辑的、幻想的东西还是虚构的东西、梦中的景象、白日梦中的模糊内容还是其他任何东西。与传统的先天相比，舍勒的先天缺乏对主体、客体或者真实之物与不真实之物的"设定"，在这里，除了无中介的内容什么也没有。所以，舍勒对先天的理解是："我们将所有那些观

---

　　① ［德］马克斯·舍勒：《伦理学中的形式主义与质料的价值伦理学》，倪梁康译，生活·读书·新知三联书店2004年版，第65页。
　　② 同上书，第60页。
　　③ 钟汉川：《论胡塞尔和舍勒的"质料"概念》，《哲学研究》2007年第1期，第75页。

念的含义统一和定律称之为'先天的',这些含义统一和定律是在不顾及任何一种对其思维的主体及其实在自然属性之设定的情况下以及在不顾及任何一种对一个可为它们所运用对象之设定的情况下,通过直接直观的内涵而成为自身被给予性。"① 所以,先天完全属于"被给予之物",属于事实领域。这样,先天就与质料建立了密不可分的关系:质料是先天的质料,先天必定是质料的先天。

理解舍勒先天的内涵,还要从它与后天的关系中把握。人们习惯于认为先天是与后天相对立而存在的,先天是非经验的,而后天是经验的。但在舍勒看来,先天与后天的区分不在于经验和非经验,而在于经验的两种类型:现象学经验和非现象学经验;先天也不与后天对立,相反,先天就存在于后天经验当中;但在后天经验当中,人们不能通过观察、归纳和演绎推理等非现象学经验的方法去发现它,而只能通过精神直观的现象学经验方法发现它。反过来说,人们通过精神直观发现的事实领域必然属于先天范畴。客观价值秩序就是通过精神直观发现的事实领域,当然属于先天范畴,具有先天性。

第三,价值秩序的客观独立性。客观独立性是质料先天的价值秩序最显著的特征。它的客观性不是一般所讲的客观实在意义上的客观性,而是有两方面的特定内涵:一是指价值秩序的存在独立于价值载体或机体组织,即"完全独立于一个它在其中显现出来的善业世界的此在,并且完全独立于在历史中这个善业世界的运动与变化"② 和"独立于所有那些感受着价值的特殊机体组织"③。"一切价值(也包括'善'与'恶')都是质料的质性,它们彼此相对具有一个在'高'与'低'方面的特定秩序;而这并不依赖于它们所接受的存在形式,例如无论它们是作为纯粹对象性的质性伫立在我们面前,还是作为价值状态的成分(例如某物的适意或美),或是作为在善业中的部分因素,或是作为'一个事物'具有的价值。"④ 这表明价值和价值秩序在存在中是独立于它们的载体的。二是指我们对价值秩序的把握不依赖于价值载体。我们可以把握到一个事物的价

---

① [德]马克斯·舍勒:《伦理学中的形式主义和质料的价值伦理学》,倪梁康译,生活·读书·新知三联书店2004年版,第57页。
② 同上书,第15页。
③ 同上书,第127页。
④ 同上书,第18页。

值要高于另一个事物的价值,却不必同时具有与这种把握的严格性和清晰程度相符的对此事物本身的知识;同时也不必以有别于在意识中单纯"被意指"的方式来拥有这个我们当下进行比较的事物。价值秩序不会因为它们的载体在价值中的改变而受影响。① 由此可以看出,正是价值秩序的独立性表征了它的客观性,所以说价值秩序具有客观独立性。

那么,为什么价值秩序是如此奠基而不是相反的?为什么这种奠基关系形成的价值等级秩序还是先天的、客观独立的?舍勒又是如何为他的先天价值秩序寻找依据进行辩护的呢?

三 舍勒为价值秩序的合法性辩护

（一）价值偏好的明见性

舍勒指出:"一个价值比另一个价值'更高',这是在一个特殊的价值认识行为中被把握到的,这个行为叫作'偏好'（preference）。"② 这是舍勒从认识角度为客观价值秩序确立的正当性依据。

舍勒指出:"价值的级序永远不能被演绎或被推导出来。哪一个价值是'更高'的价值,这始终是通过偏好和偏恶的行为来不断重新地被把握。这里存在着一个直观的'偏好明见性',它是任何逻辑演绎都不能取代的。"③ 舍勒对偏好明见性的揭示使其在本质上与一切逻辑方法划清了界限,并确立了精神直观的独立认识地位。

现象学意义上偏好的明见性主要指它的自身被给予性与先天性,这与通常意义上经验的偏好形成本质的不同。

首先,现象学意义上的偏好只发生在独立于价值事物的价值质性之间,而经验的偏好是在价值事物之间进行的。现象学的偏好是基于选择的一种追求行为,这种选择必须以对一个价值更高状态的认识为前提,即首先感受到一个价值的更高状态,然后这个更高的价值被偏好,并且我们只能在各个可能的目的之中选择一个奠基于更高价值的目的加以追求。

其次,现象学意义上的偏好是自身被给予的,它独立于一切选择、追求和意欲行为,它是在没有任何选择、追求和意欲的情况下进行的自身被

---

① ［德］马克斯·舍勒:《伦理学中的形式主义与质料的价值伦理学》,倪梁康译,生活·读书·新知三联书店 2004 年版,第 19—20 页。
② 同上书,第 105 页。
③ 同上书,第 107—108 页。

给予的行为。而经验的偏好是建立在选择、追求和意欲基础之上的行为。舍勒指出："对于一个偏好行为的发生来说，并不需要必定有多个价值在感受中被给予；既不需要有一个'多'被给予，也不需要有这样一个'多'作为对偏好行为的'奠基'而被给予。"① 因此，当一个价值比所有其他价值都更值得偏好而被给予我们时，我们并不会想到与它进行比较的其他价值，而只是"可以进行其他偏好"的意识。这种自身被给予性也可以通过偏好的善恶评价功能体现出来。"最纯粹的和最直接的善以及最纯粹的恶恰恰是在这样一个意愿的行为中被给予的，这个行为是在没有先行'选择'的情况下就完全直接地对准了这种实施。"② 因此，偏好不是一种附加在价值之上的次生行为，而是一种原初的价值认识活动。

最后，现象学意义上的偏好是一种先天的偏好，具有自己先天的法则，而经验的偏好则受后天社会环境、生活习俗、知识阅历、阶级属性等的制约和影响。舍勒认为，现象学意义上的偏好具有先天的纵横结构，发生在不同层级的价值之间的偏好属于纵向偏好，发生在同一价值层次内部的偏好属于横向偏好。纵向偏好的法则是：偏好较高的价值等级甚于较低的价值等级，例如偏好生命价值胜于有用价值，偏好精神价值甚于生命价值。横向偏好的规律是：偏好肯定价值胜于否定价值，比如就适意和不适意的价值层次而言，人不会偏好不适意胜过适意。在我们看来，舍勒的先天偏好实际上揭示的是人的本性，即还未受到后天社会环境左右和影响的纯真本性。而一旦人的纯真本性受到后天各种因素的影响，先天偏好结构就会发生改变，经验的偏好就发生了。舍勒认为，先天偏好可以有不同的实现方式，它可以是我们在从事偏好时所体验到的一种特殊活动，从而在清晰地被意识到的、伴随思虑的多个感受中被给予的价值之间进行；也可以完全自发地进行，以至于我们在此意识不到任何活动，更高的价值就像在本能的偏好中一样自己走向我们。因此，先天偏好既不是一种本能冲动，也不是理性的认识规则，而是具有直观的明见性的价值认识活动，它指引着我们对于价值和价值秩序的把握。

如果说对价值认识的先天偏好及其明见性的揭示是舍勒为其价值秩序

---

① [德]马克斯·舍勒：《伦理学中的形式主义与质料的价值伦理学》，倪梁康译，生活·读书·新知三联书店2004年版，第106页。
② 同上书，第31页。

合法性辩护的一个环节，那么纵向价值层级之间高低标准的提出则是辩护工作的第二个环节。

（二）价值高低的先天标准

舍勒指出："价值越是延续，它们也就'越高'，与此相同，它们在'延展性'和可分性方面参与得越少，它们也就越高；其次还相同的是，它们通过其他价值'被奠基得'越少，它们也就越高，再次还相同的是，与对它们之感受相联结的'满足'越深，它们也就越高；最后还相同的是，对它们的感受在'感受'与'偏好'的特定本质载体设定上所具有的相对性越少，它们也就越高。"① 舍勒没有对这些标记的确立标准做详细的论述和说明，但对这些标记的意义做出了符合经验世界的现象学阐述。正因为如此，很多人对之感到合理但又找不到证据来证明其合理性，感到不合理但也找不到反驳它的理由。

1. 价值的持续性

舍勒认为，与更低的价值相比，更高的价值本质必然地在现象上是持续地被给予的。他举例说：生命价值中的健康、高贵比感官价值中的舒适、愉悦就更持续；纯粹美的价值比生命之健康的价值又更持续。

理解这一点，首先要正确理解舍勒的"持续"含义。舍勒认为持续并不是指价值事物实存于其中的客观时间的长度，它首先是一个绝对的和质性的时间现象。他指出："'持续'自然首先是一个绝对的和质性的时间现象，它绝不仅展示着一个'演替'的缺失，而且与充实着时间的内容、与演替一样，是一个同样肯定的样式。尽管我们（在与其他东西相比时）称之为'持续'的东西可能是相对的，但持续本身却不是相对的，而是绝对有别于作为现象的'演替'（或变换）的实际组成。"② 因此，持续本身是一种自身被给予的绝对现象。舍勒指出："一个自身具有'能够'穿越时间实存的现象的价值是持续的，无论它的事物性载体究竟实存多久。"③

其次要正确区分价值的持续性与价值事物或有价值的事物的持续性。一滴水可以毁灭一个人的生命，一场大火可以使一件艺术品化为乌有，就

---

① ［德］马克斯·舍勒：《伦理学中的形式主义与质料的价值伦理学》，倪梁康译，生活·读书·新知三联书店2004年版，第108—109页。

② 同上书，第110页。

③ 同上。

此而言，作为价值事物的人的生命与艺术作品的持续性并不比一件东西的持续性高；但是，舍勒认为生命所承载的生命价值与艺术作品所承载的精神价值却比一件东西的实用价值更持续。与朋友的一次聚餐，可能山珍海味、满汉全席应有尽有，但可口的食物很快就会被忘记，而朋友相见的那种愉悦很长时间都难以忘记，朋友间的友谊更是永驻心间、难以忘怀，道理就在于此。但在现实生活中，人们往往混淆了价值持续与价值事物持续的本质差别，误把价值事物的持续当作价值的持续，从而陷入一种错误的道德观念，即把价值事物的实存本身当作肯定的价值予以追求。这大概就是现代社会日益变成一个物化社会的认识根源吧！

2. 价值的可分性

舍勒认为，价值越是不可分其等级就越高，并且它们在多个价值参与它们的过程中被划分得越少，它们的价值就越高。"多个价值对'物质'善业的参与只有通过对善业的划分才可能（一块布、一片面包），这个事实的现象学基础就在于，感性适意的价值本质上明显是广延的，而与它们相应的感受体验是定位在物体上的，并且同样以广延的方式出现。"① 这就是说价值的可划分意味着它们是广延的（extensive），反过来说，广延的意思就是某个价值及其载体能够被划分成多份并被许多人共同享受，所以，广延的价值是可划分的，不广延的价值是不可以被划分的。感性价值及其物质性的价值事物就是可划分的，并可以被多个生物所感受，比如将一桶水、一块馒头分割成许多份，可以让多人享用并感受到解决饥渴后的适意。舍勒认为可划分的价值在价值秩序中总是处于较低的等级，而较高的价值及其相应感受则是不可分的，即使当它们被多个生物所感受和体验。比如艺术品，它们同时可以被许多人欣赏和感受，任何分割只会使它们成为毫无价值的废品。

3. 价值的依赖性

价值的依赖性就是前面已经讨论过的价值样式之间的奠基关系。如果一个特定的个别价值 a 只有在某个特定的价值 b 已经被给予的情况下才能被给予，那么 b 这种价值就为 a 这种价值"奠基"，也可以说价值 a 依赖于价值 b。舍勒认为，一种价值越高，它就越少依赖另一种价值。依赖另

---

① ［德］马克斯·舍勒：《伦理学中的形式主义与质料的价值伦理学》，倪梁康译，生活·读书·新知三联书店 2004 年版，第 112—113 页。

一种价值的价值就是较低价值,而被依赖的价值就是较高价值。

4. 价值的满足深度

舍勒认为,价值"高度"与"满足的深度"之间存在一个本质关系,这就是:更高的价值必定给出一个更深的满足,因此通过满足的深度大体可以衡量价值的高度。舍勒所说的"满足"与我们日常概念中的满足不同,日常概念中的满足建立在快乐基础之上,而舍勒的"满足"与快乐无关,它是一个充实体验,这个充实体验以对某一个价值的意向和显现为条件,当意向性的情感不能直观到价值时,任何满足都不会出现。舍勒的"满足"也与追求无关,"'满足'的最纯粹情况恰恰是在宁静的感受中和在对一个肯定价值的'善'的完整感受性'占有'中被给予的,也就是在所有'追求'沉默的时候被给予的"①。因此满足不是追求的结果,对价值的单纯把握就已经可以带来满足。

价值高度与满足深度之间的关系在于:每个价值都可以带来一定程度的满足,但如果一个满足的获得不依赖于对另一个价值的感受以及与此价值相联结的满足,而后一个满足却依赖于前一个满足,那么,前一个满足就比后一个满足更深,对应前一个满足的价值就比后一个对应价值更高。所以,按照舍勒,只有生命中心的满足才是真正的完全的满足,只有在这个满足状态中,生活的外在喜悦才能发出响亮的笑声。相反,在生命中心的满足尚告阙如的情况下,任何外在的满足都只是暂时的满足。为此,弗林斯一针见血地指出:对愉悦、适意和娱乐的感受程度和强度与位格的失意和不满足程度是成正比的,正是位格的失意与不满足促使人去纵情享乐,而不沉溺于享乐价值的群体是位格上充满喜悦与满足的群体,位格内在的喜悦越多,他就越不需要借助外在的也就是可分割与可控制的刺激物来获得快乐。②

5. 价值本身的相对性层次

价值本身的相对性用舍勒的话说就是"价值实在性"的阶段,也即它们与"绝对价值"的关系。更高价值是在感受和偏好的特定本质载体设定上所具有的相对性更少的价值,也就是更接近绝对价值而被给予的价

---

① [德]马克斯·舍勒:《伦理学中的形式主义与质料的价值伦理学》,倪梁康译,生活·读书·新知三联书店 2004 年版,第 117 页。

② 参见 [美]曼弗雷德·S. 弗林斯《舍勒的心灵》,张志平、张任之译,上海三联书店 2006 年版,第 27 页。

值。如舍勒指出的:"在'相对'和'绝对'的这个词意上,现在我主张,一个本质的联系就在于:在直接直观中'作为更高的'而被给予的价值,也就是那些在感受和偏好本身之中(而不是通过思考)才作为更接近绝对价值而被给予的价值。"①

舍勒通过比较价值本身的存在相对性与作为价值载体的价值事物的相对性的不同来阐述相对价值的真正内涵。他认为价值事物种类的相对性与实在生物的心理物理构造有关,例如同样的东西对某些动物而言是毒药,对另一些动物而言是食物;对于某些人而言适意的东西在其他人看来却是不舒服的和令人难堪的等,这些事实只是规定了价值在各个价值事物单位方面的相对性,但它们并不展示价值本身的任何存在相对性。价值就价值事物单位而言的相对性是通过判断、比较、归纳等被发现的,而价值存在的相对性和绝对性则是在感受活动中直接被给予的,它们完全不依赖于判断领域以及从属于它的比较与归纳行为。价值本身的存在相对性与它们各自所对应的价值感受行为的性质有关,比如对一个非感性地感受着的生物而言,就不存在任何与感性感受相关的适意价值。绝对价值则摆脱了感性的、生命的感受,只在纯粹感受中被给予。因此,舍勒指出:"绝对价值是这样的一些价值,它们为一种'纯粹的'感受(偏好、爱)而存在的,即是说,为一个在其功能种类和功能法则中不依赖于感性生物与生命本质的感受而存在的。"因此绝对价值具有一种现象的解脱性,即从人们的生活经验以及感性状态的同时感受中解脱出来,将对价值世界的体验从感官和生活感受的束缚中解放出来。绝对价值只能通过人格被给予。所有对绝对价值的把握只有在无限的人格精神中才可能进行。所以,绝对价值隐藏在人们内心深处,形成价值高度的一个本质标记。正如舍勒所说:"在我们心中有一个深度,我们在那里始终会隐秘地知道,那些为我们所体验到的价值在其'相对性'方面具有何种性质,无论我们怎样通过判断、比较和归纳来企图遮蔽它们,使我们自己看不到它们。"②

以上是舍勒为自己发现的客观价值秩序从两个方面所做的合法性辩护,但我们注意到,舍勒对偏好的明见性和价值高低的划分标准都缺乏理

---

① [德]马克斯·舍勒:《伦理学中的形式主义与质料的价值伦理学》,倪梁康译,生活·读书·新知三联书店2004年版,第119页。
② 同上书,第120—121页。

论上的严密论证，他最擅长的论证方法就是打比方，而打比方往往是从经验世界来寻找例证。这样，就产生一个问题：舍勒的例证以及我们自己理解舍勒思想过程中的例证，都能使舍勒思想的意图豁然明朗，但这是在用经验世界的事实的有效性证明先验事实的有效性，与整个现象学所主张的现象学经验是所有非现象学经验的基础正好背道而驰。这是舍勒价值秩序理论的内在悖论，也体现出舍勒价值秩序理论论证的不严密、不足。但理论本身的悖论和不足并不抹杀理论内容的意义和有效性，不可否认的事实是：舍勒所说的价值质性确实是存在的，价值质性之间也应该有一个如此排列的秩序。尽管我们不能比舍勒更出色地证明这个价值秩序的合理性，但确实无人能轻易否决这个价值秩序。从我们的现实生活体验来说，人们更多地证实了而不是证伪了舍勒客观价值秩序的有效性。正因如此，研究舍勒的价值秩序理论才是一项有意义的工作。

第二节 价值秩序从根本上是一种人心秩序

由前面对价值和价值秩序基本内涵的描述可以看出，舍勒的"价值"是在意向性的情感感受活动中自身被给予的质料秩序，价值秩序就是情感活动的秩序，而感受价值的情感活动，在舍勒这里就是"人心"。所以，价值秩序从根本上是一种人心秩序，价值秩序因此也可称为人心价值秩序，但价值秩序与人心秩序要通过爱的秩序才能建立起一种先天联系。因为，人心秩序首先表现为爱的秩序，而爱的秩序是价值秩序的先天依据。

一 人心秩序首先表现为爱的秩序

理解这一观点，需要从舍勒关于人心与人心秩序的特定内涵说起。

首先，舍勒所说的"人心"与中国古代心学理论以及心理学、生物解剖学中所讲的人心是不同的。中国古代的心学理论一般都把心视为体用不二的本体，认为它是智慧的主体，尤其是道德本体、道德之源，是去凡成圣、进入最高人生境界、获得美满幸福生活的可能性基础和前提。从体来看，它是思之主体、生命之中枢、五脏之君、身之主宰；从用上来说，心是人生幸福、快乐的基础，是人自身价值的源泉，正所谓"天堂"、"地狱"不离心。从道德哲学的角度看，心既是人的仁义礼智信等道德属性的可能性根源，又是其现实的基础。① 可以说，中国古代哲学对人心的探讨已经达到了相当精致的程度，但对人心的结构和秩序问题鲜有涉及。西方哲学和心理学对人心也有过探讨，但大都把人心归入非理性领域，认为人心是属于逻辑理性之外的一片混乱无序的自在天地。舍勒则从现象学态度出发来重新审视人心，赋予人心以全新的内涵。舍勒的"人心"内涵，用施太格缪勒的话说就是"既非心理学意义上的'人心'（意义人心），亦非生物解剖学意义上的'人心'（物理人心），而是现象学本质直观得到的'事实'"②。具体来说，舍勒所说的"人心"，是指我们对各种价值的不同意向体验和情感感受活动，亦即以价值（或称现象学事实）为情感体验活动的相关项的精神直观活动。

其次，在舍勒看来，人心并不是杂乱无章的，而是有自己的客观法则。舍勒对帕斯卡尔"心有其理"的观点极为赞赏，并因此认为"存在着一种生成的心的形成、意志形成，并由此导致一种心的明晰、'心的秩序'、'心的逻辑'，一种感受、价值评价的行为和'心的敏感'"③。显然，心的秩序即人心秩序已经被舍勒赋予一种生成性的存在特性，并且有可能直接导向价值评价行为。根据人心的含义，人心秩序就是指针对价值的意向体验和情感感受之间的奠基关系和奠基顺序。接下来要追问的问题是：人心有其秩序，这个秩序又是如何显现出来的？因为人的精神直观不能以人心为对象。舍勒认为，人心秩序的显现是通过人心的第一规定性——爱——来实现的。他认为"我们的心灵以爱为第一规定性"④，爱在我们的心灵中居于核心地位，爱的深度和广度决定了我们的心灵世界的范围。因为"在人是思之在者或意愿之在者之前，他就已是爱之在者。人的爱之丰盈、层级、差异和力量限定了他的可能的精神和他与宇宙的可能的交织度的丰盈、作用方式和力量"⑤。在舍勒看来，爱先行于一切认识和意愿活动。所以，人心秩序首先表现为爱的秩序。

---

① 高新民：《人心与人生：广义心灵哲学论纲》，北京大学出版社2006年版，第468页。
② [德]施太格缪勒：《当代哲学主流》，王炳文、燕宏远、张金言等译，商务印书馆1986年版，第134页。
③ [德]马克斯·舍勒：《舍勒选集》，刘小枫选编，上海三联书店1999年版，第1393页。
④ [德]马克斯·舍勒：《爱的秩序》，林克等译，生活·读书·新知三联书店1995年版，第64页。
⑤ [德]同上书，第48页。

二 爱的秩序是价值秩序的先天依据

理解爱的秩序与价值秩序的关系，也要从爱的含义说起。什么是爱？在舍勒这里，爱不是日常生活意义上的感性之爱，而是一种精神行为。舍勒说："爱是倾向或随倾向而来的行为，此行为试图将每个事物引入自己特有的价值完美之方向，并在没有阻碍时完成这一行为。"① 这即是说，爱是人所特有的发掘事物价值的行为。但舍勒同时认为，爱不是一种情感状态，而是一种精神情感的意向活动，它并不是要直接指向一种更高的价值，而仅仅是发现价值。所以，舍勒认为"只有有爱心的人眼睛是睁开的——眼睛的明亮取决于他们爱的程度"②。这里的"眼睛"显然是精神之眼而非器官意义上的眼睛，精神之眼一旦睁开，展现在眼前的只能是作为先天事实的价值世界，而不会是经验的物的世界。这样，爱与价值就建立了对应关系：有爱就能发现价值，无爱就是价值盲目的。爱的质性种类对应的是价值的质性样式。在此很想多说两句，舍勒关于爱的含义和功能的揭示，实际上提出了一种不同于实证方法的体证方法，用这种体证方法可以更好、更巧妙地来为自己确立的客观价值秩序辩护。因为如果有人质疑他的价值秩序是否真的存在，他满可以理直气壮地说：那是因为你没有爱心。而质疑者为了表明自己确实有爱心，只好不再发问，但却可能将舍勒所说的价值秩序视为胡言乱语，从此不再理睬。这也许就是舍勒价值秩序理论提出近百年来，除哈特曼外再也无人问津的原因之一吧！

紧接上面要问的是，这种发现价值的爱是混乱无序的还是井然有序的？

舍勒通过对爱之王国的研究发现，爱"本身具有一种不依赖于人的心理学机制的严格而自主的法则性"③，这个法则性即爱的秩序，也就是说爱不是混乱无序的，而是井然有序的。各种不同质的爱的行为，如神圣之爱、精神之爱、生命之爱、感官之爱等在这个爱的王国中都有自己确定的位置，表现为神圣之爱高于精神之爱，精神之爱高于生命之爱，生命之

---

① ［德］马克斯·舍勒：《爱的秩序》，林克等译，生活·读书·新知三联书店1995年版，第46页。
② ［德］马克斯·舍勒：《舍勒选集》，刘小枫选编，上海三联书店1999年版，第792页。
③ ［德］马克斯·舍勒：《伦理学中的形式主义与质料的价值伦理学》，倪梁康译，生活·读书·新知三联书店2004年版，第83页。

爱高于感官之爱，而上帝之爱则构成了这个爱的王国的最高点。现在的问题是，这个爱的秩序又是如何被人们把握到的？舍勒对此问题的回答是：它是在扬弃和悬置了我们的生命活动后所进行的精神直观中直接显现出来的。在舍勒看来，精神直观是发现爱的秩序的唯一方法。所以，对爱的秩序不可能从经验世界得到恰当的说明，也不能从逻辑法则合乎理性地推出，只能在精神之眼的"看"中体验到。

这样，爱与价值的对应关系，就把爱的秩序与价值秩序也联系在一起了。正是爱的秩序构成了价值秩序的先天依据，也决定了人的价值本质世界。所以，舍勒说："对人而言，所谓事物的'本质'的'核心'始终在他的情性赖以维系之处。凡是远离人的情性的东西，人始终觉得'似是而非'和'不在其位'。"①

由以上两个方面，我们可以说价值秩序从根本上就是一种人心秩序。

第三节　价值秩序是社会秩序的深层根据

舍勒曾说："不论我探究个人、历史时代、家庭、民族、国家或任一社会历史群体的内在本质，唯有当我把握其具体的价值评估、价值选取的系统，我才算深入地了解它。"② 这里的价值评估和价值选取系统就是指价值秩序。显然，在舍勒这里，价值秩序不仅是理解个人的根据，也是理解社会的根据。在我们看来，价值秩序之所以能担当此重任，主要原因有两个方面：第一，舍勒确立的价值秩序本身蕴含着社会秩序正常运转必须面对和正确处理的三对关系；第二，价值秩序本身具有价值引导和文明标尺功能。

一　从价值秩序蕴含的三对关系来看

价值秩序虽然是通过爱的秩序表现出来的人心秩序，并且具有先天性、客观性，但这种客观性主要表征的是它不依赖于其载体的独立存在性，客观性并没有否认价值秩序的发现仍然要受个人知识结构、社会文化

---

① [德] 马克斯·舍勒：《爱的秩序》，林克等译，生活·读书·新知三联书店1995年版，第48页。

② 同上书，第35页。

背景的制约和影响。正如舍勒所认识到的那样：人即便是作为精神生物，也只是呼吸在社会历史当中。所以，价值秩序作为精神直观的结果，天生就已经打上了社会的烙印。这使得舍勒借助精神之眼直观到的价值秩序本身，内在地蕴含了社会秩序正常运转必须面对和正确处理的几对关系，即世俗与超越、有限与无限、手段与目的的关系。正是这些关系的对立统一支撑着先天客观的价值秩序，为现实世界划定了一个可能的游戏空间。也正是这些关系的失衡与平衡状态的变换，演绎了人类社会的古代、现代和未来。

（一）世俗与超越

价值秩序是自身被给予的质料秩序。自身被给予意味着它是前语言的，是"观念客体"，但它最终又不得不借助语言来描述，而"语言没有为这些价值质性本身构造出特殊的名称，而只是或者根据它们的事物载体（例如玫瑰其味的适意）或者根据它们的感觉基础（例如甜味的适意、苦味的不适意）来区分它们"①。所以，舍勒直观到的价值质性主要是以描述的方式呈现在我们面前的。舍勒将自身被给予的价值按由低到高的等级描述为五个样式，即感官价值、实用价值、生命价值、精神价值和神圣价值，并对这五个价值样式内部的横向秩序进行了描述。我们在此不用重复其具体内容，而重点关注价值秩序的发现对于人的依赖性。价值秩序对于人的依赖性并不是指依赖于人的机体组织，它是"独立于所有那些感受着价值的特殊机体组织"的，也就是说价值秩序是客观存在的，不是主观的。但价值秩序的发现又确实离不开人。人的精神直观是发现客观价值秩序的唯一途径。没有人，没有人的精神直观，客观价值及其等级秩序就会"隐而不显"。所以，人在直观价值秩序的过程中起到了关键作用。

那么，人是什么？对于这个问题，舍勒有他自己独特的看法。他认为，人是"生命冲动"与精神活动的统一体。首先，人是同维持生命相关联的自然存在物，在人之中必然存在着"生命欲望或冲动"。生命冲动本身具有强大的自我活动的能力，当人在生命冲动驱使下活动时，他是一种自我推动、自我实现的活生生的力量。然而，生命冲动是人与动物共同具有的现象，当人在生命冲动下活动时，他仅仅是"自然的人"，是世俗

---

① ［德］马克斯·舍勒：《伦理学中的形式主义与质料的价值伦理学》，倪梁康译，生活·读书·新知三联书店2004年版，第13页。

的人。其次，人还是一种精神存在物。舍勒所说的精神具有广泛的意义，它不仅包括理性，而且还包括情感、直觉、体验。而在舍勒看来，精神的根本特征乃在于"把本质与此在分离开的能力"，而且舍勒认为"这个根本特征乃是人的精神一切别的特征的基础"①。人正是通过精神活动不仅对象化环境，而且对象化自身的心理和生理状态，这种双重的对象化活动使人超越自身的自然存在而成为一种精神存在，不仅意识到自己的"类"本质，而且意识到自己的"个体"本质。正是在这个意义上，舍勒认为精神才是人的根本属性，是人与动物的根本区别。而精神那种分离本质与此在的能力，使得在纯粹精神中本质世界得以呈现。这个本质世界不仅使人超然于自然存在成为可能，而且使人发现了自身存在根据的偶然性和虚无性，并由此产生了一种探寻绝对、寻求拯救的愿望。所以，舍勒认为"'人'是'超越'的意向和姿态，是祈祷的、寻求上帝的本质"②。

综上所述，我们可以把舍勒对人的定位理解为：人既是世俗的自然存在，又是超越的精神存在，人是世俗与超越的统一。正是集世俗性与超越性于一身的人在参与直观客观价值秩序的过程中，将人之存在的方向寄予客观价值秩序的内容体系而使得价值秩序不知不觉打上了人的烙印。人的"生命冲动"预示了人的世俗性需要和追求，人的精神活动预示了人的超越性需要和追求。在满足世俗性需要与超越性需要的过程中，人直观到了世俗价值与超越价值。

在舍勒的价值秩序序列中，处于价值秩序顶层和次顶层的两个价值质性属于超越性价值，处于价值秩序其他层级的价值质性属于世俗性价值。人的生命精神化与精神生命化的双向运动本质使得人直观到的价值秩序必然体现出世俗性价值与超越性价值的对立与统一。一方面，世俗性价值与超越性价值确实是不同的。世俗性价值是通过满足人的物质生存所需要的价值物"闪现"出的价值质性，而超越性价值是通过满足人的意义生存的价值物"显现"的价值质性，物质生存与意义生存属于人的两个不同生存维度，不能互相代替。另一方面，二者之间又存在同一化趋势。世俗性价值需要向超越性价值跃升，超越性价值必须以世俗性价值为存在基础，对于人的生存来讲，二者缺一不可，不容偏废。对于"社会"这个

---

① ［德］马克斯·舍勒：《舍勒选集》，刘小枫选编，上海三联书店1999年版，第1341页。
② 同上书，第1297页。

人的共在形式的存在和正常发展来说，也是如此。按照舍勒，世俗价值奠基于超越价值之中，也就是说超越价值的被给予是世俗价值被给予的根据。但从价值的实现来说，世俗价值的实现显然是超越价值实现的前提和基础。世俗价值与超越价值之间的这种对立统一和平衡关系正是舍勒现象学价值世界的一根支柱。

然而，古代社会人们过分看重超越性价值而轻视世俗性价值，破坏了二者之间的对立统一和应有的平衡关系，导致现实社会生命冲动力的缺乏，并出现以物质匮乏为特征的人的生存问题。而现代社会由于"上帝死了"，超越性价值便荡然无存，于是世俗价值成了现代人心目中仅有的价值。正如舍勒的导师奥伊肯所描绘的："无可争辩的事实是，现代的进步，往往把生活兴趣的中心从不可见世界转向可见的世界。"[①] 转向可见世界的结果就是现代人只看重世俗价值，而不看重超越价值，只知道有形之物的价值，不知道无形精神的价值，只能通过社会竞争而识别价值，不能通过内心体验去体认价值。这仍然破坏了二者之间的对立统一和平衡关系，从而导致现实社会的生命冲动力增强，精神引导严重缺失，并造成物质文明的强大与精神文明的相对疲软。人的物质生存问题解决了，但意义生存问题凸现出来了。在舍勒将人的根本属性归为精神活动时，就已经明示了意义生存对于人的绝对重要性。意义问题体现了人类对自身存在的"终极关怀"，是人类生活的基本支柱。如果说单个的人无法忍受无意义的生活，那么一个社会也同样如此。正如丹尼尔·贝尔明确指出的："为经济提供方向的最终还有养育经济于其中的文化价值系统。经济政策作为一种手段可以十分有效，不过只有在塑造它的文化价值系统内它才相对合理。"[②]意义生存危机在个人身上的突出表现就是现代人的无根生存状态，人失去了与终极实体之间的联系，失去了对终极实在的敬畏;[③] 意义生存危机的社会表现就是信仰真空、价值失序与价值虚无并存。舍勒就生活在这样的社会里，也因此亲身体验了价值失序之混乱，才开辟了从价值秩序

---

① [德]·鲁道夫·奥伊肯:《生活的意义与价值》，万以译，上海译文出版社1997年版，第14页。
② [英]丹尼尔·贝尔:《资本主义文化矛盾》，赵一凡等译，北京三联书店1989年版，第21页。
③ 卢风:《启蒙之后——近代以来西方人价值追求的得与失》，湖南大学出版社2003年版，第196—203页。

入手的现代社会批判。

可见，古代社会和现代社会都没有摆正世俗与超越的辩证关系，从而导致古代社会和现代社会的合理性和正当性都成了问题。

(二) 有限与无限

舍勒认为，人是生命冲动与精神活动的统一，而在我们看来，舍勒关于人的本质学说实际上也蕴含了"人是追求无限的有限存在者"[①] 的思想。因为生命冲动尽管具有无穷的激情与力，但它具有盲目性和作用的有限性。而"精神有着自己'有序的活动结构'，能够协调人的各种欲望和需要，引导生命摆脱有限的困境，使其丰富的样式成为现实"[②]。所以，人也是有限性与无限性的统一。人的有限性与无限性的关系实际上反映了人与世界的关系。相对于世界，人的能力、时空都是有限的，而相对于世界，人的思想却是无限的。正如帕斯卡尔所说："人只不过是一根苇草，是自然界最脆弱的东西；但他是一根能思想的苇草。用不着整个宇宙拿起武器来才能毁灭他；一口气、一滴水就足以置他死命了。然而，纵使宇宙毁灭了他，人却仍然要比置他于死命的东西更高贵得多；因为他知道自己要死亡，以及宇宙对他所具有的优势，而宇宙对此却是一无所知。"[③] "由于空间，宇宙便囊括了我并吞没了我，有如一个质点；由于思想，我却囊括了宇宙。"[④] 帕斯卡尔所说的在思想中"囊括了宇宙"，绝不是对宇宙的征服，而只是对宇宙的理解。人能够在思想中触及无限、理解无限，而绝不可能通过对自然的征服和对物的占有而达到无限。方济各的名言"我们以不占有任何东西的方式拥有万物"也许恰当地表达了人通达无限的方式。

我们认为，人的有限性与无限性同样参与了价值秩序的直观过程。人在经验直观中通过肉眼感知了价值物的有限，在精神直观中借助精神之眼感受到了有限价值，或者说有限价值在精神直观中得以显现自身；人在自然的经验世界里借助感觉器官感知到了宇宙的浩瀚无垠和广袤无边，感知到大自然的神秘莫测，感知到精神上的愉悦，在现象学经验世界里通过

---

① A. W. Moore, Point of View, Clarendom Press, Oxford, 1997, pp. 253 – 254. 转引自卢风《启蒙之后——近代以来西方人价值追求的得与失》，湖南大学出版社2003年版，第143页。
② 杨耕：《为马克思辩护》，北京师范大学出版社2004年版，第399页。
③ [法] 帕斯卡尔：《思想录》，何兆武译，商务印书馆1985年版，第157—158页。
④ 同上书，第158页。

"心灵"感受到了绝对领域和精神领域的无限价值。在舍勒的客观价值秩序中，感官价值、实用价值和生命价值从质性上说都具有有限性，精神价值和神圣价值则具有无限性。为什么会是这样呢？

首先，按照舍勒，神圣价值只通过那些在意向中作为绝对对象的被给予之物显现出来。绝对对象是处于绝对领域中的对象，在形而上学中显示为世界的基础，在宗教中显示为人格的神。人在超越的趋向中会直接体验到作为绝对对象的对象。这个绝对对象在基督教中指上帝，上帝在那个时代乃是外在的超越性实在，也是终极实在。神圣价值是在人与绝对对象交感时显现出来的，而这个绝对对象具有共享性，从本质上属于无限存在。因此，人们对它的占有不存在一部分人多了，另一部分人就少的情况，对它的追求不会导致相互之间的激烈争夺。精神价值是在人格感受中自身被给予的有关美丑、正当与不正当、纯粹对真理的认识等的价值，它们不依赖于身体，具有一种相对于整个身体和环境的解脱性和独立性，可以被人们交流和分享甚至共享。因此，人们对精神价值的追求和占有与神圣价值相同，绝对不会导致争夺与冲突。这体现了这两种价值样式蕴含的无限性。

其次，生命价值是在生命感受中被给予的，它既能在一个机体中被感受，也能通过外界事物闪现出来。由于生命本身的有限性和外界事物生命状态的短暂性，生命价值注定蕴含了有限性。实用价值是生物体在使用工具或某些事物来维持生存、适应环境的过程中闪现出来的价值，是指对某物而言有用或无用的价值。舍勒认为事物有用性的本质在于其工具性，工具性并非是人们在把事物作为工具运用时才显现出来，而是事先已经被给予了。感官价值是在躯体组织中被给予的价值，展现为适意与不适意的价值序。它具有不可交流、不可分享性、方位性和可控性。这些价值质性虽然是客观的先验存在的，是独立于价值事物世界的，但它必须通过具体的价值物才能得以显现自身。就这些价值的载体来看，它们都具有"稀缺性"和有限性，人们在占有和追求它们时会出现争执或者说竞争。这就是它们蕴含的有限性。

在舍勒的客观价值秩序中，有限与无限之间的关系正如世俗与超越之间的关系，是一种既对立统一又有平衡诉求的关系。在现实社会生活中，当有限与无限之间的矛盾关系能达到协调共存又动态平衡时，实然的价值秩序就与客观的或者说应然的价值秩序"相合"，而当有限与无限之间的矛盾打破协调共存与动态平衡状态时,实然的价值秩序就是对客观价值秩序的一种颠覆,就会出现所谓的价值失序。古代社会由于长期处在自然统治或宗教统治时代,要么自然奴役人类,要么神学压制科学,人们在对自然和上帝的崇拜和信仰中过分注重对无限的追求而轻视了对有限的追求,加之后期宗教借神性压制人性,导致科学技术发展滞后,人的自由和尊严受到无情地践踏,人的物质生存和意义生存实际上都成为问题。而现代社会由于科学理性撕下了神学的神秘面纱,上帝下岗了,科学理性登上了圣座,人们只想一味追求科技进步,只想通过对自然的征服而多多益善地发现物质来制造更多更好的商品,可以说现代人"正以贪得无厌地占有物质财富的方式表现其对无限的追求"①,但结果恰恰相反,现代人由于缺乏一颗宁静的"心灵",他们正日益远离无限,失去了与终极实在的联系和对话。打破了有限与无限的协调平衡关系,现代社会之舟正驶向一个布满暗礁并充斥着急流漩涡的危险水域。

所以,从有限与无限的关系来看,古代社会与现代社会的正当性都成问题。

(三) 手段与目的

舍勒在《资本主义的未来》一文开门见山地指出:"各种征象表明,生活秩序在衰亡,而我们还在这种生活秩序的力量和方向之下生活。在这许多征象之中,我看到,最令人确信无疑的恐怕莫过于深深的陌化这一征象了。"② 舍勒的"陌化"与马克思的"异化"很相近。舍勒用"陌化"来表征当时整个欧洲社会对人性的压抑和变异,在社会生活中人性的这种变异突出体现在目的与手段的彻底倒置,对此他做了沉痛的描述:"十八世纪对人类幸福(随历史)增长的梦想已经被物质的进程残酷地毁灭了,如此残酷的梦想破灭实在罕见。工具、机器、组织,为了增加幸福而采取的这些手段,已经将人的活动和灵魂深深卷入其中(及其机制之中),以这些手段所要达到的目的早已被人遗忘;就根本而言,在这个技术性的工具世界中,在其特有的合规律性、偶然事件和不可预料性上,人所受的

---

① 卢风:《启蒙之后——近代以来西方人价值追求的得与失》,湖南大学出版社 2003 年版,第 202 页。

② [德] 马克斯·舍勒:《资本主义的未来》,罗悌伦等译,生活·读书·新知三联书店 1997 年版,第 1 页。

苦，远甚于原有不幸之苦——发明和制造工具世界本来是为了弥补不幸。"① 舍勒不仅看到了因手段与目的本末倒置而引起的人的不幸生存，而且也看到了因手段与目的本末倒置而引起的社会和时代的大转变。而"在这个转变的时代中，环境与人已经开始发生深刻的转化。它不仅是一种事物、环境、制度的转化或一种基本观念和艺术形态的转化，而几乎是所有规范准则的转化——这是一种人自身的转化。它不仅是一种在其实际的存在中的转化，而且是一种在其判断标准中发生的转化"②。舍勒在此所说的判断标准就是价值秩序。也就是说手段与目的的本末倒置实际上也是价值秩序的本末倒置。

在舍勒的客观价值秩序中，较高等级的神圣价值和精神价值与人的福乐、满足、公正等幸福感通达，较低等级的实用价值与手段、工具等的功能相关。按照舍勒，较低价值必须奠基于较高价值，也就是说人们只有在感受到神圣价值和精神价值时，较低等级的价值如生命价值、实用价值和感官价值才能被更好地感受到，也才有意义。这实际上是对手段与目的关系的一种注解：感官价值、实用价值的追求不是目的而是手段，人们拼命争取的一切物质财富只是为了获取幸福和满足，较高等级的精神价值和神圣价值才是人们应该追求的最终目的。所以，目的与手段之间的这种关系是蕴含于客观价值秩序当中的一种深层关系，也正是这种深层关系体现了社会历史发展过程中的辩证逻辑。

纵观历史，西方中世纪的人们由于有上帝这面"镜子"而能时时看到自身的不完满和深重罪孽，因此常常沉思默想、祈祷忏悔。他们在沉思默想和祈祷忏悔中或能达到内心的宁静，或能体验与终极实在汇通的巨大欢欣，因而获得了真正的幸福和满足，这种幸福和满足来源于他们对较高价值的重视和追求，来源于对人生目的和意义的正确体认。但另一方面，他们遭遇了物质上的匮乏和世俗生活的不幸，这种匮乏和不幸同样来源于他们对感官价值和实用价值等较低价值的不恰当轻视，来源于对工具、机器、组织等手段的轻视，从而造成整个社会在物质生产力尤其是科学技术方面的发展动力不足。可见，中世纪的人们并没能摆正手段与目的的辩证

---

① ［德］马克斯·舍勒：《舍勒选集》，刘小枫选编，上海三联书店1999年版，第646页。
② ［德］马克斯·舍勒：《资本主义的未来》，罗悌伦等译，生活·读书·新知三联书店1997年版，第207页。

关系。

　　人类历史进入现代以后，一种全新的生活开始了，这种新生活的中心便是劳动。劳动催生了发达的生产力，造就了一个高效率的社会，创造了极其丰富的物质财富，马克思、恩格斯对此曾感慨地写道："资产阶级在它不到一百年的阶级统治中所创造的生产力，比过去一切世代创造的全部生产力还要多，还要大。"① 但随着劳动的旷日持久和财富增加，物质成果与心灵要求之间的矛盾也变得日益明显，劳动使人们赢得了世界失去了心灵，拥有了物质的丰裕失去了精神的安宁。更为严重的是，劳动的日渐发展将劳动的手段与工具抬高到了至高无上的地位，由此导致人们把本应作为手段的一切都误识为目的本身，正如舍勒所言："生意作为一种独立存在，其增长、繁荣以及盈利的上升，都已经变成了目的本身，结果，任何对人的福利和痛苦（包括他们自身的福利和痛苦）的回顾已完全消失。"② 于是"有用劳动干得越多，就会越加强对外部手段的享受，因而能享受的就越少"③。结果是"渴望惬意事物，为之憔悴，并占有惬意事物的那种人，其实就是不能享受它们的人，本可享受它们的人又并未占有它们"④，最终我们将发现"哪里工作强度、工作量最大，享受能力和享受艺术就降低到可以想见的最低程度。不计其数的惬意刺激恰恰在扼杀享受的功能及其文化；周围环境越是五光十色、活泼欢快、嘈杂喧闹、充满刺激，人显得越少欢乐。面对快活事，悲戚戚的人根本不知从何快活"⑤。这就是现代社会的图景。

　　这一切说明，现代社会虽然取得了一些令人骄傲的成就和物质上的进步，但并不是一个理想的社会秩序，因为现代社会的发展并未摆正手段与目的的辩证关系。

　　总之，从客观价值秩序所蕴含的世俗与超越、有限与无限和目的与手段三对关系及其应然的内部结构来全面审视社会，就会发现价值秩序与社会秩序正当性之间存在极高的相关性，价值秩序实际上构成了社会秩序的

---

① 《马克思恩格斯选集》，第 1 卷，人民出版社 1995 年版，第 277 页。
② ［德］马克斯·舍勒：《资本主义的未来》，罗悌伦等译，生活·读书·新知三联书店 1997 年版，第 27 页。
③ ［德］马克斯·舍勒：《价值的颠覆》，刘小枫编，罗悌伦等译，生活·读书·新知三联书店 1997 年版，第 140 页。
④ 同上书，第 141 页。
⑤ 同上。

深层根据。

二　从价值秩序具有的功能作用来看

（一）价值秩序引导价值世界的形成与变化

舍勒指出："善业世界的任何构成——无论它如何进行——都已经受到某个价值级序的指引，例如一个特定时期的艺术构成。无论是在善业彼此的等级秩序中，还是在任一个别的善业中都因此而反映出主宰的级序。这个价值级序虽然根本不会明确地规定相关的善业世界，但它为这个世界划定了一个可能的游戏空间，善业的构成不可能发生在这个空间以外。"[①]这就是说，价值秩序是整个价值世界的"北斗星"，它指引但不明确干涉价值世界的任何变化，因此对于相关的价值世界来说是先天的。舍勒认为，价值世界的实际构成是各种各样的因素（精力、能力等）和偶然事件综合作用的结果，但我们对价值世界的理解却不能从这些因素和偶然事件出发，而必须借助于客观价值秩序才能做出合理的解释。因为价值秩序并不是从构成价值世界的实际因素如物质资料、相关技术、人们运用于其上的精力以及许多偶然因素中抽象出来的，而是体现为贯穿于整个价值世界的一种价值统一性，并在那些处在价值质性之间的实施规则中展示自己，而这些实施规则决定着时代的灵魂。例如一个艺术品，会带着在美感的基本价值之间变换不定的实施规则而贯穿于历史上完全不同的"理解"中，并且它为不同的历史时期提供完全不同的价值视角。[②]

价值秩序并不对价值世界的构成做出直接、明确的规定，但它划定了一个应然的领域，是价值世界可能的游戏空间，也因此而成为引导人的价值活动的客观边界。对于这一点，舍勒曾形象地指出："在尚未物化即尚未定形为财富的最简单的价值和价值质（它们构成了人的爱的秩序的客观方面）的等级各异的秩序之中，人迈步走来，就像在一间他始终随身搬运的房屋之中；不管他走得多快，他也不能走出这间房屋。他通过窗户感知世界和他自己——正如这些窗户按其位置、大小和色彩展现给他的，

[①]　[德]马克斯·舍勒：《伦理学中的形式主义与质料的价值伦理学》，倪梁康译，生活·读书·新知三联书店2004年版，第24页。

[②]　同上书，第21页。

既不更多也不会是别样。"① 所以，整个价值世界借助于价值秩序获得了自己存在的依据。由此看来，价值秩序实际上构成了价值世界的形而上学基础，也是整个人类社会存在和发展的价值基础。

价值秩序之所以能引导价值世界的形成与变化，关键在于其内部各个要素之间的平衡与协调关系。实际上，舍勒并未对价值秩序的内部结构做详细的分析与解释，他只是揭示了五个质性价值之间的奠基关系和高低等级顺序，但我们从他对现代资本主义社会价值状况的分析可以看出，价值秩序内部应该是一个和谐有序、动态平衡的结构。

首先，五个质性价值之间存在严格的奠基关系和高低顺序。这种奠基关系和高低顺序是一种存于人心中的先验事实，但这种先验事实按照舍勒的说法，恰恰构成了人们观察世界的应然的世界观。正是应然的世界观作为一种指引力量引导着价值事物世界的形成与变化。

其次，五个质性价值之间是一种动态平衡的和谐关系。舍勒尽管揭示了价值间的高低顺序，同时指出指向较高价值的行为实现意味着善，但这并不意味着世界只需要较高价值。相反，世界应该是一个具有丰富价值内涵的世界。在这样一个世界里，较高的精神价值和神圣价值为人们提供生活的意义体系，较低的感官价值和实用价值为人们提供物质生活的向导。而完美的人类社会生活就是一种在满足物质需要的同时，能不断叩问和追求生存的意义的生活。理想的社会秩序就是既要有发展的物质基础和保障，也要有供社会成员选择的意义与价值系统，并能在这两者之间保持适时、适度的动态平衡。就如舍勒指出的那样："在对人普遍有效的价值秩序之内，已经为那种个别的人性形式指定了明确的价值质范围，而这些范围必须和谐一致，结成整体，才能在建构一种共同的世界文化时呈现出人之情性的整个高度和广度。"② 精神生活的完满确实是各种价值样式之间的和谐共处，而非厚此薄彼。

（二）价值秩序是社会文明状况的"晴雨表"

价值秩序从根本上是一种人心秩序，而人心秩序就是人的心性结构，所以，人的心性结构代表的是人的价值偏爱系统。实际的价值偏爱系统构

---

① [德] 马克斯·舍勒：《爱的秩序》，林克等译，生活·读书·新知三联书店1995年版，第37页。

② [德] 马克斯·舍勒：《舍勒选集》，刘小枫选编，上海三联书店1999年版，第752页。

成了生活中的价值优先或置后的伦理规则，进而规定了某个民族和某个人的认知模式和情感类型。因此，实际的价值偏爱系统总会给社会秩序打上自己的印记。如古代社会之所以是古代社会，就在于巫术、禁忌、宗教等占据着社会生活的绝大部分内容，古代人也自然而然地养成了敬畏、少许竞争、平和的心态，这使得古代人在价值追求上偏重精神价值和神圣价值，而不可能也没有条件去偏爱实用价值和感官价值；现代社会之所以是现代社会，就在于货币和资本已经成为社会的基本逻辑，劳动和竞争成为社会生活的核心内容，现代人也自然形成了无所敬畏、敢于挑战、乐于竞争的心态，这使得现代人在价值追求上过分看重较低层级的感官价值和实用价值，而疏离了对较高价值的追求。古代社会因此是一个盛产圣人、崇拜英雄但物质极度匮乏的社会，而现代社会则是一个盛产实业家、崇拜偶像但意义失落的社会。因此，构成价值偏爱系统的价值秩序与社会秩序之间存在本质性关联。

价值秩序与社会秩序之间的本质性关联突出体现在社会文明发展状况上。古代社会价值追求的特点说明，古代人在价值追求和选择上没能很好地处理价值之间的平衡协调关系，从而导致古代社会疏离了物质追求而仅仅景仰精神上的优雅，从而造成古代社会是一个重视精神文明而物质文明尚告阙如的社会，最终是一个瘸腿的文明。而现代社会价值追求的特点同样表明价值之间的应有关系处于一种非正常状态，对实用价值的过分厚爱和对精神价值和神圣价值的忽视甚至是遗弃，已经使现代社会变成一个物质文明高度发达，而精神文明并未与物质文明同步发展的社会，这同样是一个跛脚的文明。舍勒曾经这样来描述现代社会的文明状况："构成我们当今整个生活秩序之特色的全部力量，只能基于对一切精神之本质力量的极度反常之上，只能基于对一切富有意义的价值秩序的癫狂般的颠覆之上，而不能基于属于'人的'正常'天性'的精神力量之上。"[1] 用奥斯瓦尔德·斯宾格勒的话说就是"大脑支配着一切，因为心灵已放弃了一切"[2]。这一切说明价值秩序是人类社会文明状况的"晴雨表"。

当然，我们将古代社会的文明与现代社会的文明定位为瘸腿的文明和

---

[1] [德] 马克斯·舍勒：《资本主义的未来》，罗悌伦等译，生活·读书·新知三联书店 1997 年版，第 2 页。
[2] [德] 奥斯瓦尔德·斯宾格勒：《西方的没落》第 1 卷，上海三联书店 2006 年版，第 338 页。

跛脚的文明，其目的不是要全盘否定人类文明，而是要表明，我们既不需要一个物质匮乏而精神充实的人类文明，也不需要一个物质奢靡而精神萎靡的人类文明，我们真正追求的文明应该是一个较高价值统领较低价值，并在它们的和谐统一中使人不仅得到感官的享受而且感受到灵魂幸福的人类新文明。

第四章　舍勒价值秩序理论的构建逻辑解析

通过前面的理论诠释，我们知道舍勒的客观价值秩序是在精神情感中显现出来的、前理性的、非逻辑的但又与逻辑一样有着严密结构的价值王国的内在结构，但必须说明的是，价值秩序的非逻辑并不排斥价值秩序理论本身的逻辑性。任何理论体系，不管它是用什么方法建立起来的，都有理论自身的构建逻辑，舍勒的价值秩序理论也不例外。整体来看，"精神"是舍勒构建价值秩序理论的关键概念。他对人的本质的概括、对人的精神直观认识能力的发现、对人的精神结构的分析都是围绕"精神"展开的。本章试图从"精神"入手分析舍勒构建价值秩序理论的逻辑思路。

第一节　人的精神本质是价值秩序理论的前提

在舍勒之前，关于人的学说已有很多种。但舍勒认为这些学说始终没有说明人到底是什么，人在宇宙中占据什么地位。所以，舍勒首先对历史上各种有关人的看法进行了一系列批判，之后才提出了他自己关于人的基本观点。舍勒认为，人这个概念，"包含着一种扑朔迷离而且不易查觉的二重意义"[1]。从第一层意义上来讲，人作为脊柱——哺乳动物纲的一个亚类，他从属于动物的概念；从第二层意义上来讲，人还具有另一种完全超出动物的本质性含义，这就是"精神"。正是精神，标明了人在宇宙中的特殊地位。舍勒认为，使人仅仅成为"人"的东西，是与一切生命相

---

[1] ［德］马克斯·舍勒：《舍勒选集》，刘小枫选编，上海三联书店1999年版，第1327页。

对立的原则，即"精神"。

舍勒关于人的基本看法尤其是关于人的精神本质的基本观点，构成了其价值秩序理论的逻辑前提。因为正是人的精神本质以及精神的特质和功能才使得舍勒的现象学态度得以形成，进而才有价值及其秩序的直观和显现。

一 人的本质规定性在于精神

舍勒的精神概念是其价值哲学的关键所在。但他的精神概念不是坐在书斋里凭空构思出来的，而是在批判和反思前人关于人的本质思想、总结历史上各种精神学说的基础上逐渐提出的。

舍勒详细考察了自古希腊以来关于人的各种理论，并将其归纳为三种，即神学的、哲学的和自然科学的人的本质。第一种是从基督教的传统观点发展而来，即关于亚当与夏娃，关于创世、天堂与堕落等的思想；第二种是希腊——古典文化的思想范围，即"理性"是宇宙之基础，而万物之灵中只有人才具有理性等；第三种属传统的自然科学和发生心理学思想范围，即人是地球发展的一个最终的结果，人与动物只在能量和能力的复杂程度上有所不同。这三种观点各自为政，并以各种思潮和流派的形式，使人的问题扑朔迷离，难以形成统一的观点，彼此争论不休，却不能揭示真正的人的本质。正如舍勒所说"研究人的各种特殊科学与日俱增，层出不穷，但是无论这些科学如何有价值，它们却掩去了人的本质，而不是去照亮它"[1]。因而，"在历史上没有任何一个时代像当前这样，人对于自身这样地困惑不解"[2]。舍勒企图探求真正的人的本质，给人一个完整的统一形象。

舍勒首先对广泛存在于有机界的植物、动物和人身上的生命冲动[3]进行了研究，认为它具体表现为四个不同的本质层次[4]。

第一层次是感情冲动，主要表现于植物身上。它是生命内在方面的第

---

[1] ［德］马克斯·舍勒：《舍勒选集》，刘小枫选编，上海三联书店1999年版，第1327页。
[2] 同上。
[3] 陈泽环、沈国庆将它译为生命的心理原始现象，也就是一般生物独立、自我运动等问题的心理方面。
[4] 具体内容参见［德］马克斯·舍勒《人在宇宙中的地位》，陈泽环、沈国庆译，上海文化出版社1989年版，第2—23页。

一个阶段,是一种纯粹向外的倾向性,是有机体自身某种无规定的东西的运动,如植物的趋光运动。它的存在使有机体得以滋养、生长、繁殖和死亡。它表现为生命无意识的需求,无对象的趋向,无客体的感觉,它不是外界刺激的结果,而是一种原始的向外的运动,是有机体内部状态的表现。

第二层次是本能,主要表现于动物身上。舍勒是从行为的角度定义本能的,他认为具有下列特征的行为可以称作本能的。首先,它必须是合乎意义的行为,即对生命载体本身的整体、它的营养和繁殖,或者对其他生命载体的整体是合目的的。其次,它必须是根据固定不变的节奏进行的行为,比如,一种动物为了越冬或产卵而做好充分的准备。再次,它只是对于那些种系生活本身很重要,而对个体的特殊经验并不重要。最后,它是一种和动物为应付境况而进行尝试的次数无关的行为。由舍勒的本能定义可以看出:本能是一种绝非经由经验、学习和习惯可获得的,而只是专门化的生成于机体结构中天生的和遗传的能力。

第三层次是联想的记忆,主要表现于高等动物身上。从本能的行为方式中产生出两种行为方式,即习惯的行为和智能的行为。前者就是这第三层次的联想记忆能力的表现。这种能力的基础就是巴甫洛夫所说的条件反射。它促使动物在其行为中,更经常地重复那些成功地积极地满足了动物的冲动的行为,以便使这些行为在它身上固定下来。在心理世界的结构中,联想记忆的作用意味着本能和种的官能的衰变,意味着机体生活的中心化和机械化的进步。这样,联想记忆就创造了生命丰富化的全新范围。

第四层次是实用的智能,也主要表现于高等动物身上。它是心理活动的最高形式,它表现为行为中的选择能力和选择行动。在《知识形式与教育》一文中舍勒指出"至于'实用智能'这一概念,它在此客观地被理解为这样一种行为能力:在没有新的尝试和错误及练习因素的情况下,就在生物学意义上知道合理地对待新出现的情况"。[①] 舍勒认为在实用智能范围内,人与动物只有量的差别,没有质的差别。

至此,舍勒的基本结论已经昭然若揭:人与动物的本质区别不在生命冲动。因为,一切生命冲动无论怎样表现自己,怎样自我扩张,由于它受到实在环境的制约,最后总是以失败或死亡而告终。如果人仅仅是以生命

---

① [德] 马克斯·舍勒:《舍勒选集》,刘小枫选编,上海三联书店1999年版,第1374页。

冲动为本质来维持自身的生存，那么人必将随着生命冲动的灭亡而彻底消亡。然而，事实并非如此。我们常说：有的人死了，他还活着；有的人活着，但他已经死了，就是想要说明这一点。可见，生命冲动绝不是人最本质的东西。那么，人最本质的东西是什么呢？

  舍勒认为，人的本质必须在生命之外去寻找，它绝不是继感情冲动、本能、联想记忆和实用智能之后的更高级的生命形式，它完全超出生命原则之外，甚至是与生命原则相对立的东西。"使人之所以为人的新原则，存在于所有我们可以在最广的意义上称之为生命的东西之外，无论是在内在——心理还是外部——活力的意义上。使人之为人的东西，甚至是一个与所有生命相对立的原则，人们绝不可能用'自然的生命进化'来解释这个使人之为人的新原则；而如果要用什么来解释的话，就应该把原因归结到事物本身最高的原因——那个它的部分显现就已是'生命'的原因。希腊人就早已提出这样一个原则，并且名之以'理性'。我们宁愿用一个更全面的词来形容这个未知数。这个词一则也包容了理性的概念，而同时除了理念思维之外也包括一种既定的观照——对元现象或本质形态的观照；再者，还包括了确定等级的尚待说明的情感和意志所产生的行动，例如善、爱、悔、畏等——这就是精神一词。"① 可见，舍勒把人的本质归为精神。他认为精神是人之为人的本质特征，精神使人与动物有了本质的区别，而人就是生命冲动与精神的统一体。那么，舍勒笔下的"精神"的具体内涵是什么呢？

  实际上，在舍勒之前已有许多关于精神的学说，比如"元气"说认为精神就是"生命的气息"，"理性"说认为精神就是人所具有的理性思维能力，"灵魂"说认为精神就是与肉体相对的灵魂。但在哲学史上，对人类精神现象研究最系统、最全面的是黑格尔。在黑格尔的精神哲学中，精神有广义和狭义之分。广义的精神包括一切意识的活动，在此意义上的精神按照自身发展的轨迹分为主观精神、客观精神和绝对精神三个环节，主观精神是自我意识的"我思"，客观精神是自我意识在他者身上发现的普遍性，绝对精神是主观精神经由客观精神达到主客观统一的纯粹精神。狭义的精神则是理性的真理性，是意识、自我意识、理性进一步客观化的产物。用黑格尔的话说就是，"当理性之确信其自身即是一切实在这一确

---

① ［德］马克斯·舍勒：《舍勒选集》，刘小枫选编，上海三联书店1999年版，第1330页。

定性已上升为真理性，亦即理性已意识到它的自身即是他的世界、它的世界即是它的自身时，理性就成了精神"①。可以看出，黑格尔所说的狭义的精神实际上就相当于他所说的广义精神里的客观精神。

在马克思主义哲学里，精神也是一个重要的概念，也有广义和狭义两种理解。广义的精神主要是与意识或思维相通的哲学范畴，指的是人脑对于客观世界的主观映像，所强调的是与物质对立又由物质决定的一种存在形式。这种广义的精神概念是讨论哲学基本问题时必然涉及的概念。而狭义的理解主要指反映事物的本质、内核、灵魂的东西。这种狭义的理解是我们日常生活中最常用的精神概念。

舍勒所说的精神是一个内涵极为丰富的概念，可以说是对以上各种学说的综合与超越。他认为精神是一个比希腊人称作"理性"的东西更加宽泛的概念，既包括希腊人的"理性"以及"直观"、"思维"等认识行为，也包括善良、爱、恨、懊悔、敬畏、惊奇、极乐、绝望和自由抉择等意志和情感活动。因而舍勒把精神主要区分为三种类型，即认知精神、爱的精神以及意志精神。他认为爱的精神直指价值世界及其本质联系。这样，舍勒从考察人的精神本质入手，之后必然转向对价值问题的研究。从这个意义上讲，人的精神本质是舍勒价值秩序理论构建的逻辑前提。

那么，精神是如何与价值这个先天质料建立联系的呢？这与精神的存在特性有关。

二　精神是具有自我意识的对象化的自由存在

舍勒认为精神是一种具有自我意识的自由存在和对象化存在，而精神的活动中心正是舍勒称为"person"的"人格"②。

首先，精神是自由的存在。舍勒说："'精神'本质的基本规定便是它的存在的无限制、自由——或者说它的存在中心的——与魔力、压力，与对有机物的依赖性的分离性，与'生命'乃至一切属于'生命'的东西，即也与它自己的冲动理智的可分离性。这样一个'精神'的本质不

---

① [德]黑格尔：《精神现象学（下册）》，贺麟、王玖兴译，商务印书馆1981年版，第1页。

② 有人译为位格，在阅读舍勒译著和研究论文的过程中，这个"person"是最难把握的一个词。因为有时用人格比较顺畅，如"人格主义"；有时用位格比较顺畅，如"位格典范"。在本研究中，根据具体语境灵活互换使用。

再受本能和环境的制约，而是'不受环境限制的'，如同我们所要说的，是对世界开放。这样一种本质拥有'世界'。"① 这就是说，"精神"是自由的存在，是不依赖于机体生命、不为冲动本能所束缚的存在。正是精神的这种存在特点将人与动物明显区别了开来：人凭其精神可以对生命及其冲动说"不"，而动物只能受自然生命的决定；人因为有了精神可以将"环境"变为意向性行为的"对象"，从而形成一个开放的意义世界，而不再像其他动物那样只能生活在一个封闭的"环境"中去接受生命冲动的被动反应。所以，精神是开放于世界的②，精神的开放性成就了它的自由存在。

其次，精神是具有自我意识的对象化存在。在舍勒看来，精神的对象化存在表现在两个方面：

一是精神活动能使现实"非现实化"，即对象化环境，从而为自己创造出一个有别于现实物质世界的精神性的情感世界或本质世界，也可以说是一个有别于"周围世界"的"世界"。在动物的生活环境中，事物是中性的，它们不能被感知为这样或那样的特殊事物，只能凭借感觉经验来感知，而人类生活世界中的事物则被客体化为这样或那样不同的事物，已经不再是单凭感觉经验来感知；动物的生理形态特点与环境结构是协调一致的并与环境融为一体，动物在它的环境中能抓住和注意到的一切，都存在于它周围环境结构的安全界限以内，动物没有"对象"，人则用自己的精神活动将现实"非现实化"，使它变成不现实的东西，为自己创造出一个崭新而特殊的对象世界；动物没有能力把现实物质世界以自己独特的方式置于远离自己的地方，并把它名词化为"世界"，而人却能做到这一点。人之所以能做到这一点，关键在于"精神是唯一能使自身成为对象的存在——精神是纯净和纯粹的现实性"③，即是说，精神本身不是作为实在领域的事物，而是作为一个动态的倾向和开放的态度来构成人的本质的。精神的这种特性是精神能够与本质领域交往的前提。

---

① [德] 马克斯·舍勒：《舍勒选集》，刘小枫选编，上海三联书店1999年版，第1330—1331页。

② 这里的"世界"不是现实物质世界，现实物质世界也就是舍勒著作中出现的"周围世界"。这里的世界是指一个纯粹精神的情感世界或本质世界。这个世界只能在精神中被给予，而精神也只能在这个世界中无限开放自身，这是精神与世界之间的本质联系。

③ [德] 马克斯·舍勒：《舍勒选集》，刘小枫选编，上海三联书店1999年版，第1338页。

二是对象化自身的生理和心理状态,从而产生了自我意识。动物对外界的反应只是"简单反馈",它不占有自身,不能支配自身,因此也无法意识到自身。动物无法体验它的冲动是自己的,它到达的地点往往不是它本来想去的地方。而具有精神的人却具有自我意识,他能够跳出周围的环境站在一定的高度,在新的领域以自身为对象觉察自身,以便更好地占有和认识自身。舍勒说:"人是在自身中超越于一切生命及其价值,即整个自然之上的生物。人是这样一种生物,其心理已从生命的依从升华和解放为'精神'。由于这一'精神',现在'生命'既是客体又是主体心理。"① 即精神使人自身既是主体又是一定的客体。所以,精神的自我意识是精神活动对象化自身的生理和心理状态的必然结果。

再次,精神的活动中心是人格。舍勒在《人在宇宙中的地位》一书中论及人与动物的本质区别时写道:"我们把活动中心——在有限存在范围内,精神寓于其中——称为'人格'。人格与所有功能性生命中心迥然不同,功能性生命中心——如果向内心观察——也可称为'心灵'中心。"② 也就是说,精神的活动中心是人格,生命的中心是心灵。人格在精神中的这种地位与心灵在生命中的地位相似,但又不同。那么,究竟何为"人格"呢?

当然,在今天人格已经是一个在许多学科以及日常生活中被广泛使用的概念,然而,熟知并非真知。人们比较多的是从心理学上解释,但人格首先是一个哲学概念。哲学上的人格是什么?不同哲学立场的哲学家解释又不同。马克思说:"'特殊的人格'的本质不是人的胡子、血液、抽象的肉体的本性,而是人的社会特质。"③ 显然,马克思所讲的人格等同于人。舍勒这样来给人格下定义:"我们现在可以陈述这样一个本质定义:人格是不同种类的本质行为的具体的、自身本质的存在统一,它自在地(因而不是为我们的)先行于所有本质的行为差异(尤其是先行于外感知和内感知、外愿欲和内愿欲、外感受和内感受以及爱、恨等的差异)。人

---

① [德] 马克斯·舍勒:《舍勒选集》,刘小枫选编,上海三联书店1999年版,第1382页。
② [德] 马克斯·舍勒:《人在宇宙中的地位》,陈泽环、沈国庆译,上海文化出版社1989年版,第25页。
③ 《马克思恩格斯全集》,第1卷,人民出版社1956年版,第270页。

格的存在为所有本质不同的行为奠基。"① 这就是说，人格表明的是精神活动的统一性，正如心灵是生命活动的统一性。但人格与心灵的显著区别在于，一切心灵的东西都能被对象化，而人格却不能被对象化。人格既不是对象存在，也不是事物存在，它只在精神活动中并通过精神活动的不断实现而存在。正因如此，我们说人格具有随行为的变化而变化的特点，但人格本质上又具有统一性，是变化中的统一，统一中的变化。

舍勒不仅界定了人格的内涵，而且还对人格的外延做了说明。"每一个有限的人格都'含有'一个个别人格和一个总体人格；它的每一个世界都含有一个总体世界和个别世界：两者都本质必然地是一个具体的人格与世界之整体的两面。所以个别人格和总体人格在每一个可能的具体有限人格以内都还相互间是可联系的，而它们的相互联系则是可体验的。"② 这就是说，人格从外延上可区分为个别人格和总体人格，二者紧密联系并统一于一个具体有限的人格。

关于个别人格，舍勒指出："每个人都在他所是纯粹人格的同一程度上是一个个体的并且因此而有别于任何其他人的独一无二的存在，同样，它的价值也是一个个体的、独一无二的价值。"③ 这即是在说，每个人的人格乃是独一无二和不可替代的，正是个别人格使每个个体独具特点并具有不可替代的自身价值。

关于总体人格，舍勒指出："我们在一个总体人格的本质标记下发现，它——自己就是一个具体的、精神的行为中心——必定是既包含所有价值种类的善业，也包含着具有社群单位所有本质形式的实际社群单位。"④ 也就是说，总体人格首先是一个精神行为中心的统一，其次它指向具有所有价值样式的善业，而不是具有某个价值样式的善业。

舍勒对人格在精神中的地位的确定是精神与本质领域交往，并最终发现客观价值秩序的关键。

---

① ［德］马克斯·舍勒：《伦理学中的形式主义与质料的价值伦理学》，倪梁康译，生活·读书·新知三联书店2004年版，第467页。
② 同上书，第637页。
③ 同上书，第625页。
④ 同上书，第665页。

三 精神是行为、功能和力量的统一

"精神"在舍勒那里是比"知识"更大的概念。因为任何知识都是一种精神行为，但不是任何精神行为都是一种知识。舍勒曾给精神以这样一个定义：它是"行为、功能、力量的总称"，是人进行的各种活动的统一形式。① 具体来说，精神就是意向性行为、观念化功能和升华生命的力量的有机统一，正是它们构成了精神的特质。

精神是一种意向性行为。前面我们说过，在舍勒那里精神具有双重的对象化能力，精神所具有的双重对象化能力使得精神为自己创造出一个本质世界，而把握这个本质世界的行为就叫作精神的意向性行为。由于精神的意向性行为，才使个人能超越自在世界达到自为世界，能超越自己的生命领域以及心理的存在达到个人的精神存在。但精神这种意向性行为并不是无条件的存在的，它只是对于特定时期、特定状态下的个人才是可能的。因为精神既不是理性或意识，也不是普遍的认识活动或知识的逻辑主体；既不是黑格尔的普遍理性，也不是康德的先天逻辑结构。对对象的所有认识、理解和体验只有在个人的精神活动中才是可能的真实的，即精神与个体紧密相关，精神存在于个体的活动之中。

精神具有观念化功能。存在于个体之中的精神，其最基本、最重要的作用，舍勒认为是"观念化"（Ideation），即对此在（existence）和本质（essence）做区分；观念化行为完全不同于所有技术性的理智行为。为此，舍勒举了这样一个例子。他说，此时此刻，我的手臂疼，那么这种疼痛是如何产生的，怎样才能消除它呢？这是一个实证科学的任务。但这同一个疼痛我也可以理解为是这个世界存在着疼痛、不幸和恶俗的表现，然后我以另一种方式来问：不论我现在是否感到疼痛，只问疼痛本身是什么——万物的原因究竟处于何种状态之中，疼痛究竟如何成为可能的？诸如此类的例子在数学领域尤其明显。人能够把某些物体的数目从他们本身脱离出来，按照数字的规律性把这个数当作特殊的对象。所以，"观念化就是，不依赖我们所观察的数量，不依靠归纳的结论，从一个有关的存在域得出世界的本质的构造形式……我们以这样的方式得到的知识，其有效性超出了我们感觉经验的界限。我们用学院派的语言称之为'apriori'

---

① 倪梁康：《现象学及其效应》，生活·读书·新知三联书店1994年版，第337页。

（先验地、演绎地、从纯理性出发地、纯概念地）"①。也就是说，精神将本质与此在分离开来，而舍勒认为这就是精神的根本特征，这个特征是精神的一切其他特征的基础。人正是借这理念化的行为去把握世界及其中对象的先天的（即不是观察归纳而得的，而是经验的直接直观所予的）本质结构。以日常语言表述，即我们是透过精神的理念化作用，生活在一个富有价值和意义的客观世界之中。

由此看来，生活的意义和价值是靠精神来发现的，精神在人的生活中的地位和作用由此可见一斑。但精神虽然重要，自身却没有能量，精神是无力的。精神之所以是无力的，是由于舍勒认为人生在现实世界之中只有"一个"能量或力量的来源：生命冲动。在解释生命现象的初级阶段"感情冲动"时舍勒已经点出："在最高级的精神活动中，在最纯粹的思维活动和最温情的善良行为中，'感情冲动'是推动一切的原动力。"② 这就是说，生命是精神活动的原动力，精神活动离不开生命提供的能量。精神不能直接改变世界，它必须通过与生命的结合才能改变世界。舍勒当然没能进一步揭示出精神与生命结合的中间环节——实践活动，这是他的人的本质学说的致命弱点。所以，舍勒说精神是无力的，是就精神仅靠自身无法落实为具体的行动而言的。除此以外，精神还具有一种非常强大的力量，那就是升华生命的力量。

精神是升华生命的力量。虽然舍勒指出精神是无力的，但他同时认为精神具有一种非常重要的力量，即升华生命冲动的力量。从原初意义上讲，精神无力而独有见识，冲动则无见识而独有力量，通过精神与生命冲动的对流与融合，精神被赋予了力量，而冲动则被赋予了秩序和意义。③所以，舍勒总结说："虽说'生命'和'精神'有偌大的本质差别，然而这对原则在人身上仍然是相互依赖的：精神赋予生命以灵气，而唯有生命才有能力实现精神，并使精神发生作用——从最简单的兴奋起直至作品的创造。"④ 这样，精神与生命之间就形成了一种既相互对立，又相互依赖、

---

① ［德］马克斯·舍勒：《舍勒选集》，刘小枫选编，上海三联书店1999年版，第1340页。
② ［德］马克斯·舍勒：《人在宇宙中的地位》，陈泽环、沈国庆译，上海文化出版社1989年版，第2页。
③ 英冠球：《从舍勒伦理学的观点看哲学人类学的地位》，《现代哲学》，2008年第1期，第86页。
④ ［德］马克斯·舍勒：《人在宇宙中的地位》，陈泽环、沈国庆译，上海文化出版社1989年版，第68页。

相互转化的关系。

首先，精神与生命是人不可分割的两个方面。没有精神人就会沦为动物，而没有生命冲动人就变成了幽灵或鬼怪。人既是精神活动的场所，又是生命冲动的体现，人是精神与生命冲动之间张力和运动的中介和纽带，它不栖居于其中的任何一方，而是两者缺一不可。

其次，精神本身是软弱无力的。精神作为一种意向性活动，作为一种动态性倾向，需要有实在的内容来充实，而作为一种软弱的无力的存在形式，又需要生命的激情与能量。精神只有在生命冲动的推动下才能实现自身的价值和达到自身的完美。这就是精神的生命化。

最后，生命冲动尽管具有无穷的激情与力，但它具有盲目性和作用的有限性。生命冲动作为一种盲目的欲望，需要精神的引导和限制。因为精神有着自己"有序的活动结构"，能够协调人的各种欲望，引导生命摆脱有限的困境，使其丰富的样式成为现实。这就是生命的精神化。

舍勒最后的结论是：人就是精神生命化和生命精神化的双向转化过程。在我们看来，舍勒的这一看法极其正确。遗憾的是，舍勒没能进一步指出精神生命化和生命精神化的桥梁和中介，从而没能正确揭示出人的真正本质。但舍勒对精神的重视和研究已经达到了相当的程度，以至于我们可以说"精神"是舍勒现象学的核心概念。正如倪梁康先生所言："如果我们可以将胡塞尔的现象学称之为'意识现象学'，将海德格尔的现象学称之为'存在现象学'，那么我们也同样有理由将舍勒的现象学称之为'精神现象学'——当然不是在黑格尔的意义上。"①

正是精神的上述本质特性，使得精神以及精神生活对人来讲特别重要。20世纪初，舍勒的老师奥伊肯就指出："精神生活在人身上的直接展示必然说明它是最基本、最直接，是生活的真正基础。"② 而在舍勒看来，精神作为生活的真正基础的深层含义则在于：精神具有一种特别的认识功能，即把握本质世界的先天事实，从而为科学世界和日常生活世界提供真正的价值基础。精神的这种认识功能是通过精神直观实现的，精神直观是发现价值世界奥秘的方法，也是舍勒价值秩序理论的方法支持。

---

① 倪梁康：《现象学及其效应》，生活·读书·新知三联书店1994年版，第337—338页。
② [德]奥伊肯：《生活的意义与价值》，上海译文出版社1997年版，第9页。

第二节　精神直观是价值秩序理论的方法支持

一　精神直观是一种特殊的认识世界的方法

前面提到过在舍勒这里，精神不仅具有特别的内涵，而且还具有一种特别的能力，即分离此在与本质的能力。在此不想纠缠于概念本身，只是有必要说明人们对此在与本质的认识方法是完全不同的。对此在领域的认识主要是自然认识和科学认识，而对本质领域的认识主要是精神直观。精神直观与自然认识和科学认识相比，具有自己的特殊性。舍勒在《现象学与认识论》一文中，谈到了哲学认识的方法和任务问题，这篇文章中反复出现的"哲学"认识，实际上就是指现象学哲学的精神直观。按照舍勒的论述，精神直观与自然认识和科学认识相比，看到的是非常不同的世界。用舍勒的话说，科学认识看到的是一个狭窄而有限的"日景"，自然认识看到的是一个宽广而无限的"夜景"，精神直观却极力追寻一个宽广而无限的日景。舍勒认为，精神直观的特殊性具体表现在两个方面：

首先，精神直观就其本质而言是一种非象征性的认识。自然认识具有象征性质，即世界本身是仅仅作为语言的象征"被意指"，并没有被给予，正如舍勒指出的那样："任何一个经验感知都是不明证的，它始终只是或多或少象征地给出它的对象并且是将它作为一个相对于感知内涵而言超越的对象来给予。"① 在这种象征性的认识中，事物的本质并未被给予，给予的仅仅是事物的"信号"。我们经常说的"谈虎色变"、"望梅止渴"等就属于这种象征性的自然认识。科学认识比自然认识具有更强的象征性，舍勒说："科学的本质在于，人造的符号和关于其含义的约定（契约）被制造出来，对它们的选择要满足以下两个要求：一方面，可以通过它们来单义地标识所有对它来说重要的事实（所有事实可通过符号而被规定的原则）；另一方面，对它的这种符号和约定形式的选择要尽可能少，但同时它们所标识的事实数量和它们的联结的数量则要最大（经济原则）。"② 因此在舍勒看来，科学认识本质上是在一个人造的符号世界中进行的。在科学世界观中，世界本身是完全不被给予的。而精神直观完全

---

① ［德］马克斯·舍勒：《舍勒选集》，刘小枫选编，上海三联书店1999年版，第60页。
② 同上书，第89—90页。

是一种非象征性认识，也就是说精神直观是不凭借任何符号的特殊认识活动。它既不以自然语言及其概念划分为前提，也不以人造符号系统为前提，讲究的就是"一无前提"。精神直观的认识对象是一种"自身被给予"的原现象，或者说是一个本身就是如其所是的存在，而不是一个象征性的存在。舍勒指出："'现象'只是在活生生的行动中直接给予的，它在自己的给予性中呈现于我眼前：其所是，恰如其所谓。"[①] 而舍勒认为"任何'认识'的绝对标准是并且始终是事实情况的自身被给予性"[②]。因此，这种对自身被给予的原现象的精神直观就成为其他一切认识的前提和基础。

其次，精神直观是一种"超语言"行为。舍勒指出："哲学家绝然地反对那种将被给予之物仅仅作为这样一种'充实'来被给予的趋向，所以他找到那个可以说是尚未与语言接触过的前语言被给予之物。"[③] 精神直观就是对"前语言被给予之物"的把握，因此，必然是"超语言"的行为。这一点把精神直观与我们日常生活中对世界的体验方式区别了开来。在日常生活中，我们总是通过自己的语言习惯及其结构来体验世界，所以我们把握到的世界往往只是在我们的语言结构中呈现出来的那一面，实际上真正的世界比我们的语言所能揭示的范围要广大和深远得多，因此舍勒认为必然存在一些"超越语言之外的实事"，这些实事只是由于我们缺乏适当的语词来予以表达而不能被认识，也就是存在只可意会不可言传的东西，对这些东西的认识当然只能采取精神直观的方式[④]。因此精神直观是一种"少说多看"的方法。舍勒精辟地指出："现象学哲学是所有一蹴即就的大话哲学的对立面。在这里，说得少，沉默得多和看得多——包括世界的或许不再可谈论之物。"[⑤]

综上所述，精神直观确实是一种特殊的认识世界的方法。那么，精神直观的实质是什么呢？

---

① ［德］马克斯·舍勒：《舍勒选集》，刘小枫选编，上海三联书店1999年版，第153页。
② 同上书，第73页。
③ 同上书，第91页。
④ 李革新：《论舍勒的本质直观现象学》，《同济大学学报》（社会科学版）2007年第5期，第39页。
⑤ ［德］马克斯·舍勒：《舍勒选集》，刘小枫选编，上海三联书店1999年版，第66页。

二 精神直观认识方法的实质是精神体验

精神直观是客观价值秩序的认识方法，但这种直观是如何进行的呢？舍勒对精神直观的描述，使我们看到了精神直观的实质实际就是精神体验。说到体验，我们会想到心理体验、感性体验等不同的体验形式，但精神体验与其他形式的体验具有根本的不同。

首先，精神体验不同于心理体验。心理体验是一种以心理组织和特定环境为条件、以特定时间和空间为限制，并可观察测量的客观心理活动；而精神体验完全独立于人的生物、心理组织，不为环境所限制，在本质上是超时空的，它指向任何一个可能的世界，并构成心理体验的深层基础。

其次，精神体验也不同于感性体验。感性体验用马克思的话来表达就是"活生生的实践"，它是以人为主体、以客观事物为对象的现实物质活动，这个现实的物质活动要受到人的自然生理条件或环境的限制，它的结论只能通过原则上无法穷尽的观察和归纳才能得到，从而是相对的；而精神体验是以人类自身的生理和心理状态为对象的非现实、非实在的当下直观与把握过程，它既非心理活动，也非客观物质活动。所以，精神体验是一种特殊的精神技艺。这种精神技艺，意味着人克服了自身感官组织或环境对人的束缚，而能与事实本身进行直接交往，故舍勒认为它所发现的对象具有绝对性。

从上面两点可以看出，舍勒所说的精神体验既有别于心理体验，也有别于感性体验，它是人类意识对现实本身的当下直观与把握。

舍勒认为，现实本身与精神之间有一种内在联系，精神体验则是精神与现实本身交往的媒介。在精神体验中，现实不是作为客观事物出现，而是直接作为"价值载体"被给予，这样，通过精神体验就可以发现现实的价值本质及其联系，人类世界和客观环境的所有经验事实都从属于这个结构。因此舍勒强调只有与现实进行直接的精神体验交往，才能真正把握现实本身。从这一点来看，舍勒的现象学哲学与马克思的实践交往哲学确实有某种共通之处。

精神体验、心理体验和感性体验作为三种不同的体验形式，在实际生活中都具有存在的合理性和必要性，并形成互补关系。因为在现实生活中，虽然我们并不经常与绝对之物或本质之物打交道，更多的是与相对之物和具体之物打交道，但只有精神体验获得的绝对之物或本质之物的先行存在，我们在与具体之物的交往中提出的各种具体问题才是有意义的。从三者之间的关系来看，一方面，没有心理体验和感性体验获得的具体之物做基础，精神体验就成了无源之水、无本之木，因为精神体验说到底是对具体之物的"透视"。另一方面，心理体验和感性体验获得的有关具体之物的各种符号、概念或指示等，只有通过精神体验获得的先验事实才能得到最终的充实。

以上我们阐述了舍勒精神直观认识方法的实质。实际上精神直观是舍勒对胡塞尔本质直观的扩展与深化，也是其直观天赋的充分体现。舍勒的精神直观能力已为现象学运动的成员所公认，施皮格伯格评价说"现象学向舍勒提供了这样的根据。它的主要目标是把握所呈现的东西。它允许在起构成作用的系统化过程之前，在发生学的考察之前，就简单而明白地进行直观，并且甚至把这一点当成一种责任。从这以后，舍勒多方面的才智就充分发挥出来。在他摆脱掉早年的构成主义以后，人们可以很明显地看出，没有一个人具有比舍勒更高的直观能力"①。

在此，我们感兴趣的问题是：作为一个正常人，怎样才能获得像舍勒这样的直观能力，并获得关于现实的本质认识？舍勒实际上已经给出了答案。他在《论哲学的本质及哲学认识的道德条件》一文中充分地论述了人的精神直观得以可能的三个条件：

第一，人对绝对价值和绝对存在的爱。舍勒认为，爱是整个行为结构的核心和灵魂，爱割开了扎根在人身上的一切现实物质世界的存在相对性的源泉，把我们引到绝对存在方向上，本质世界最终清晰地完全地呈现在我们的精神之眼前。

第二，自我的屈尊。舍勒认为屈尊压倒了自然高傲，从而构成了精神直观得以进行的必要条件。屈尊使我们走出了存在的偶然性此在和属于该领域的绝对的存在形式和存在联系，而走向本质，走向纯粹的事实领域。

第三，自我控制。也就是排除生命冲动对认识活动的干扰。舍勒认为，由于生命感觉的干扰和遮蔽，人所获得的认识总是不能完全与事实相符合，而自我控制就是一种打破自然的贪欲，使认识不断臻于完善，并使之与事实的关系从丝毫不相符合，到浅显的符合直至走向完全符合的必要条件。

---

① ［美］赫伯特·施皮格伯格：《现象学运动》，王炳文、张金言译，商务印书馆1995年版，第394页。

三 舍勒对精神直观的主体间性问题的辩解

精神直观法的主体间性问题，是大家公认的现象学的最大问题。那么，舍勒是怎么看待和解释这个问题的呢？我们可以从舍勒对价值主体性和相对性的辩解来体会。

舍勒认为价值的主体性命题在这个意义上是正确的，"在所有价值中都本质必然地包含着一个特殊种类的'关于某物的意识'，它们通过这个意识而被给予。这便是感受活动"。① 因此，就其本质而言，价值必须是可以在一个感受着的意识中显现出来的。一个人所能把握的所有陌生价值（无论是心理的还是物理的自身价值）都必须首先为他自己所感受到。也就是说价值把握是离不开主体的，但价值的存在并没有也没有必要预设一个"主体"或"自我"。自然中许多价值中性的事实组成恰恰表明价值是相对于人而言的可用之物。但问题在于：这究竟是因为这些对我们来说价值中性的事物根本没有价值，还是因为我们不能感受到这些价值？事实上，不同的个体、民族、种族、时代在价值质性的充盈方面存在着巨大的差异，而人在价值感受能力方面也具有不同寻常的教化能力。"价值感受的发展能力既对历史的人来说，也对个体来说，都是一种无限的能力；而作为种属的人也是普世生活发展的一个变化着的环节。只是通过他的感受的发展，他才步入到现存价值的价值充盈中去。"② 因此，我们必须区分存在中的价值与我们感受到的价值。

舍勒认为，自然的人通常总会清楚地意识到那些对他来说可感受的价值，但只能在这个程度上意识到，即这些价值是作为受其身体本能和需求引导的行为举止的符号。这种可感受的价值所具有的符号功能，就是制约他的价值意识的东西。所以，舍勒说："我们越少主动地占有我们的精神人格，价值也就越多地会仅仅作为那些对我们身体需求来说至关重要的善业事物的符号而被给予我们。我们越是生活在'我们的肚腹中'——就像耶稣使徒所说的那样——世界就越是价值贫乏，而且那些仍然被给予的价值也就越是仅仅存在于它们对生命的和感性的'重要'善业而言的可

---

① [德] 马克斯·舍勒：《伦理学中的形式主义与质料的价值伦理学》，倪梁康译，生活·读书·新知三联书店2004年版，第322页。
② 同上书，第324页。

能符号功能的限制之中。"① 在此之中，而不是在价值本身之中，包含着价值被给予性的主体要素。

舍勒认为，对于生活在社会中的人来说，价值之所以能够超越出他的本能注意力的限制，不仅是因为这些价值的可能载体是如此有限和罕见，以至于制作它们需要付出劳作和辛苦，而且因为那些从属于它们的善业不仅"被占有"，而且是被一个人"较之于"另一人更多地占有。因此，历史上一个社群阶级的生活标准的绝对进步并不作为它们的善业数量的增长而受到关注，受到关注的是这个标准与其他阶级的生活标准的各自差异。作为价值而对注意力凸显出来的，并不是人们所具有的东西，而是人们相对于其他人所不具有的东西。以此方式"首先"被给予我们的就是自身作为这些价值的价值差异，甚至是对作为价值的价值差异而言的单纯象征差异；也正是在这个事实中，包含着我们的价值意识的主体的因子，它使得人们对实际价值和善业的理解越来越贫乏。然而这些价值本身并不会因此而是"主体的"。但是，舍勒认为只要有人能够从"时代"兴趣视角的迷雾笼罩中探出自己的精神头脑，那么他就会看到，价值可以在一种完全不同的方向上被给予人们。首先，在这个方向上，我们缓慢地摆脱某些对我们行动而言的价值事物以及其他已经实存的善业所具有的象征价值，并且摆脱对善业和善业的部分而言的那些价值象征，同时我们朝向它们内部的内涵本身，并且根据那个如此纯粹地被感受到的价值领域来安排我们的行动和我们的善业创造，而不是听任它们的现有方向来限制和分解我们的价值观。其次，在这个方向上，善业越是不能被可能地"占有"，即越是不可分，对它们的评价也就越高，而在可占有的善业中，得到最高评估的却又是那些在生命上最有价值的，无论它们是以多大的数量现存，如空气、水，在某种意义上还有土地；而且它们的数量越多，它们得到的评估也就越高。再次，在这个方向上，一个人格所具有的任何一个超出我的价值的价值都将是自为地被给予的，而且首先被给予的是价值本身和它们的增长或减少，而不单单是它们的差异。最后，在这个方向上，由于所有价值感受及其文化都受这样一个基本直观的指导和引领：还存在着无限多的至此为止没有能够被人感受和把握到的价值，因而有一个越来越严肃、越来越仔细、越

---

① ［德］马克斯·舍勒：《伦理学中的形式主义与质料的价值伦理学》，倪梁康译，生活·读书·新知三联书店2004年版，第325页。

来越确定地展开了的并且上升着的意识在伴随着这个过程，这个意识就是：唯有对我们这个时代中的自然人的那种体验结构及其片面扩张的克服，才会使我们找到通向现有客观价值的通道，才会破开那些囚禁着我们的监狱四壁，并且才能够让日光、"日景"重又涌入到我们感受着的精神之眼中。

由上所述，价值被给予性的主体要素必然会提出客观价值对于人所具有的相对性问题。正如舍勒所说，我们的确是通过感受、而且本身是在人身上发生的感受来发现客观价值以及价值感受、偏好、爱和恨等的行为法则的。但我们在人身上对它们的发现，原则上并不有别于我们最终也可以在人身上发现算术的、力学的、物理学的和化学的定理与法则，以及那些对所有生命来说都具有有效性的定理。人之为人，在所有这些情况中都可以说是对可感受的价值、行为和行为法则而言的场所和机会，这些价值、行为和行为法则因此根本不依赖于特殊的种类组织和这个种类的实存。因此，人类根本不以任何形式就是这种价值把握的"必然主体"。据此，舍勒认为对于我们的价值把握的明见性和客观的存在有效性来说，对于那些可规定为属于伦常明察的行为来说，是否这个种类的所有成员都具有它，是否也有一些种族和民族不具有这种特殊的明察，这样一些行为是在历史的人类生命展开的哪个阶段上显现出来，等等，这些问题是无关紧要的。这正如地球上的每个人是不是都具有从苹果落地的现象中发现万有引力定律的资质和能力，对于万有引力定律的客观性和有效性是无关紧要的一样。舍勒认为这里的关键之处在于，只要它们在此并且一旦它们在此，它们和它们的对象就服从一个合法则性，这个合法则性就像颜色几何学和声音几何学的定理一样不依赖于经验的归纳。因此，对价值质性以及价值秩序的把握，与这种可把握性的普遍性或传布范围根本没有关系。

为此，舍勒要求我们必须仔细区分以下几点：一是对把握某些价值的资质的实际的普遍占有。二是在一个被给予的人际圈中普遍被视作伦常的东西或伦常的普遍"有效之物"，无论是否所有属于这个范围的人都有能力把握这个普遍有效的价值。三是这样一些价值，对它们的承认是普遍"有效的"，无论它们实际上是否"普遍有效"。价值及其秩序就属于以上三种情形中的第二种。但我们的确应该考虑能够把握这个所应之物的禀性和资质。舍勒认为必定存在着对这种能够把握相关应然内容的意识而言的资质。在这个意义上，对这个所应之物本身的把握必定处在相关生物的"权力"中。因而完全有可能是这样一种情况：一个个体唯独自己具有对一个只向她自己指明的并只对这个唯一的"事例"、有效的应然内容的充分明见性，它只是一个对这个个别个体而言的应然并且只在这一个事例中而且只对他自己是明晰的。① 正因如此，也就产生了舍勒所说的"现象学的论争"。

所谓"现象学的论争"，就是存在于现象学家之间的争论。因为舍勒认为精神直观到的本质可以是个体有效的，但却仍然是严格客观的和纯然明证的，这样就会产生一个问题：如果一位现象学家 A 说他直观到了某种东西，而另一位现象学家 B 却对此表示否认，那到底谁说得对呢？或者说这个本质之物到底存在不存在呢？舍勒认为这种情况是存在的，并从三个方面解释了产生原因：第一，A 认为直观到了某物，而事实上他只是观察到了它；他在现象学的意义上弄错了，他在不具备明察的情况下误以为拥有明察。第二，A 的指明方式可能是糟糕的和不足的。第三，B 可能没有理解 A，B 可能自己在现象学的意义上弄错了②。舍勒认为，这种论争相比其他论争要更为深入、更为彻底，它只能通过让对方看到事实本身的方式来获得解决，所以，与解决其他的论争相比，要困难得多。也正是因此，主体间性成了精神直观的最大问题。

实际上，舍勒所说的"现象学论争"不仅存在于现象学家之间，也存在于现象学家与普通读者或听众之间。今天，我们对价值秩序理论的最大质疑不就是来自舍勒直观事实的普遍有效性吗？不过，正如舍勒所言，这个论争并非不可调解，一个可行的解决之路就是理解。也就是说，学习现象学理论，要靠"心"来理解，一切推理和论证无济于事。

那么，在精神直观中，人何以能够把握客观、先天、独立的价值秩序呢？这要从情感理性这个关键概念说起。

第三节　情感理性是价值秩序理论的合法性基础

理性是秩序的基础，价值秩序的合法性基础应从价值理性得到说明。舍勒对价值秩序的建构正是不自觉地体现了这一认识，只不过由于舍勒对价值的独特看法，使得他将我们惯称的价值理性转换成了情感理性。情感

---

① ［德］马克斯·舍勒：《伦理学中的形式主义与质料的价值伦理学》，倪梁康译，生活·读书·新知三联书店 2004 年版，第 333 页。

② ［德］马克斯·舍勒：《舍勒选集》，刘小枫选编，上海三联书店 1999 年版，第 67 页。

理性也就成为舍勒价值秩序理论的合法性基础。

整体观之，舍勒是从对人类精神本质的分析和对人类精神结构的独到剖析来逐步推进到价值现象领域，从而确立起客观价值秩序的合法性基础的。舍勒的独到之处就在于打破了传统西方哲学对人类精神的基本偏见，认为精神的非逻辑方面——情感——并非杂乱无章，而是有其内在的法则和秩序，即"心有其理"。我们不妨将情感的这个内在法则和秩序称为情感理性，而将精神的逻辑方面称为逻辑理性。情感理性在舍勒的著作里是一个呼之欲出但却始终未明确提出的概念，从舍勒著作的字里行间很容易看出情感理性的认识对象就是价值及其等级秩序，而价值和价值秩序也只能在情感理性的展现中闪现出来。

一 情感理性属于精神的非逻辑维度

舍勒在《伦理学中的形式主义与质料的价值伦理学》中写道："我们的全部精神生活——不只是在存在认识意义上的对象性认识和思维——都具有'纯粹的'——根据其本质和内涵而独立于人的组织之事实的——行为和行为规律。即使是精神的情感方面，感受、偏好、爱、恨，以及意愿都具有一个原初先天的内涵，一个不是从'思维'那里借来的内涵，一个需要由伦理学在完全独立于逻辑学的情况下加以指明的内涵。帕斯卡尔说得极为确切，存在着一个先天的'心的秩序'或'心的逻辑'。但'理性'一词——尤其是当它与所谓'感性'相对立时——自这些术语被希腊人确定以来便始终标识着精神的逻辑方面，而非精神的非逻辑——先天方面。"[①] 在此，舍勒首先提出全部精神生活是有规律的而非杂乱无章的，尤其突出强调了精神情感所具有的独立于逻辑规律的先天规律；其次，舍勒明确将人类的精神结构划分为逻辑方面和非逻辑方面。精神的逻辑方面就是"存在认识意义上的对象性认识和思维"，也即逻辑理性，精神的非逻辑方面就是情感[②]，包括感受、偏好、爱、恨、意愿等。但逻辑

---

① [德]马克斯·舍勒:《伦理学中的形式主义与质料的价值伦理学》，倪梁康译，生活·读书·新知三联书店2004年版，第76页。

② "情感"的英文对应词是feelings/emotions，并不只是传统意义上的喜、怒、哀、乐，而是有更为宽泛的含义，这在后面的论述中会有详细的说明。需注意的是，在舍勒的整个情感现象学里，有两大类法则各异的情感，即身体情感和精神情感。此处显然指的是精神情感。精神情感是所谓的意向性情感，这是舍勒现象学的关键。

理性主义者对人类精神的认识一直存在着根深蒂固的偏见：把精神划分为理性与情感两个非此即彼的对立部分，并将理性始终标识为法则、秩序等精神的逻辑方面，而将包括爱和恨在内的精神的非逻辑方面都归入情感领域，并认为它是无序与混乱的代名词；传统心理主义者又把情感仅仅归结为现实的、历史的人之主观的变化不定的心理状态。舍勒对这两种认识均提出了质疑。他认为："将整个情感生活看作一些在我们心中无意义地和无目标地流动着的因果地被动运动状态的进程，否认整个情感生活具有任何'意义'和任何意向'内涵'，这种情况只可能在一个心的迷乱——心的无序——达到了一定程度时才会出现，正如我们这个时代。"[①] 他在《爱的秩序》中进一步指出："普遍草率地对待感情事物和爱与恨的事物，对事物和生命的一切深度缺乏认真的态度，反而对那些可以通过我们的智力在技术上掌握的事物过分认真，孜孜以求，实在荒唐可笑。"[②] 正是从这一思路出发，舍勒指出，人的情感世界有它自身独立于逻辑理性的秩序和法则、本质和意义；具体的情感虽然是人的主观感受，但它的本质及结构却是一种独立于人的主观感受的客观实在。这样，舍勒在历史上首次明确提出了精神的非逻辑方面也具有类似逻辑方面的法则和秩序，而且这些法则和秩序是人类的理智所永远不知道的。舍勒借用帕斯卡尔"心的秩序"或"心有其理"来表征人类精神的非逻辑方面，这里的"心"指的就是各种不同的意向体验和情感感受活动，"心有其理"是指情感感受活动具有它自己的理由，这些理由并不是它从理智中借贷来的。也就是说"理"不是理智的理，而是情感自己的逻辑、秩序、法则。舍勒将此理解为一种永恒的和绝对的感受、爱和恨的合规律性，但这种合规律性绝不能被还原为智识的合规律性。舍勒借用帕斯卡尔"心有其理"这个命题的目的在于向我们揭示："有一种经验，它们的对象对于'理智'来说是完全封闭的；对于这种对象，理智是如此地盲目，就像耳朵与听对于颜色是盲目的一样。"[③] 这里说到的"经验"就是有别于自然经验和科学经验的现象学经验，也可以叫作情感经验，即情感感受、偏好、爱和恨等。

[①] [德] 马克斯·舍勒：《伦理学中的形式主义与质料的价值伦理学》，倪梁康译，生活·读书·新知三联书店 2004 年版，第 318 页。

[②] [德] 马克斯·舍勒：《舍勒选集》，刘小枫选编，上海三联书店 1999 年版，第 758 页。

[③] [德] 马克斯·舍勒：《伦理学中的形式主义与质料的价值伦理学》，倪梁康译，生活·读书·新知三联书店 2004 年版，第 309 页。

至此，我们可以看出舍勒对情感理性的基本描述，尽管他在其著作中一直未明确提出"情感理性"这个概念。可以说，情感理性在舍勒的价值情感现象学中是一个隐含的、呼之欲出的概念。对于我们来说，不仅要使情感理性概念明晰化，而且更为重要的是要厘清逻辑理性中的"理"与情感理性中的"理"之不同。逻辑理性之"理"是理智，属于认识论意义上的理性，它遵循的是归纳、推理、演绎之逻辑公理；情感理性之"理"非理智之理，特指各种不同的意向体验和情感感受活动之间的奠基关系和顺序，它遵循的是价值公理。舍勒所说的价值公理包括三条：

一、1. 一个肯定的价值的实存本身就是一个肯定的价值。
2. 一个肯定的价值的非实存本身就是一个否定的价值。
3. 一个否定的价值的实存本身就是一个否定的价值。
4. 一个否定的价值的非实存本身就是一个肯定的价值。

二、1. 在意欲领域中附着在一个肯定的价值之实现上的价值是善的。
2. 在意欲领域中附着在一个否定的价值之实现上的价值是恶的。
3. 在意欲领域中附着在一个较高（最高）价值之实现上的价值是善的。
4. 在意欲领域中附着在一个较高（最低）价值之实现上的价值是恶的。

三、在这个领域中，"善"（和"恶"）的标准在于在被意指价值的实现与偏好价值的一致（和争执），或者说，与偏恶价值的争执（和一致）。①

舍勒认为这些价值公理具有同逻辑公理一样的自明性，但又不是逻辑公理在价值领域的简单运用。所以，此理非彼理，彼理不同于此理。正因如此，舍勒认为"价值现象学和情感生活现象学必须被看作完全独立的、不依赖于逻辑学的对象领域和研究领域"。而"价值公理因此也完全独立于逻辑公理，它们绝不意味着仅仅是逻辑公理在价值上的'运用'"，"纯

---

① ［德］马克斯·舍勒：《伦理学中的形式主义与质料的价值伦理学》，倪梁康译，生活·读书·新知三联书店 2004 年版，第 29—30 页。

粹逻辑学与一门纯粹价值论是并列的"①。

总之，情感理性标识的是人类精神结构中的非逻辑方面所具有的法则和秩序，即"感性的价值偏好的理性秩序"，具体而言就是各种不同的意向体验和情感感受之间的奠基关系和顺序。情感理性概念使长期处于对立状态的理性与情感真正实现了融合统一，并使舍勒设想的现实社会中人心的修复和理想的精神共同体的重建成为可能。那么，情感理性有哪些特征呢？

二 情感理性具有优先性、在此性和不可证性

（一）优先性

情感理性的优先性通过"爱"集中体现出来。当然，舍勒所说的"爱"主要指精神之爱。舍勒认为爱作为一种不受教养因素影响的情感，是所有情感中居于主导地位和基础地位的情感，也是舍勒情感现象学分析的重点内容。爱感优先论是舍勒现象学的基础。由爱的秩序所揭示出的情感理性优先于观察、思维遵循的逻辑理性，甚至我们可以说，情感理性是逻辑理性的深层基础和存在依据。舍勒在《爱的秩序》一文中开门见山地写道："我身处于一广大得不可测量、充满着感性和灵性事物的世界，这些事物使我的心灵和激情不断动荡。我知道，一切透过我观察及思维所能认知的事物，以及所有我意志抉择、以行动做成的事情，都取决于我心灵的活动。因此，在我生命及行为中的每一良善或邪恶完全取决于在驱使我去爱、去恨以及倾慕或厌恶众多事物的感情中，到底有没有一客观的合意秩序，也取决于到底我能否将这爱与恨的秩序深印在我心中的道德意向中。"② 可以看出，舍勒在此已经赋予情感理性绝对的优先地位。并在随后的分析中提出了构成其"爱感优先论"之核心内容的两个著名论断：一是"在人是思之在者或意愿之在者之前，他就已是爱之在者"③。二是"爱始终是激发认识和意愿的催

---

① ［德］马克斯·舍勒：《伦理学中的形式主义与质料的价值伦理学》，倪梁康译，生活·读书·新知三联书店 2004 年版，第 77 页。
② ［德］马克斯·舍勒：《舍勒选集》，刘小枫选编，上海三联书店 1999 年版，第 739 页。
③ 同上书，第 751 页。

醒女，是精神和理性之母"①。正因如此，舍勒认为"谁把握了一个人的爱的秩序，谁就理解了这个人"②。并提出"不论我探究个人、历史时代、家庭、民族、国家或任一社会历史群体的内在本质，唯有当我把握其具体的价值评估、价值选取的系统，我才算深入地了解它"③。所以，与逻辑理性相比，情感理性无疑具有优先性。

（二）在此性

情感理性的在此性表现于两个层面的意思中：一是情感理性的先天内涵，二是情感理性的个体相对性问题。首先，在舍勒那里，情感理性不仅优先于逻辑理性，而且具有不同于逻辑理性的先天内涵。在逻辑理性中，先天指的是"先于"观察性经验的材料。这是一种形式的先天，形式的先天也和某物"相关"，但其内容却是赋予内容以形式的形式本身。因此，它被限定在观察性经验上，不能涵盖"对某物的意识"中的经验。而情感理性中的先天是非形式的先天，或者说是质料的先天，"对……的意识"所强调的问题既不是形成的构造活动，也不是由自我进行的综合，而是"在意识中被给予的'是'什么"的问题，即在意识中事实上"在此"的是什么。意识所"意识到"的或者说事实上"在此"的可以是任何内容，无论它是有意义的、无意义的、逻辑的、幻想的东西还是虚构的东西、梦中的景象、白日梦中的模糊内容还是其他任何东西。与逻辑理性的先天相比，情感理性中先天被给予之物的内容缺乏对主体、客体或者真实之物与不真实之物的"设定"。在这里，除了无中介的内容什么也没有。所以舍勒通过对康德形式先天的批判，确立了自己对先天的理解："我们将所有那些观念的含义统一和定律称之为'先天的'，这些含义统一和定律是在不顾及任何一种对其思维的主体及其实在自然属性之设定的情况下以及在不顾及任何一种对一个可为它们所运用对象之设定的情况下，通过直接直观的内涵而成为自身被给予性。"④ 这是情感理性在此性的一个方面含义。

---

① [德] 马克斯·舍勒：《舍勒选集》，刘小枫选编，上海三联书店1999年版，第750—751页。
② 同上书，第740页。
③ 同上书，第739页。
④ [德] 马克斯·舍勒：《伦理学中的形式主义与质料的价值伦理学》，倪梁康译，生活·读书·新知三联书店2004年版，第57页。

其次，情感理性作为认识和把握价值的一种资质，的确是通过感受、而且本身是在人身上发生的感受来发现的。但我们在人身上对情感理性的发现，原则上并不有别于我们在人身上对逻辑理性的发现。人之为人，在所有这些情况中都可以说是对情感理性而言的场所和机会，情感理性因此根本不依赖于特殊的种类组织和这个种类的实存。因此，是否人人都具有它，或者是否每一民族、每一历史阶段都拥有它，这是无关紧要的。主要的问题在于，只要它们在此并且一旦它们在此，它们和它们的对象就服从一个合法则性，这个合法则性就像颜色几何学和声音几何学的定理一样不依赖于经验的归纳。而逻辑理性并不要求它和它的对象只有"在此"才服从一个合法则性，逻辑理性与它的对象具有可分离的合法则性。这就是为什么我们可以关起门来进行各种各样的逻辑推理和判断，而绝不能离开具体的价值事物直观到价值及其秩序的原因。

（三）不可证性

首先，与逻辑理性相比，情感理性对于人来说是一种不可验证的明察能力。正如前面所述，情感理性不依赖于特殊的种类组织和这个种类的实存。只要它们在此并且一旦它们在此，它们和它们的对象就服从一个合法则性。也就是说，情感理性的存在具有当下性。据此，舍勒认为对于我们的价值把握的明见性和客观的存在有效性来说，重要的是它们和它们的对象在此并处于一种当下的联系之中，至于情感理性的普遍性问题，则是无关紧要的。因此，舍勒认为对价值质性以及秩序的明见把握，与这种可把握性的普遍性或传布范围没有关系。因而完全有可能存在这样的情况：一个个体唯独自己具有对一个只向他自己指明的并只对这个唯一的"事例"、有效的应然内容的充分明见性，它只是一个对这个个别个体而言的应然并且只在这一个事例中而且只对他自己是明晰的。① 唯一不同的是，这种现象在智识领域或逻辑领域总是可验证的，尽管不是所有的人都具有这种验证能力，而在情感领域则是不可验证的，前面说过的"现象学论争"的存在就在一定程度上说明情感理性的不可验证性。从这个意义上说，舍勒所具有的情感理性以及他所发现的客观价值秩序与牛顿所具有的逻辑理性以及他所发现的万有引力定律在人类文明史上应该占有对等的地

---

① ［德］马克斯·舍勒：《伦理学中的形式主义与质料的价值伦理学》，倪梁康译，生活·读书·新知三联书店2004年版，第329—333页。

位。也许这样说有点偏颇，但的确表达了舍勒的情感理性及价值秩序理论实际具有的里程碑式的意义。

其次，情感理性的先天内涵永远无法被观察和归纳所取消、修正或完善，而逻辑理性的内涵则是可以被观察和归纳所取消、修正或不断完善的。舍勒将情感理性的先天内涵称为"现象"，而"现象"实际就是在情感行为中"直观地"被给予的东西。舍勒认为精神直观"所给予的那个'何物'不可能更多地被给予，也不可能更少地被给予——不像我们在'观察'一个对象时可以较为仔细或较为不仔细，或者可以忽而观察它的这个特征，忽而观察它的那个特征一样——它或是'被直观'并因此而'自身'被给予（毫无遗漏地、不打折扣地、既不通过一个'图像'，也不通过一个'象征'地被给予），或者它没有'被直观'并因此也就没有被给予"。① 因此，先天完全属于"被给予之物"，属于事实领域，它永远无法被观察和归纳所取消、修正或完善，即是说通过观察和归纳既不能证明也不能证伪。

情感理性的优先性、在此性和不可证性决定了其本身作为一种认识能力的特殊性，并为客观价值秩序的发现奠定了基石。

三 情感理性构成价值秩序理论的基石

如前所述，情感理性即情感感受所具有的法则和秩序，情感感受的类型就是在第二章阐述价值样式时与五种价值样式对应的精神感受：感性感受、自我保存和潜意识地渴望成功的感受、生命感受、人格感受和纯精神的宗教形而上学性感受。在舍勒看来，这些具体的、现实的情感，虽然属于人的主观感受，但情感却具有独立于人的主观感受的客观的内容。这个客观的内容就是舍勒所说的感性情感的理性秩序。具体说来就是，从感性感受、自我保存和潜意识地渴望成功的感受、生命感受、人格感受和纯精神的宗教形而上学性感受，是越往后越深沉，越体现了人之为人的真正本质。这种反映在深度层次上的情感秩序就是"心的秩序"，也就是情感理性的内容，它与客观的价值秩序对应一致。因为不同等级的价值正是在不同层次的情感体验中被给予的。用舍勒的话来说就是："有一种经验，它

---

① [德]马克斯·舍勒：《伦理学中的形式主义与质料的价值伦理学》，倪梁康译，生活·读书·新知三联书店2004年版，第57页。

们的对象对于'理智'来说是完全封闭的；对于这种对象，理智是如此地盲目，就像耳朵与听对于颜色是盲目的一样——但这种经验却为我们输送着真正客观的对象，以及在它们之间的一种永恒的秩序；这便是价值，以及在它们之间的一种等级秩序。而这种经验的秩序和法则是与逻辑学和数学的秩序与规律一样地确定、精密和明晰。"这里所说的"经验"就是情感经验，"这种经验的秩序和法则"就是情感理性。由这段话也可以看出情感理性的认识对象是价值及其秩序。要理解这一点，关键是把握情感的意向性特征及其价值认识功能。

"意向性"是整个现象学赖以建立的基本概念，它的本质特征在于其指向性，即意识总是"关于某物的意识"。意识行为"可以意指一个对象，并且在它们的进行中能够有一个对象之物显现出来"①。而所谓"情感的意向性"就是在情感行为的进行中有一个对象之物显现出来，这个对象之物就是价值及价值秩序。但我们必须注意到，舍勒并没有笼统地把感触、感受状态、感受、偏好、爱、恨等都归入到情感行为中，并不是所有这些行为都具有意向功能。在《伦理学中的形式主义与质料的价值伦理学》中，舍勒首先区分了"感受状态"与感受活动，并且指出前者不是意向的，而后者则是意向的。"前者属于内容和显现，后者属于接受它们的功能"。② 前者与身体实在相关，而后者属精神行为或"位格"行为，所以前者也叫身体情感，后者也叫精神情感。可以看出，在舍勒这里，只有精神情感才是意向性的。那么，意向性的精神情感对于价值及其秩序意味着什么，或者说，它们在何种程度上是对价值及其秩序进行把握的官能呢？这要分别从意向性的精神情感的三个层次来理解。

第一个层次是原初的意向感受活动。意向感受活动是精神情感的低级层次，我们在它们之中把握到价值。"这种感受活动不是一个死的状态，或一个可以接受联想联结或可以被关涉的事实组成，或一个可以是'指号'的事实组成，而是一个目标确定的运动——即便它还根本不是一个从中心出发的动作（更不是时间上展延的运动）。这里所涉及的是一种逐点的（punktuell）、随情况不同或是由自我发出指向对象的或是朝向自我

---

① [德]马克斯·舍勒：《伦理学中的形式主义与质料的价值伦理学》，倪梁康译，生活·读书·新知三联书店2004年版，第314页。
② 同上书，第311页。

的运动,但这种运动中,某个东西被给予我并且'显现'出来。"① 在这里,这个"被给予"并"显现"出来的东西就是价值。因而这种感受活动与它的价值相关项的关系就等同于胡塞尔描述的"表象"与它的"对象"的关系。但这种意向感受活动并不是直接或通过表象而和一个对象外在地被放置在一起,而是原初地指向一种特有的对象——价值。在意向感受活动中,我们并不是"在某物上"感受着,而是我们直接就感受到某物、感受到一个特定的价值质性。但是在这一感受中,我们并不是对象地意识到这一活动,而是只有一个价值质性从外部或从内部"向着"我们走来。只有一个新的反思行为才能使这一活动成为我们的对象,并且使我们现在能够以后补的方式反思地观看:我们在这个已经对象性地被给予的价值上究竟"感受到"什么。所以,在这一感受活动中,对象本身的世界向我们"开启"自身,只是恰恰从它的价值方面向我们开启。

第二个层次是偏好与偏恶。偏好与偏恶是精神情感的较高层次,我们在它们之中把握到价值和价值秩序。正如舍勒所言:"一个价值比另一个价值'更高',这是在一个特殊的价值认识行为中被把握到的,这个行为叫作'偏好'。"② 也就是说,自身被给予的价值秩序先天存在于无中介的偏好行为中,只有在偏好行为中价值秩序才可以被感受到。"偏好"有三个特点,一是偏好直接发生在被感受到的价值质料上,而不依赖于它的事物性载体;二是它与选择一样,既不预设形象的目标内容,也不预设目的内容。但我们要注意区分这一点,即并不是一个价值的更高状态"被感受到",而后这个更高的价值或者"被偏好",或者"被偏恶"。相反,一个价值的更高状态本质上只在偏好之中"被给予"。这是因为偏好行为根本上不同于选择行为。偏好是在没有任何追求、选择、意欲的情况下进行的,它并不需要有多个价值在感受中被给予;既不需要有一个"多"被给予,也不需要有这样一个"多"作为对偏好行为的"奠基"而被给予。而选择是在一个行动和另一个行动之间发生的,它至少发生在两个以上的价值之间。三是发生在价值本身之间的偏好是先天的。与理性的先天相比,价值间那种情感的、前理性的偏好的先天是二维的:它既是横向的

---

① [德]马克斯·舍勒:《伦理学中的形式主义与质料的价值伦理学》,倪梁康译,生活·读书·新知三联书店2004年版,第312页。
② 同上书,第105页。

又是纵向的。横向偏好是发生在同一价值等级内部的,即偏好肯定价值胜过否定价值。如在最低的感官价值内部,人们偏好适意胜过不适意,就是"命中注定的"。纵向偏好是发生在所有质性价值之间的,而且偏好较高等级的价值而非较低等级的价值是一种各等级"间"的先天关系。我们正是在这种先天偏好中把握到先天客观的价值秩序的。但具体历史中的偏好由于个体、时代或文明及其风俗习惯的影响而有可能与先天偏好发生偏离,因而舍勒认为历史中具体的偏好系统是可变的。但历史上可变的偏好系统并不影响客观价值秩序的绝对性。这一点我们还会另加讨论。

　　第三个层次是爱和恨。爱和恨是精神情感的最高阶段或层次,也是真正"发现"价值及其秩序的精神情感。爱恨本身的特征可以从它们与感受、偏好的关系以及与追求、价值样式的关系中得到说明。第一,在偏好中始终有多个被感受到的价值被意指,而在爱恨中可以是只有一个价值被给予。爱的发生不需要第二个项。我们不是爱某物胜过其他事物,而仅仅是爱某物。没有其他任何对象在场,爱之箭就会直接射向一个而且是唯一的价值对象。而偏好至少需要另一个价值项的可能性。第二,爱和恨并不是一种对在偏好中被给予的被感受价值之更高或更低状态的"回答反映",而是一种"自发"的行为。舍勒认为,在这种行为中,我们精神所做的事情要比对已被感受到的和可能被偏好的价值的"回答"伟大得多:各个可以被一个生物的感受所达及的价值王国经历着一种扩大或缩小。这种扩大或缩小当然不意味着通过爱和恨而对价值的创造、制作或毁灭。因为价值是不能被创造和被毁灭的,它们的存在是不依赖于所有特定精神生物的组织的。第三,爱的行为的本质在于,"这个行为更多是在我们价值把握中起着真正发现的作用——而且唯有它在起这个作用——它可以说是在展示着一个运动,在这个运动过程中,各个新的和更高的、即对这个相关的生物还是完全未知的价值昭示并闪现出来。因而爱并不追随着价值感受与偏好,而是作为它的先锋和引导而先行于它们。就此而论,它虽然没有获得对自在存在的价值一般而言的'创造性的'成就,但却获得了对各个可为一个生物所感受和所偏好的价值而言的'创造性的'成就"[1]。很显然,爱在舍勒的三种意向性的精神情感中具有奠基性的作用,因为爱

---

　　[1] [德]马克斯·舍勒:《伦理学中的形式主义与质料的价值伦理学》,倪梁康译,生活·读书·新知三联书店2004年版,第317页。

和恨的法则就绝对性、先天性和原初性的阶段而言要胜于意向性感受活动和偏好的法则,爱恨的法则是作为原初感受和偏好的先锋和引导而先行于它们的。所以,舍勒才认为,所有伦理学都将在对爱和恨的法则中完善自己。

综上所述,意向感受活动是以偏好为基础的,而偏好本身又以"爱"为其基础。爱、偏好与感受之间的这种层层奠基关系以及存在于它们各自中的内在法则是情感理性的具体展现方式,也是支撑舍勒价值秩序理论的基石。

这样,被称为"现象学的施魔者"之称的舍勒,通过胡塞尔开创的现象学"方法"打开了一个无比丰富的价值世界,他使我们发现:在精神生活的"非逻辑方面",即它的感受、偏好、爱和恨那里,都存在着现象学确定的明见性和最严格的精确性。舍勒将现象学方法运用于价值领域所建立的价值秩序理论,无疑也将成为种种非现象学价值秩序理论研究的参照。同时,舍勒以客观价值秩序为准绳,也逐步展开了社会历史现实的现象学评判,由此形成了价值秩序理论的社会实证分析过程。这是我们接下来要具体讨论的话题。

第五章 价值秩序理论对社会历史变迁的解释

前面我们从学理上已经对价值秩序与社会秩序之关系进行了初步的分析，本章我们将揭开历史的画卷，从一个历史的片段——资本主义的起源，和整个历史的展开——古代社会、现代社会与未来社会两个角度切入，来展开舍勒价值秩序理论的社会实证分析。通过社会实证分析，进一步揭示价值秩序与社会秩序的内在关系。

第一节 心性的现代转变——舍勒对资本主义起源问题的探讨

对资本主义起源问题的探讨是舍勒应用价值秩序理论分析社会的一个典范，但舍勒并不是第一个探讨资本主义起源的思想家。因此，在分析舍勒的思想之前，有必要回顾一下关于资本主义起源问题的已有探讨，以凸现舍勒的独特之处。

一 资本主义起源问题已有研究的简要回顾

在舍勒之前，马克思、松巴特（Sombart）和韦伯都对资本主义的起源进行过细致的研究，他们的观点或从反面或从正面激发了舍勒的再度思考和深入探究。所以，对这个问题的学术史追述是很有必要的。

在马克思主义语境里，资本主义首先是作为一种社会政治、经济制度而出现的。经济发展具有历史继承性，即每一代人都是在前代人创造的生产力基础之上从事活动，而政治制度的产生可以是"空降兵"，它可以通过一次暴力革命或一次锐意改革而彻底改头换面。所以，马克思对作为一种政治、经济制度的资本主义起源的探讨，必定从两个不同的角度展开。

首先，马克思从社会经济制度产生的宏观视野出发，在生产力和生产关系的矛盾运动中得出资本主义生产方式是资本主义社会产生、发展的决定力量，而生产方式中的生产力是最终根源的结论。这就是说资本主义起源于资本主义的生产方式。同时，马克思还对这种起源方式给予了详细的描述："现实的历史上，雇佣劳动是从奴隶制和农奴制的解体中产生的，或者像在东方和斯拉夫各民族中那样是从公有制的崩溃中产生的，而在其最恰当的、划时代的、囊括了劳动的全部社会存在的形式中，雇佣劳动是从行会制度、等级制度、劳役和实物收入、作为农村副业的工业、仍为封建的小农业等的衰亡中产生的。"[①] 简单地说就是"从原始公有制的'崩溃'中产生，从奴隶制的'解体'中产生，从封建制度的'衰亡'中产生"。[②] 马克思认为，不管采取哪种产生方式，但有一点是确定无疑的，那就是在旧社会的胚胎里已经孕育了资本主义的生产方式，这种生产方式有可能是从旧社会的机体里自然生长出来的，也可能是从外部自愿或强行移植进去的，但没有资本主义生产方式的萌芽，绝不可能有资本主义的产生。

其次，马克思从社会政治制度产生的微观环节出发，在新旧社会政治制度具体交接方式的考察中得出阶级革命是实现新旧社会更替的直接力量的结论。因为在马克思看来，历朝历代的统治阶级从来不会自动退出历史舞台，必须通过新生力量的阶级革命来促成这一历史变革。但马克思同时认为，阶级革命的最终原因仍需从生产方式当中的生产关系去寻找和理解。归根结底，新的政治经济制度还是起源于生产方式。

在马克思那里，资本主义作为一种社会政治经济制度，其本身又是一个经济结构、政治结构和观念结构构成的统一体，而经济结构决定并制约政治结构和观念结构。所以，在马克思看来，资本主义经济制度先于资本主义生活和文化制度而出现。

如果说马克思是从社会物质领域来寻找资本主义起源之谜的话，那么，松巴特和韦伯则是从精神气质方面探寻资本主义的起源问题。他们之所以从精神气质领域着手，这与他们对资本主义的认识有直接关系。在他

[①] 《马克思恩格斯全集》，第46卷上，人民出版社1979年版，第14页。
[②] 杨耕：《为马克思辩护：对马克思哲学的一种新解读》，北京师范大学出版社2004年版，第145页。

们二人看来，资本主义首先是一种精神，然后才是一种社会秩序。这种精神先于秩序而存在，并直接促成了资本主义社会秩序的产生。但对这种精神二人又有明显的不同理解。

松巴特所理解的资本主义精神，由两个基本因素构成：一是积极的"实干精神"，即在经济领域的积极进取和不懈努力，它体现为对众多意志的组织、夺取、统治、强制力的贪婪，而且出于一种冒险的、富进取的、意在规划大众的理性目的；二是消极的"市民精神"，它与"显贵的精神"形成鲜明的对照，并提出一种道德和价值观的新体系。[1] 对于这两种精神因素的起源，松巴特把它归结为三种基础：生物学基础（即生物心理素质禀赋）、伦理——宗教权力和社会状况[2]。在此，由于资料占有方面的限制，不能对松巴特资本主义精神的具体形成机制详加叙述，但我们发现舍勒显然从中发现并提出了一个很重要的问题：这些生物学和精神上秉性甚高的人是如何恰恰把自己的力量贯注到经济生活中去的？这是舍勒探讨这一问题的基点。

韦伯认为，资本主义精神不是单纯的思想，而是日常生活的合理化态度和行为结构的价值准则[3]，其本质就是对金钱的合理索取，特征是与合理索取金钱有关的盈利欲、工作欲、勤俭、契约感等。对这种精神的起源，韦伯显然是受到松巴特的伦理——宗教权力思想的启发。但松巴特研究的是犹太教，他认为在犹太教思想中存在着有利于资本主义产生的精神传统。韦伯对西欧资本主义发展历史进行了一系列文献调查和实地考察后发现，不是犹太教和其他宗教，而是新教伦理促成了资本主义精神的形成。新教伦理通过天职观、预定论和禁欲主义为资本主义精神的形成奠定了基础。天职观认为，尘世生活与世俗劳动是人的神圣使命与职责，世俗生活中取得的成功，可以增添上帝的荣耀，这种观念为经济发展提供了精神上的动力；预定论提出了世俗活动是选民获得自信的最合适手段，世俗生活可以驱散宗教疑虑，带来对恩宠的确信，这样预定论就成为人们投身世俗生活的内在动力；禁欲主义认为财富是荣耀上帝的手段，它把限制消

---

[1] 参见［德］马克斯·舍勒《资本主义的未来》，罗悌伦等译，生活·读书·新知三联书店1997年版，第5—6页。

[2] 同上书，第6页。

[3] ［德］马克斯·韦伯：《新教伦理与资本主义精神》，彭强、黄晓京译，陕西师范大学出版社2002年版，第23页。

费同合理谋利相结合,从而直接导致了资本的积累和生产的扩大。

韦伯的这一观点引起了舍勒极大的兴趣,但也引发了舍勒更多的思考。舍勒思考的重点问题是为什么新教伦理能够赢得如此地厚爱?

在对松巴特和韦伯反思的基础上,舍勒开始了自己独特的思想之旅。

二 舍勒对资本主义起源问题的独特探索

我们首先从舍勒对资本主义的认识说起。舍勒认为,萌芽于中世纪末的资本主义,虽然首先显现于政治经济领域,但"资本主义首先不是财产分配的经济制度,而是整个生活和文化的制度。这一制度源于特定的生物心理类型的人(即资产者)的目的设定和价值评价,并由其传统传承"。[①] 舍勒的这段话至少传递给我们三层意思:第一,资本主义制度既包括财产分配的经济制度,也包括生活和文化的制度。第二,在经济制度与生活和文化制度的地位上,生活和文化制度在先,经济制度在后。第三,生活和文化制度起源于资产者的目的设定和价值评价。这个"目的设定和价值评价"是由价值选取的系统来决定和支配的。后来,舍勒进一步说道:"不论我探究个人、历史时代、家庭、民族、国家或任一社会历史群体的内在本质,唯有当我把握其具体的价值评估、价值选取的系统,我才算深入地了解它。我称这一系统为这些主体的精神气质(或性格)。"舍勒在这里所说的"价值评估、价值选取的系统"就是他价值秩序理论的核心概念——价值秩序。所以,精神气质就是价值秩序的主体表现。在舍勒看来,资本主义作为一种生活和文化制度就是一种精神气质,也即资本主义精神气质。弗林斯把这种精神气质也称作"心性",据此弗林斯把资本主义理解为"一种以特有的价值偏好为特征的心境或者心性"[②]。在资本主义心性或精神气质中,人们是从遍及我们技术文明的收益性、投资和有用性等方面来经验世界上的各种事物和存在物的[③]。所以,对资本主义的考察,心性角度或精神气质角度也就是价值秩序角度。

由于舍勒与马克思对资本主义认识的根本不同,决定了舍勒不可能像

[①] [德] 马克斯·舍勒:《资本主义的未来》,罗悌伦等译,生活·读书·新知三联书店1997年版,第62页。

[②] [美] 曼弗雷德·S.弗林斯:《舍勒的心灵》,张志平、张任之译,上海三联书店2006年版,第170页。

[③] 同上书,第173页。

马克思那样从物质领域探寻资本主义的起源。舍勒与松巴特和韦伯却有相通之处，他们都认为资本主义是一种精神性存在，只不过在松巴特那里资本主义精神是"实干精神"与"市民精神"的统一，在韦伯那里资本主义精神归根结底是一种理性精神罢了。

首先来看舍勒对松巴特问题的深入研究。

舍勒认为，那些"生物学上和精神上都秉性甚高"的"实干家"人物，就其本性而言，"为国土、为所信仰的上帝、为艺术和科学而献出自己的力量和生命，这是天经地义的、有意义的事"①。但是，为什么他们竟会把自己那热烈的、伟大的、勇往直前的灵魂和与生计需要不相干的匆忙，贡献给在古代和中世纪早期人类活动中大受鄙视的劳动和计算这个领域呢？这一现象只能这样来解释："这些已然存在的力量要求实现自己，不得不转向新的领域；其原因在于，市民精神已逐渐改塑了社会秩序，其新道德和新法律意识等已经排除了相应领域的旧理解，甚至多少还让这种旧理解背上了邪恶和犯罪的黑名，这样一来便正是在强迫它们变成动力——在新经济目标这块土地上迈出新步子的动力。"② 显然，在舍勒看来，不是"实干精神"，而是"市民精神"才是资本主义精神的根本因素，这与松巴特一致。但舍勒与松巴特相比显然思考得更深。在舍勒看来，市民精神之所以能改塑社会秩序，根本点在于伦理意识的转变，这种转变将过去认为道德的事重新认定为不道德的事，将过去认为有较高价值和有较大意义的事情重新认定为较低价值和较小意义之事，即"道德中的奴隶起义"。我们始终要记住，在舍勒这里，价值是客观的不变的，变化的只是人们对价值的感受。这种价值感受上的变化就是体验结构的转变，也即心性的现代转变。这种转变的突出特点就是舍勒所说的作为人之存在本质的"爱"已被"怨恨"代替。所以，在舍勒看来，资本主义精神的实质是怨恨，而资本主义起源于心性的现代转变。正如舍勒所说："经济史观断言具有普遍的历史有效性的一系列历史因果关系之结构法则无疑没有错"③，但"所有那类规律性丝毫没有如经济史理论以为的那种普遍的历史意义；当且仅当历史的主体即人还受控于典型的、被松巴特称

---

① ［德］马克斯·舍勒：《资本主义的未来》，罗悌伦等译，生活·读书·新知三联书店1997年版，第17页。
② 同上。
③ ［德］马克斯·舍勒：《舍勒选集》，刘小枫选编，上海三联书店1999年版，第1200页。

为'资本主义'的体验结构和欲望结构时,它才是有效的"①,经济史观忽视了一点,"占据支配地位的观念和愿望之转型比历史现实过程之转型更带本质性"②。

再来看舍勒对韦伯问题的深入探究,即为什么新教伦理能够赢得如此地厚爱从而成为促进资本主义产生的一种力量?舍勒认为,新教伦理的天职观激发出来的无限制的工作意愿和赢利意愿而非对财产和财富的追求,才是人们最看重的东西。他们不"想要"财富,而"想要"赢取财富、挣得财富。结果,"这种'赢取'、'挣得'行动本身及其心灵上的紧张成了带有'合义务'特点这一外衣的清教徒商人的首要意志内容"。③ 在舍勒看来,这"赢取"和"挣得"具有麻醉性价值和"证实性"价值。所谓麻醉性价值,就是指这种心灵上的紧张体验填补了现代人的形而上学的内在空虚感。因为在舍勒看来,"现代人的宗教形而上学的绝望是产生向外倾斜精力的无止境活动渴望的根源和发端"。"他们由于内在的、形而上学的无依靠感而投身外部事务的洪流。"④ 所谓证实性价值是指通过"赢取"和"挣得"行动本身来证实得救并在比较中获得价值。因为在舍勒看来,"只有贬值了的世界才会开发出无限制的工作能量!"⑤

从上面的分析可以看出,新教伦理之所以能够得到普遍认同,关键在于它迎合和弥补了资本主义类型人的那种心性需求,即需要麻醉、需要证实。由此舍勒得出结论说,资本主义精神不是起源于新教伦理,而是起源于现代心性。

可以看出,舍勒关于资本主义起源的探讨实际上不是对马克思的补充,而是对松巴特和韦伯的深化。

关于资本主义起源说,舍勒最经典的表述是:"在资本主义精神的形成中迈步向前的,并不是实干精神,不是资本主义中的英雄成分,不是'具有王者气度的商人'和组织者,而是心中充满怨恨的小市民——他们渴求最安稳的生活,渴求能够预测他们那充满惊惧的生活,他们构成了松

---

① [德] 马克斯·舍勒:《舍勒选集》,刘小枫选编,上海三联书店1999年版,第1201页。
② 同上书,第1198页。
③ [德] 马克斯·舍勒:《资本主义的未来》,罗悌伦等译,生活·读书·新知三联书店1997年版,第57页。
④ 同上书,第60页。
⑤ 同上书,第52页。

巴特所恰到好处地描绘的新的市民德行和价值体系。"① 这就是说，怨恨心态促成了资本主义精神的形成，而怨恨伦理观的主要内容也摇身一变成了舍勒所说的资本主义精神的主要原则，也即资本主义价值观。资本主义价值观与怨恨伦理的关系体现在三个方面：

第一，"博爱"观。舍勒认为，资本主义所倡导的博爱观起源于对基督教博爱观的怨恨，新兴市民阶层忙于尘世事务，深陷充满竞争的商业活动，根本无暇也无力去爱上帝，更无力去爱同胞、爱自己，所以，他们只好贬低基督教博爱观，采取一种泛爱观。这一泛爱观的实质是"偏爱人的现世财富和幸福，偏爱感官幸福"，而非基督教的"爱的自由行动"②，因而现代博爱观的本质是爱的虚无主义，即由于无力去爱只好不爱任何人，转而去关注每个人的现世财富和幸福。因此，现代博爱观的怨恨性质就在于，博爱并非是想真正谋求每个人的幸福，而仅仅是为了否定基督教的博爱原则而采取的一个策略。

第二，平等观。在舍勒看来，资本主义倡导的"人生而平等"的思想，也是起源于怨恨。传统的德行观认为人不可能是平等的，有人天生高贵，有人天生低贱，有人天生具备美德品质，有人生来就欠缺美德品质。但现代德行观彻底颠覆了旧有的评价体系，认为德行品质是一种可以通过个人的劳动来获得的品质，并不存在生来就具备的实质价值的德行品质，美德在于行动，而不是一种实质价值。现代德行观的怨恨性质就在于：欠缺美德实质价值的人因忍受不了与具有美德者的品质差距，只好提出平等原则来颠覆原有的德行观，这是道德中的"奴隶起义"。

第三，劳动致富观。资本主义价值观中的劳动致富观也起源于怨恨。历史上，私有产权总是被溯源于占有、战争、馈赠、长子或长女继承权等，但劳动致富观认为，私有产权应该源于物质劳动，而非源于占有或其他。舍勒认为，劳动致富观的这种"理论"源于劳动阶级嫉妒不劳而获地取得财产的集团，因此，才把这些集团的财产权说成原则上是虚构的，或解释为一种人们有"权"摆脱掉的强权局势的后果。可见，劳动致富观也是源于对贵族生活的怨恨，源于对不劳而获的取得财产的集团的

---

① [德]马克斯·舍勒：《资本主义的未来》，罗悌伦等译，生活·读书·新知三联书店1997年版，第17页。
② 刘小枫：《现代性社会理论绪论》，上海三联书店1998年版，第373页。

怨恨。

舍勒对资本主义精神的怨恨解释有他的片面性，但确实反映出舍勒的独特之处。

第二节 价值秩序的失衡——古代社会的遗憾

一 古代人类型及心性

按照舍勒，每个时代都会有自己独特的人的"类型"，这种"类型"的人赋予自己的时代以各种各样的价值偏好，例如艺术风格上的、政体上的、科学目标上的、农业和技术上的价值偏好等，这种特有的价值偏好系统构成了该时代的"精神风貌"，从而使该时代区别于其他时代。

从舍勒的字里行间，处处能感受到他对古代人类型的无限欣赏与礼赞，他把古代人类型描述为具有以下两个特点的人：第一，喜欢冒险和历险，具有未假思索的自我价值感，这种自我价值感洋溢于对世界及其自身品质丰富多彩的热爱之中，不嫉妒、不比较，自任于生活，只对触及人们位格领域的东西才持严肃态度，他们充分地、无条件地信赖存在和生活，根据他人的存在而非根据他人对整个人类社会的有用成就来评价他人。第二，善于观照、沉思，或沉迷在实际的意志行动中，他们信赖自己的天性及其内在和谐[①]。这种类型的人也就是松巴特笔下的前资本主义人：他们是自然人，没有头足倒立，双足牢牢站在大地上。

在《历史的心性形态中的宇宙同一感》一文中，舍勒详细分析了宇宙同一感在不同心性形态中的表现，为我们理解古代人的心性提供了素材。

何谓宇宙同一感？舍勒认为，当人把宇宙或世界视为被"一个"生命所穿透的总有机体，即在一种"机体学世界观"的指引下，将宇宙万物当成自然的"兄弟"、"同伴"、"朋友"，不是怀着俯视和怜悯的爱，而是目光对目光取平视的姿态，以同类相待时，他就可能与宇宙融为一体[②]。这就是宇宙同一感。在舍勒看来，历史上不同时代的人都有不同的

[①] 参见［德］马克斯·舍勒《资本主义的未来》，罗悌伦等译，生活·读书·新知三联书店1997年版，第23—24页。

[②] 参见［德］马克斯·舍勒《舍勒选集》，刘小枫选编，上海三联书店1999年版，第318—320页。

心性，从而出现了古代心性与现代心性的差异。而古代心性与现代心性的差异在某种程度上可以从古代与现代的人们是否拥有宇宙同一感来得到恰当的说明。舍勒在进行了详细的历史梳理的基础上，对古代人的宇宙同一感做出了自己的归纳，即古印度与万物同苦的消极宇宙同一感、古希腊与万物同乐的积极宇宙同一感。在消极宇宙同一感中，由于人和万物的存在价值均被否定掉了，最终必然导致对个体及其价值的爱的缺位；而在积极宇宙同一感中，人既能俯就低于自己的生命及物质存在，又能超拔于一切生命存在，趋向和追求最高价值的实现。但不管是消极的还是积极的宇宙同一感，在漫长的古代社会的大部分时间里，宇宙同一感是存在的。只是后来由于基督教的兴起，原始的宇宙同一感遭到严重破坏，人与自然的同一感丧失，代之而起的是人与耶稣基督的一体化。舍勒认为，只是在方济各那里，原始的宇宙同一感才得到了暂时的恢复。因为，方济各把基督教所特有的对作为父的上帝以及对上帝"之中"的弟兄和邻人的爱扩展到整个低于人的自然界，并使后者得以提升并透射出超自然者的光亮。但可惜的是，存在于方济各身上的这种心性形态在他之后的西方历史上就再也没有出现过。

由原始的宇宙同一感折射出来的古代人的心性形态，可以使我们大致领略到那个时代的人对精神生活的被动重视以及对神圣价值的追求与推崇。正是这种心性决定了古代人的价值追求呈现出不同于现代社会的特点。

二 古代人的价值追求

舍勒对古代人的价值追求没有做出正面论述，而且古代社会的历史跨度非常长，我们很难做出具有普遍性的整体概括。因此，我们就从中世纪说起。在下面的行文中，我们就把中世纪称为中古社会。中古社会也与舍勒所说的前资本主义时期比较吻合。中古社会是大家公认的西方历史上最黑暗的时期，不仅政治黑暗，精神奴役也非常严重。但从另外一个角度看，恰恰是政治上的不宽容和精神上的不自由，使得中古社会的人能够摒弃此岸生活而去寻求彼岸的精神超脱。所以，中古社会的人在价值追求上表现出不同于现代社会的内容和特点。

第一，过分看重精神价值而忽视了对实用价值的追求。

中古人虔信上帝，相信上帝是绝对完美无瑕的，是宇宙的主宰，而人是有罪的，但人可以通过对上帝的信仰和苦行禁欲而洗涤自己的罪行，拯救自己的灵魂。这样，在禁欲主义的导引下，在对来世幸福的期盼中，中古人能够做到一心向善，追求精神价值。这种追求方向使得中古人普遍感到精神有家园，生存有根基。所以，从社会学角度看，中古人的精神得到了较好的安顿，他们有自己的精神家园，他们的生存是脚踏实地的、有根基的，这与现代人的躁动不安、患得患失形成鲜明对照。但对实用价值的忽视也使得中古人的物质生存陷入了困境，这不能不说是一个遗憾。其深层次的原因在于中古人对价值秩序的内在结构及各种价值之间的平衡关系缺乏科学的认识，使得价值追求明显失衡而偏执一方。

第二，谦卑节制敬畏上帝有余，主宰自己掌管命运不足。

中古人是十分谦卑的，他们绝对不敢相信人类可以主宰自己的命运，相反，他们认为世间的一切都是由上帝主宰着的。他们既崇仰上帝的至善，又敬畏上帝的全智全能。正因为他们敬畏上帝，谦卑节制，故视骄傲为"七恶之首"[①]，这与现代人的狂妄形成鲜明对照。在今天的我们看来，中古人的谦卑敬畏没有错，错就错在：一方面，"过犹不及"，谦卑敬畏过了头，完全丧失了人的主体性、独立性和创造性，人不能主宰自己掌管命运，从而使人处于一种奴役和压迫的地位；另一方面，中古人的信仰有误。宇宙间并不存在什么值得敬畏的神灵，真正值得敬畏的是奥妙无穷的大自然。舍勒在他思想发展的晚期，由一神论转向了泛神论，说明他已经将追求景仰的上帝形象毁灭掉了，代之而起的是一种信仰。中古人在价值追求上的这种态度和趋向不能不说是又一个遗憾。

第三，德行观上的质性价值论否弃了德行进步的动力。

在中古社会，德行被认为是一种质性价值，是人生来具有的一种品质，故中古社会对德行的培养是超功利、脱离实践的，具体表现为德行培养与信仰上帝成为不可分割的统一体系，这种目标上的超验性使道德超越了任何俗世的利益而具有了崇高性，但随之带来的问题是：既然德行是与生具有的质性价值，那么，天生不具备某种德行的人永远不可能奢望德行的进步与提高。照此逻辑，岂不是强盗永远是强盗，小偷永远是小偷了。这种德行观从政治角度理解，实属维护宗教政治统治的一种道德学说，而

[①] 骄傲、贪婪、猜忌、愤怒、好色、贪食及懒惰。见卢风《启蒙之后——近代以来西方人价值追求的得与失》，湖南大学出版社2003年版，第16页。

从道德本身的发展来说，其积极意义在于使人的道德实践达到了目的与手段的统一，消极意义在于彻底否弃了德行进步的一切动力。就中古社会的历史发展来看，消极意义无疑是主要的，所以，这是中古社会人在价值追求上的又一遗憾。

总之，中古社会人的价值追求固然有其积极的一面，但从这种价值追求产生的社会文化背景考察，实属不得已而为之。其中，宗教文化起到了非常重要的导向作用。宗教文化视人欲为洪水猛兽，统治者和神学家们生怕人欲泛滥成灾，于是宗教文化努力把人对无限性的追求引导到精神领域。舍勒客观价值秩序内部要素之间的关系应该表现为较高价值统领较低价值，各种质性价值处于一种和谐、平衡关系当中，并且客观价值秩序在对价值事物世界的引导中要能使个人不仅得到感官享受而且得到灵魂的幸福，使整个社会不仅精神高昂而且物质充裕。一句话，平衡和谐的价值秩序才能保证和谐有序真正文明的社会秩序。但中古社会显然走到了极端，对精神价值的追求发展到了精神独裁，甚至出现精神上的不宽容和政治上的极权统治；对实用价值和感官价值的不充分重视导致科技落后、物欲低迷、科学知识极度匮乏。反映在人的生存状态上，用马克思的话来表达，就是以"人的依赖性"为其本质特征，"人的依赖性"既体现在人对社会共同体和对自然的依附，也体现在精神生活上对某种"神圣价值"的依赖。这说明在中古社会客观价值秩序明显处于失衡状态，这大概算是导致古代社会物质匮乏、文明瘸腿的原因之一吧！也是古代社会的遗憾。

第三节　价值秩序的颠倒——现代社会的无奈

对现代资本主义社会的批判是舍勒价值秩序理论分析社会的典范。在舍勒看来，现代人与古代人相比，人心发生了彻底改变，价值追求和价值评价也发生了根本变化。其深层原因在于价值秩序的颠倒，因此价值秩序的颠倒也就是现代资本主义社会的最大病根。价值秩序颠倒的悖谬与无奈充分说明，现代社会在取得巨大物质成就的同时，也存在某些方面的倒退。从一定意义上说，舍勒为我们发出了世纪前的警告，值得21世纪的人们掩卷沉思。

一　现代人类型与价值秩序的颠倒

现代社会也出现了不同于古代人的"类型",这就是舍勒揭示的现代人的类型——资产者,也可称为资本主义类型人。

对于资产者,舍勒从四个方面描述了其特征:

第一,与古代人相反,现代人害怕危险和冒险;他们有操心自己的精神,他们在一切事情中寻求"安稳"和"保险",寻求一切事物的规律性,计算一切东西;这种人必定自己去为自己挣得存在和价值,必定自己去通过成就来证明自己。第二,他们擅长比较,只有在比较的情形中的多才被感受为价值,因此,他们一心要超过别人。第三,他们操心、计算,因为手段而忘记目的自身的价值,因牢记"关系"而忘记事物的本质和所是。第四,他们因不信任自己的欲求生命,便建立起保险体系并通过它去控制和惩罚[1]。松巴特形象地把这种类型的人比作"脱离自然的、用手奔跑的人"。

我们注意到,在《资本主义的未来》一书中,舍勒还谈到了"无产者"的概念。无产者在他看来是一种通过财产利益联合起来的统一体,无产者精神仍然是一种共同态度,这种共同态度只是资本主义精神气质的一种特定变种,因为这种共同态度是由其受压迫的地位和处境决定的,他们的斗争无非是反对资产者的利益统一体,他们的活动没有也不可能脱离资本主义精神气质的浸润。所以,从精神气质上讲,无产者与资产者都属于现代人类型,而且无产者只是资产者的特定变种。

舍勒的现代人类型实际上描绘出现代化过程中一种超民族性的现代人的理念、精神气质和生存样式。对这种生存样式的人来说,世界不再是真实的、有机的"家园",不再是爱和冥思的对象,而是冷静计算和工作进取的对象。弗林斯在系统研究舍勒思想的基础上,对现代人的特点进一步做了系统描绘:现代人是那种对实现两种等级较低的价值很着迷的人;是那种对价值的可操纵性很着迷的人;是那种把机械控制的价值置于位格价值之上的人;是那种迷恋工作和事物的人。弗林斯认为,对两种较低价值等级的着迷使现代人变得自私自利并以自我为中心,对价值的可操纵性的

---

[1] 参见 [德] 马克斯·舍勒《资本主义的未来》,罗悌伦等译,生活·读书·新知三联书店1997年版,第23—24页。

着迷使现代人强烈渴望对周围环境中的事物和个人之间的关系进行控制,并动辄冠之奖赏或惩罚。把机械控制的价值置于位格价值之上使现代人越来越习惯于用外在的成功衡量一个人的价值而逐渐忽视了个人的内在品质,对工作和事物的迷恋使现代人在心理上会被无生命的物质所吸引。因此,在现代人那里,人与人之间是一种无言的紧张关系和竞争关系,而世界也仅仅是一个由各种可控制的零部件构成的有形的、机械的、可度量的和受因果关系支配的整体[①]。

由舍勒和弗林斯对现代人的描述中,可以清晰地看出现代人在价值追求上的最大特点就是:过分看重两种较低等级的价值而在一定程度上忽视了较高等级的价值。现代人价值追求的这种转向是非同小可的历史事件,它既带来了物质文明史上史诗般的辉煌,亦导致了极其可怕的后果。舍勒将现代人价值追求的特点概括为"价值的颠覆"。"价值的颠覆"集中体现了价值秩序的颠倒或虚无化,主要表现在以下四个方面:

(1) 自我获得的价值凌驾质性价值。质性价值就是第二章论及的客观价值,它是事物基于自身存在的价值,而自我获得的价值是指通过劳动获得的价值或通过攀比把握到的价值。中古社会无论在道德领域还是在其他领域,都非常重视质性价值,也就是讲究"资质"和"品性",但现代社会,由于劳动成为社会活动的中心,攀比和竞争成为社会的普遍心理类型,使得现代人越来越不关心质性价值,而只关心通过劳动而自我获得的价值和通过与他人比较而获得的攀比价值。现代价值观认为价值只因属于作为个体的人通过自己的力量和劳动而获得的品质和行为,而且这种自我获得的价值在量上是可以比较的,只有在与他人比较的过程中出现的差异才被感受为价值,舍勒深刻地指出:"只有一个阶段的超过其他阶段的剩余价值才进入价值理解的意识,就是说,任何阶段都再没有自己特别的本身价值和独特意义了。"[②] 这使得过去以质性价值为中心的价值评价体系全部失效,其结果,一方面是竞争制度成为社会的灵魂,另一方面是"巨大数量对质量的支配"和"平庸业绩对卓越品质的胜利"。舍勒认为"价值把握的这一结构同时又离弃了实质财富,自行转为首先是对'商

[①] 参考 [美] 曼弗雷德·S. 弗林斯《舍勒的心灵》,张志平、张任之译,上海三联书店2006年版,第180—181页。

[②] [德] 马克斯·舍勒:《价值的颠覆》,刘小枫编,罗悌伦、林克、曹卫东译,生活·读书·新知三联书店1997年版,第22页。

品'，亦即必须用币值来表达的交换客体的把握"。① 这里，货币恰恰为现代价值把握方式提供了基础。正因如此，舍勒借用马克思的流通公式来解释自我获得的价值对质性价值的颠倒："动机结构原先是：商品——货币——商品（马克思），现在变成：货币——商品——货币。"② 但反过来也可以说，舍勒对这一价值颠倒现象的分析，是将马克思的劳动价值论向精神价值领域的推广论证。

（2）价值的主观化理解对客观价值秩序的消解。现代社会价值观的颠倒还表现在价值的主观化理解对价值客观性的消解方面。价值的主观化理解即认为"价值，尤其是道德价值，都只是人的意识中的主观现象，离开人的意识，价值就不存在，就没有任何意义可言。价值不过是我们的欲望和感觉的影像而已。"③ 这种价值理解可能导致的结果是：要么为道德判断问题的极度混乱辩护，而得不出"确定的东西"；要么找一个代用品代替真正的价值客观性。不管哪种结果，都是通过改变价值观念的评价来否认客观的价值秩序，从而达到消解客观价值秩序的目的。

（3）有用价值凌驾生命价值。在客观价值秩序中，生命价值是高于有用价值的价值等级。某种事物如果具有令感官惬意的价值，舍勒就称之为"有用价值"，但他认为这种导致"惬意"的"有用"必须以"某一精神的本质"为条件："这种精神由生命的某种形式和组织而显出活力，生命组织本身又体现为某一生命价值的整体。"④ 这就是"生命价值"。也就是说，按照舍勒，惬意事物和有用事物的价值必须根据它是否提高生命价值来确定。但舍勒通过对现代社会价值状况的考察发现，现代价值序列最为深刻的变化就是生命价值已经隶属于有用价值，而且在变化过程中，这种隶属程度随工业精神和商业精神战胜军事和神学——形而上学精神而日益增强，并日益深入到最具体的价值观中。这是一种"价值观的彻底颠覆"，它起因于资本主义经济人特有的体验结构，即无限制的工作和营利冲动，而表现于"一种现代特有的禁欲主义"：职业工作重于生活技艺，创造效益的能力高于生命的纯表达，"高贵隶属于有用"。结果，

---

① ［德］马克斯·舍勒：《价值的颠覆》，刘小枫编，罗悌伦、林克、曹卫东译，生活·读书·新知三联书店1997年版，第21页。
② 同上书，第22页。
③ 同上书，第128页。
④ 同上书，第135—136页。

"有用劳动胜于享受惬意事物,成了现代道德的一条优先法则"①。舍勒对这种道德法则在生活中的表现做了非常细致的描述和发问:"于是,有用劳动干得越多,就会越加强对外部手段的享受,因而能享受的就越少。相反,为了实际的享受,生活较为丰富的人日益缺乏增进享受能力所需的手段,因为他们不允许自己同他人的劳动竞争,以便充分地享受。由此,现代文明面临这种趋势:最终谁都得不到现代文明生产的不计其数的惬意事物的好处。人们要问:渴念惬意事物,为之憔悴,并占有惬意事物的那种人,其实就是不能享受它们的人,本可享受它们的人又并未占有它们,那么,无休无止地生产这些惬意事物到底有什么意思?"② 他进一步指出:"带着劳动狂热,人们不断重新生产出惬意事物;在这种生产活动中,态度日益认真,精力投放日多,生命力的牺牲日增。享受如此艰辛地生产出来的事物,却被斥之为'坏',以同样猛烈的狂热弃置它们。这使现代文明显得特别'可笑'和'滑稽'。"③ 最后的结果是:"生意作为一种独立存在,其增长、繁荣以及盈利的上升,都已经变成了目的本身,结果,任何对人的福利和痛苦(包括他们自身的福利和痛苦)的回顾已完全消失。"④

(4)世俗价值对神圣价值的倒置。在舍勒的客观价值秩序结构中,神圣价值处于价值等级的顶端,是最高的价值等级。其次是精神价值、生命价值、实用价值和感官价值,这几个价值质性从涉及的价值载体来看,都属于世俗价值。显然,在舍勒的价值秩序里,神圣价值高于世俗价值。纵观人类历史,古代社会是对"神圣价值"的褒扬和对"世俗价值"的贬抑,前者被置于价值等级的顶端,后者尤其是自然功利和物质欲望,被置于价值等级的末端,强调人必须献身和皈依于神圣价值,压制物质欲望,才可获得安身立命之所。在这种价值秩序观的统领下,古代人在物质极度匮乏的情况下,确实寻得了一片精神乐土,生活有意义感。与此相对,现代社会却是一个不断"世俗化"的过程,在此,"一切等级的和固

---

① [德]马克斯·舍勒:《价值的颠覆》,刘小枫编,罗悌伦、林克、曹卫东译,生活·读书·新知三联书店1997年版,第138页。
② 同上书,第140页。
③ 同上。
④ 同上书,第27页。

定的东西都烟消云散了，一切神圣的东西都被亵渎了"①，世俗功利价值统治了整个世界，而神圣价值却被现代人置于价值秩序的末端或直接被遗忘消失，这就是世俗价值对神圣价值的倒置。

舍勒认为，现代社会价值秩序的颠倒，使得现代人相比古代人而言，在幸福的体验原则上明显有别。古代人的幸福原则是，以最低限度的惬意事物和有用事物去获取最大的惬意享受，而现代人恰恰相反：以最大程度的惬意事物和有用事物去获取最低限度的享受。因此，我们看到的是："哪里工作强度、工作量最大，享受能力和享受艺术就降低到可以想见的最低程度。不计其数的惬意刺激恰恰在扼杀享受的功能及其文化；周围环境越是五光十色、活泼欢快、嘈杂喧闹、充满刺激，人显得越少欢乐。面对快活事，悲戚戚的人根本不知从何快活。这便是我们大城市的娱乐'文化'的'意义'。"②

我们不禁要问：是什么导致了现代社会价值秩序的全面颠倒呢？舍勒通过对现代社会异化事实的揭示最终回答了价值秩序颠倒的根源。他认为："在现代文明的发展中，人之物、生命之机器、人想控制因而竭力用力学解释的自然，都变成了随心所欲地操纵人的主人；'物'日益聪明、强劲、美好、伟大，创造出物的人日益渺小、无关紧要，日益成为人自身机器中的一个齿轮。"③ 这一异化事实恰是价值观被彻底颠覆的结果，其根源正在于人类的贱民、最卑劣者、生命活力最低者的价值观获得了胜利，因而其根源正是怨恨。什么是怨恨？为什么它能颠倒价值秩序？它又是如何颠倒价值秩序的？这是接下来需要说明的问题。

二 价值秩序颠倒的根源及其机制

（一）怨恨是价值秩序颠倒的根源

为什么怨恨是颠倒客观价值秩序的根源？这要从怨恨本身说起。

怨恨（Ressentiment）一词源自法语。舍勒认为法语中的怨恨包含着两层含义："其一，在怨恨中涉及的是重视对他人做出的一种确定的情绪性反应的感受和咀嚼，这种咀嚼加深那一确定的情绪，并进入个体的中

---

① 《马克思恩格斯选集》，第1卷，人民出版社1995年版，第275页。
② ［德］马克斯·舍勒：《价值的颠覆》，刘小枫编，罗悌伦、林克、曹卫东译，生活·读书·新知三联书店1997年版，第141页。
③ 同上书，第161页。

枢，因而便使这一情绪逐渐脱离位格的表达范围和行动范围。其二，这个词也意味着，这种情绪之品质是消极的，即包含一种敌意的动态。"① 但在哲学中首次使用"怨恨"一词的是尼采。尼采从基督教道德与怨恨的关系中揭示了怨恨的含义："奴隶在道德上进行反抗伊始，怨恨本身变得富有创造性并且娩出价值，这种怨恨发自一些人，他们不能通过采取行动做出直接的反应，而只能以一种想象中的报复得到补偿。所有高贵的道德都产生于一种凯旋式的自我肯定，而奴隶道德则起始于对'外界'、对'他人'、对'非我'的否定：这种否定就是奴隶道德的创造性行动。这种从反方向寻求确定价值的行动——值得注意的是，这是向外界而不是向自身方向寻求价值——这就是一种怨恨。"② 舍勒根据尼采批判基督教道德的方法，试图通过分析怨恨的情感结构来达到厘清资本主义精神气质及其价值理念的目的。

那么，在舍勒看来，怨恨到底是什么呢？他认为："怨恨是一种有明确的前因后果的心灵自我毒害。这种自我毒害有一种持久的心态，它是因强抑某种情感波动和情绪激动，使其不得发泄而产生的情态：这种'强抑'的隐忍力通过系统训练而养成。其实，情感波动、情绪激动是正常的，属于人之天性的基本成分。这种自我毒害产生出某些持久的情态，形成确定样式的价值错觉和与此错觉相应的价值判断。"③ 这段话从情感上揭示了怨恨的具体含义，也是对价值秩序颠倒原因的总体描述。

首先，怨恨的产生有一个完整的过程。报复感、妒嫉、阴恶等情感波动和激动情绪是怨恨形成的起点；对上述情感波动和激动情绪的强抑和隐忍则是怨恨形成的关键环节。

舍勒认为，怨恨形成的第一个起点是报复冲动。报复冲动出现之前，必然经历过一次攻击或伤害，但受害者并没有马上对这种攻击或伤害做出反击反应，而是将直接萌发的对抗冲动以及与之相联系的愤怒、狂怒或盛怒躁动抑制住，或忍住一段时间哪怕是一小会儿，内心却在窃窃私语

---

① ［德］马克斯·舍勒：《价值的颠覆》，刘小枫编，罗悌伦、林克、曹卫东译，生活·读书·新知三联书店1997年版，第3—4页。

② 转引自［德］马克斯·舍勒《价值的颠覆》，刘小枫编，罗悌伦、林克、曹卫东译，生活·读书·新知三联书店1997年版，第5—6页。原文出自尼采《论道德的谱系》，周红译，三联出版社1992年版，第21页。

③ ［德］马克斯·舍勒：《价值的颠覆》，刘小枫编，罗悌伦、林克、曹卫东译，生活·读书·新知三联书店1997年版，第7页。

"走着瞧吧，后会有期"。这样，这一对抗反应就被推到下次或适宜的场合。舍勒分析，受伤害者之所以要抑制和隐忍，是考虑到如果直接做出反抗可能会失败。这种考虑与"不能"、"软弱"感相关。因而，报复冲动本身已经是一种基于无能体验的体验。由此看出，报复冲动的本质是"隐忍"和"以牙还牙"的情感意识，它绝不仅仅是一个单纯伴有激动情绪的对抗反应。所以，报复冲动是怨恨形成的最适宜的出发点。正因如此，罪犯身上通常并没有怨恨，因为"罪犯基本上是一种主动类型的人——仅这一点就说明罪犯没有怨恨。他并没有抑制他的仇恨、他的报复心、他的嫉妒、他的占有欲，而是让它们在犯罪活动中释放出去"。①

怨恨形成的第二个起点是妒嫉、醋意和争风。"妒嫉"通常源于无能感，而无能感与对某一财富的追求对立，因为这一财富已被别人占有。当这种对财富的追求与无能感之间的张力使人们对占有财富者产生一种仇视举动或仇恨行动时，就产生了一种错觉，即以为别人及其财产是我们一无所有的原因，此时无能与追求之间的张力才转化为妒嫉。所以，"妒嫉"在本质上是一种"无能"的特殊体验。舍勒认为当这种"无能"的特殊体验涉及无能获取的价值和财富时，妒嫉便导致怨恨的产生。因此，导致最强烈的怨恨产生的妒嫉是指向他人存在的妒嫉，即"一切我都可以原谅你：只是不能原谅你是你、是你这个人，只是不能原谅你这个人不是我，竟然'我'不是'你'"。② 所以，在妒嫉、醋意和争风情形中，"怨恨的根源都与一种特殊的、把自己与别人进行价值攀比的方式有关……一般来说，我们一直在将自我价值或我们的某一特性与别人身上的价值加以比较；每个人都在攀比：雅人和俗人、善人和恶人……一切妒嫉、一切沽名钓誉都浸透了这种攀比"。③ 在舍勒看来，雅人在比较之前体验价值，而俗人则在比较中或通过比较体验价值。不幸的是，现代社会大部分人都是"俗人"，即只能感受自身价值与他人价值比较后的"可能"差异，除此之外，在别人身上把握不到任何价值。舍勒指出，如果价值理解的这种类型成为一个社会中的主导类型，那么，"竞争制度"就成了这一社会的灵魂。这也算是舍勒对现代高度竞争的社会所做的一种解释吧！

---

① ［德］马克斯·舍勒：《价值的颠覆》，刘小枫编，罗悌伦、林克、曹卫东译，生活·读书·新知三联书店1997年版，第32页。
② 同上书，第16页。
③ 同上书，第17页。

从报复冲动出发，经由妒嫉发展到阴恶，已经到达了怨恨的边缘，但它们本身还不是怨恨。上述因素只在随后"既不会出现一种道德上的克制（比如报复中出现的真正的原谅），也不会出现诸如谩骂、挥舞拳头之类形之于外的举动（确切说是起伏心潮的相应表露）的情况下，才开始转化为怨恨"。① 怨恨产生的条件在于："这些情绪既在内心猛烈翻腾，又感到无法发泄出来，只好'咬牙强行隐忍'——这或是由于体力衰弱和精神懦弱，或是出于自己害怕和畏惧自己的情绪所针对的对象。"② 因而，在舍勒看来，怨恨首先表现在那些下层民众、被统治者或尊严被冒犯而又无力自卫的人身上。

舍勒认为，在所有团体和个人之中，怨恨形成的方式和程度与两个因素紧密相关。一是与所涉及的人的资质因素也就是人的体验结构相关。二是与人生活于其中的社会结构相关。但他认为，社会结构本身又是由当时占统治地位的人及其价值体验结构所传承的传统因素规定。所以，归根结底怨恨是与人的体验结构密切相关的。正因如此，舍勒分析怨恨主要是从人的体验结构入手的。

那么，社会结构与怨恨之间存在怎样的相关关系呢？

舍勒认为，当个体和群体的身份和社会角色认同与其在法律的、经济的、文化的社会既定秩序中的定位不相符，由此产生社会性的生存价值比较时，怨恨心态即会产生。舍勒分析道："群体的与宪政或'习俗'相应的法地位及其公共效力同群体的实际权力关系之间的差异越大，怨恨的心理动力就会积聚越多。关键不在于这些因素中的单独某一种，而在于两者的差异，在一种不仅是政治的，而且也是社会的、旨在均贫富的民主制度中，社会怨恨恐怕将是最小的。在一种有内在等级的社会制度下（比如印度曾有过的社会制度），或在一种等级森严的制度下，社会怨恨恐怕也会很小——事实上也很小。因而，忍无可忍、一触即发的怨恨必然蓄备在如下社会中：在这种社会中，比如在我们的社会中，随着实际权力、实际资产和实际教养出现极大差异，某种平等的政治权利和其他权利（确切地说是受到社会承认的、形式上的社会平等权利）便会不胫而走。在这

---

① ［德］马克斯·舍勒：《价值的颠覆》，刘小枫编，罗悌伦、林克、曹卫东译，生活·读书·新知三联书店1997年版，第10页。

② 同上。

一社会中，人人都有'权利'与别人相比，然而，'事实上又不能相比'。"① 这种社会结构必然会积聚强烈的怨恨。因此现代社会结构蕴含着怨恨产生的制度和观念条件。相比之下，传统的等级制社会恰恰限制了怨恨产生的一切可能条件，正如舍勒所言："十三世纪之前，中世纪农夫并没有与封建主攀比，手工业者不与骑士攀比，等等。农夫至多与较为富裕或较有声望的农夫攀比；就是说，每个人都只在他的等级的范围内攀比。"② 因此说现代资本主义社会的精神实质是"怨恨"。怨恨作为一种人类"心灵自我毒害"的消极情感，被舍勒称为"人类心灵的毒素"和"没落的生命"现象之一，已经成为和谐社会秩序构建的情感障碍。舍勒认为第一次世界大战就是这种"心灵毒素"的猛烈爆发。从这个意义上说，化解和消除怨恨才是构建和谐社会秩序的根本之举。这既是舍勒的怨恨理论对我们的有益启示，也是舍勒着手谋划未来新社会的入口。

那么，怨恨是如何扭曲价值、颠倒价值秩序的呢？

（二）怨恨颠倒价值秩序的内在机制

怨恨颠倒客观的价值秩序，是通过扭曲正常的价值感受、伪造价值图表、呈现价值假象而使价值变形来实现的。

首先是扭曲正常的价值感受。舍勒认为，当一个人一旦出现某种强烈的欲求，又感到没有能力随心所欲地将此欲求付诸行动时，意识中就会出现一种意向，那就是通过贬低、否定该欲求之物的正价值，以消除欲求与无能之间的紧张状态。舍勒把这种意向称之为紧张消解法则，其具体途径是：首先通过"为受制于怨恨的心灵状态赋予某物以虚幻的价值"，其次再对肯定价值本身进行贬低，直至将肯定价值变为否定价值，而将否定价值升格为肯定价值。这就是狐狸和酸葡萄的故事真正要告诉我们的东西。在这个故事当中，"甜"具有肯定价值，"酸"具有否定价值，狐狸偏爱肯定价值甚于否定价值，这是先天法则，也是真实的现实法则。当狐狸吃不到葡萄时，起初只是说"葡萄是酸的"，只是赋予欲求之物——葡萄以否定价值，但狐狸并没有否定"甜"与"酸"的价值属性，狐狸此时还具有正常的价值感受。随后，当一直想得到甜葡萄的狐狸，因自己实在无

---

① ［德］马克斯·舍勒《价值的颠覆》，刘小枫编，罗悌伦、林克、曹卫东译，生活·读书·新知三联书店 1997 年版，第 12—13 页。
② 同上书，第 20 页。

力获得甜葡萄,就只能选择酸葡萄。此时,狐狸处于怨恨就会违心地认为"甜"葡萄没什么好,"酸"葡萄才是最好的。这样,"甜"就从肯定价值变成了否定价值,而"酸"则从否定价值变成了肯定价值。在这里,狐狸的价值感受已经发生了扭曲。推而广之,作为一个怨恨者的人,其正常的价值感受被扭曲后,就不再仅仅对具有肯定价值之人进行贬低,而是对肯定价值进行贬低。这样,原本的肯定价值如勇敢、喜欢冒险等,就通过鲁莽、冒失等名词而变成否定价值,而原本的否定价值如胆怯、懦弱等就通过谦卑、谨慎等摇身一变成了肯定价值。所以舍勒说"能够基于怨恨的伦理价值判断从来就不是真实的,而是虚假的、基于价值假象的价值判断"[①]。

其次是伪造价值图表。伪造价值图表主要指对不同价值层次上的价值的错位。其具体途径是:首先把具有较高等级价值的人或事物贬低为具有较低等级价值的人或事物,随后再把等级较高的价值贬低为等级较低的价值。比如在拼命追求一个人的青睐和爱情而一无所获之后,便容易将追求之人降格为并不值得追求之人;在极力模仿某人的优雅和高贵而不成时,就很容易将优雅与高贵看作不实用的东西加以贬低。在这里,较高的价值与较低的价值在怨恨者那里还是清楚的,怨恨者只是赋予追求和模仿之人以较低价值,否定了追求与模仿之人,但并未否定价值间的秩序。但当怨恨者一而再、再而三地追求失败,不能获得较高价值时,他就转而对价值图表予以伪造,即把本该属于较高价值的价值放置到较低的层次上,而将原本较低的价值抬高到较高层次上。这时就发生了舍勒所说的"价值的颠覆",即价值秩序的颠倒。

在舍勒看来,怨恨者之所以要扭曲正常的价值感受并伪造价值图表,其目的主要是减弱他们对所追求之物及其价值的欲望,从而减小欲望同无能为力之间的紧张值,找回自己的生活感和力量感,重拾丢失的"信心"。

综上所述,在舍勒看来,怨恨之心才是现代社会价值秩序颠倒的真正根源。那么,重建价值秩序就必然从化解怨恨、修复人心入手。

---

① [德] 马克斯·舍勒:《价值的颠覆》,刘小枫编,罗悌伦、林克、曹卫东译,生活·读书·新知三联书店 1997 年版,第 43 页。

三 价值秩序颠倒的悖谬与无奈

现代社会价值秩序的颠倒不仅是价值世界的重大变化，而且更重要的也是人的现实生活世界的重大历史事件。我们不仅要看到它的正面意义，也要关注它给现代社会人的生活带来的悖谬与无奈。

从其正面意义来看，价值秩序的颠倒实现了社会发展价值目标从神本到人本的彻底转变，这有力地促进了人的解放，增强了人的主体性和独立性，为个人的发展营造了一个宽松的精神氛围。同时，整个社会对实用价值的普遍重视，也确实大大促进了社会物质文明的发展进程，使我们告别了缺衣少食的物质匮乏的历史阶段。但我们必须看到，价值秩序的颠倒对人类来说同时蕴含着巨大的悖谬与无奈：它在极大地解放和发展个人的同时，也导致了人的非确定性生存；它在创造辉煌的物质文明的同时，也造就了可怕的精神沙漠。

1. 悖谬与无奈之一：人的非确定性生存

人的非确定性生存在现实生活中具体表现为人的无根生存、焦虑生存和恐怖生存。

人的无根生存起源于世俗价值对神圣价值的倒置。这种倒置使得"一切神圣的东西都被亵渎"，导致"诸神的逃遁"和形上追求的缺失，必然使人处于一种因缺乏超越性追求向度而产生的飘零生存状态。现代社会，人们过分看重世俗性价值而轻视超越性价值，拼命追逐有限的物质财富而忽略了对精神财富的占有，把握住了暂时却失去了永恒。在西方文化熏陶下成长起来的萨特曾说："如果上帝不存在，一切都是容许的，因此人就变得孤苦伶仃了，因为他不论在自己的内心里或者在自身以外，都找不到可以依靠的东西。"① 无独有偶，在中国文化中成长起来的知识分子也有感而发："一个社会，只有相对的东西，没有绝对的东西，只有暂时的东西，没有永恒的东西，是非常危险的！它将使人陷入是是非非或无事无非之中，陷入荒诞不经和没有意义之中。"② 这一切说明，不管是西方文化还是东方文化，都非常关注人的生存基础，而且有责任意识的学者都

---

① ［法］让-保罗·萨特：《存在主义是一种人道主义》，周煦良、汤永宽译，上海译文出版社 2005 年版，第 11 页。

② 司马云杰：《文化悖论：关于文化价值悖谬及其超越的理论研究》，陕西人民出版社 2003 年版，第 3 页。

对当前人的无根生存状态深感忧虑。

人的焦虑生存是自我获得的价值凌驾质性价值的必然结果。一方面，看重自我获得的价值使人时时处处带着竞争心态和攀比心态去生活，唯恐比不上别人或落后别人，从而总是处于一种惶恐不安的生存状态。另一方面，受全球化和社会开放化的深刻影响，不管是生活在城市里的人，还是生活在乡村中的人，都获得了从身份到自我意识的全面解放。人的自由度空前扩大，个人走出狭小的共同体，个体对共同体的物质依赖和人身依赖消除了，由共同体的庇护所带来的安全感也一并消除了，但个体在全球化和在社会开放化的漂泊中深陷于认同危机之中。以上两方面的原因使人处于缺乏静谧内心生活、缺乏认同意识的焦虑生存状态。

人的恐怖生存是有用价值凌驾生命价值的结果。这是由于人际、国际、人与自然关系持续恶化后导致的各种天灾人祸不期而至，从而造成人惶惶不可终日的一种生存状态。一方面，世界形势的发展导致竞争加剧、贫富分化、文明冲突、政治摩擦，从而导致"怨恨"的产生并衍生出恐怖主义，恐怖主义是造成人的恐怖生存的直接原因。另一方面，由于人与大自然的关系全面失衡，自然开始全面报复人类，难以预料的危机和灾害频频出现，使人产生一种朝不保夕的生存危机意识，这是造成人的恐怖生存的主要原因。

2. 悖谬与无奈之二：精神生活的沙漠化

精神生活的沙漠化表现在三个方面：

第一，良知召唤系统全面瘫痪。按照舍勒的本意，每个人在特定的道德时刻，都有一个什么应当做或什么不应当做的内在的道德指导，这个指导就是"重大时刻的召唤"。"重大时刻的召唤"意味着在人的道德生活的任何重大时刻，个体的道德直观都能揭示出真正的爱的秩序和价值秩序。这时，一个独特的道德任务和行动就会被唤起，个体可以自由地让这发生或不发生，但个体会被数千个来自他个人的过去和未来的呼唤所充满，这时，如果放弃这个呼唤，它将永远不再让自身显现或者让自身被重新得到。[1] 舍勒认为这个重大时刻的召唤是沉默的，也是人一生最孤独的时刻，这就是良知的召唤。但在现代社会，存在于人的内心的本然的良知

---

[1] 参见［美］曼弗雷德·S. 弗林斯《舍勒的心灵》，张志平、张任之译，上海三联书店2006年版，第63—64页。

召唤系统已全面瘫痪,因为对实用价值和感官价值的过分偏爱,已经使客观价值秩序作为一个整体宣告消失,存留下来的等级较低的价值正在不断强化和完善各项制度、法律,但外在的管理和制约越是严密,人就越是通过算计得失、权衡利弊来采取行动,而不是按照本然的良知之召唤采取行动。久而久之,人的良知召唤系统就会变得迟钝甚至瘫痪。

第二,价值意识日益平面化。价值意识的平面化有两条路径:一是将较低的价值拔高与较高价值拉平;二是将较高的价值降低与较低的价值看齐。这第二种现象有人称之为"价值斩首"。价值的平面化现象几乎贯穿于整个历史进程,但在古代社会,人们倾向于走第一条路径,而在现代社会,人们明显地选择了第二条路径。换句话说,现代社会是一个价值斩首的时代。在这样的时代,承载着较高价值的行为总是被人从较低价值标准来衡量而变得不可理喻或者难以模仿,而承载着较低价值的行为则被人们疯狂效仿追捧,因此这个时代是一个嘲笑英雄痴迷偶像的时代。价值意识的平面化导致现代社会的价值评价也发生了微妙的变化:那些沉溺于更高的精神价值之中、诗意地栖居于世界之中而又不苛求世俗成功的人已经被边缘化,他所拥有的自身价值也被看轻;而那些能促进较低的感官价值、实用价值和生命价值实现增长和扩张的所谓世俗成功的人则成了社会大舞台的主角,他所拥有的自身价值也就被看重。如今,人们热衷于评选和追捧"首富"和"明星",而完全忽视他们其他方面的品质,其实就是价值平面化的现实表现。

第三,价值深度与幸福感一同丧失。现代社会,一方面,由于一切价值都以可量化的外在标准来衡量,这样,就不是感官价值在服务于生命价值,生命价值在服务于精神价值,而是反过来精神价值在服务于生命价值,生命价值在服务于感官价值。例如,知识、艺术与文化的经济化、商品化、产业化使它们越来越成为一种获取利润的工具和市场的奴隶,由此以来,艺术与文化就会变得急功近利或杂而不纯。换句话说,人创造承载精神价值的事物也常常出于其对感官价值或生命价值的需要。这样,一旦精神事物不能带来这方面的效益,就会遭到贬低、弃绝甚至扼杀,这就是现代社会价值深度的丧失。另一方面,对经济利益的片面追求使人更加重视自身的生命价值与感官价值,忽视了内在的精神价值与神圣价值,而人越是沉溺于感官价值或生命价值中,就越是感到欲壑难填或无法平静,因为失去了对精神价值和神圣价值的追求,人所得到的就只能是表面的满足，而不是内心的深层满足，从而陷入巨大的生存压力与意义失落的痛苦之中。放眼大都市的繁华与便捷，品味现代生活的舒适与奢华，人并没有变得更加幸福和满意，而是感到无能的痛苦与极大的逼迫。

正是由于现代社会价值秩序颠倒的悖谬与无奈，使得舍勒在批判现代社会的同时，提出了未来社会发展的根本方向——价值秩序的重建。

第四节　价值秩序的重建——未来社会的期盼

纵观整个人类社会的历史发展，价值秩序的失衡造成了古代社会的遗憾，价值秩序的颠倒造就了现代社会的无奈，那么，未来社会的期盼只能是价值秩序的重建。对未来社会的发展设想也是舍勒运用价值秩序理论分析社会的一次尝试，同时也从一个侧面反映出舍勒价值秩序理论的内在困境与局限。

一　修复人心是资本主义的未来出路

价值秩序颠倒造成的现代社会的无奈，必然使舍勒以他身处其中的资本主义为切入点，来展开对未来社会发展的谋划。所以，现代社会的未来，此时就是资本主义的未来。由于舍勒对资本主义类型人和资本主义精神气质的深入研究，使得他对资本主义没落条件的回答显得顺理成章。舍勒认为，"资本主义的没落同样也只有在这种类型之人失掉他们的法统之际才可指望；换言之：要么，在资产者的自身天性和在内在发展趋向中埋有其彻底灭亡的根芽，要么，他们的精神气质至少被另一不同类型的人的精神气质所取代，从而失去自己的法统"。① "不可能指望资本主义在现存经济财产的私有制、生产——分配制发生某种变化（这是所有社会主义政党所要求和期望的）之后会告消失。"② 无论是通过无产阶级革命一次性了结，还是通过经济生活内部的演变法则都不可能。因为在舍勒看来，有两个方面的原因决定了这种解决问题的思路是行不通的：其一，经济乃至工业制度是内在于资本主义文化制度这个统一体之中的不可分离的部

---

① ［德］马克斯·舍勒：《资本主义的未来》，罗悌伦等译，生活·读书·新知三联书店1997年版，第62页。
② 同上。

分，想把前者分离出来并指望从先改变经济制度从而达到"上层建筑"方面的制度改变注定是行不通的；其二，这种方法颠倒了资本主义类型的人及其精神与资本主义秩序之间的因果关系，以为资本主义类型的人及其精神是资本主义秩序的一种后果现象，而不是相反。此外，无产阶级曾被马克思视为能够把人类从资本主义制度下解放出来的阶级力量，但在舍勒看来，无产阶级既然是在资本主义的经济、文化制度中生成的，所谓无产阶级精神也就不过是资本主义精神"类型"的一个特定变种，无产阶级只是在反对占有财产又掌握权力的少数人上结成的经济利益统一体，他们总是在资本主义精神气质的活动空间的内部而非外部形成。资产者与无产者都是具有相同精神气质的类型人。指望通过无产阶级反对资产阶级的阶级斗争来推翻资本主义制度，是绝对没有希望的。

那么，能不能指望具有资本主义精神气质的类型人的数量减少来造成资本主义的没落呢？对此，舍勒的回答是："决定资本主义是持久还是没落的，只能是人口问题的质量方面，而不可能是其数量方面。"[1] 舍勒所谓的人口问题的质量方面是指生殖意志和"构成资本主义精神天禀的性格论遗传价值的传递"。从资产者类型本身的内在法则看，这两个方面都存在逐渐"减弱"的倾向。所以舍勒认为，资本主义在全世界的胜利进军也已开始碰到自己的内在边界，"眼光只需稍微敏锐一点，便可看到：我们已经满帆地驶进了社会主义体制国家的最初阶段；我们不得不在通往目标的道路上继续前行"[2]。舍勒所说的社会主义体制实际上是基督教社会主义，"继续前行"表明了舍勒在顺应资本主义精神气质自行改变的情况下，人为促进人心修复的决心与重建价值秩序的努力方向。在舍勒看来，资本主义能否走向一个光明的未来，关键在于资本主义精神气质能否得到根本的改善，至于想通过变革生产关系的革命来改造资本主义，那是不可行的。资本主义精神气质的改善从根本上取决于人心的修复是否可能。所以，如何修复人心就成为价值秩序重建的先决条件。

---

[1] [德]马克斯·舍勒：《资本主义的未来》，罗悌伦等译，生活·读书·新知三联书店1997年版，第71页。

[2] 同上书，第64—65页。

二　修复人心重建价值秩序的可能途径

（一）位格典范的塑造

舍勒认为，道德上的位格典范①性优越于其他两个为人们所熟悉的道德发展媒介："服从"和善良"意志"。位格典范能渗透到比行动更深的位格层面，即渗透到位格的道德品性和位格的爱与恨的个体方向中，从而真正改变一个人的道德品性，甚至使其脱胎换骨。原因就在于，道德典范性的价值对人在情感上的吸引力自由地吸引着位格产生行为"皈依"，并把它提升到更高的自我——价值层面，而不是"刻意"转变或"服从"的结果。

位格典范是以一种直接的、先天的方式触动心灵的。位格的典范性价值并不是通过有意识的反思和判断传染的。前理性的价值秩序是在爱的秩序中自身被给予的。道德典范就是与价值秩序通过情感先天地联系在一起的。位格之所以能"自由地"追随而不是服从道德上的典范性，原因就在于，位格在对这种价值典范性进行直接的、情感性的直觉中被深深触动。正是在这种自由的、无意的追随中，应然的结构开始转向价值秩序。在此过程中，位格经验到他自己的"所不应当是"。道德典范性使位格的内部核心厌恶他的所不应当是或所不应当为。显然，舍勒想把道德发展和个体改变的所有可能性建立在对位格的价值典范性进行直观所获得的现象学经验基础上。

那么，舍勒所说的位格典范到底是指什么？

位格典范是"图式"或轮廓。位格典范是纯粹的价值位格类型，是价值秩序的位格载体。位格典范的存在与价值的存在一样，是一种功能性存在，也就是说只有当纯粹的位格轮廓功能化于这个或那个历史时期中的这个或那个特殊位格"中"时，典范才能存在。不能把它们理解为经验地存在着，只有当它们"从历史中汲取营养、获得生机"，也即当它们的轮廓与某个位格的生命过程相结合时，它们才拥有功能性存在。与光谱性

---

①　"典范"、"榜样"和"楷模"是同一个词（vorbild）的不同翻译。"纯粹的价值人格类型"、"纯粹的位格典范"也就是实际的榜样、楷模的先天模式。《伦理学中的形式主义与质料的价值伦理学》712页上的一句话说得很清楚："如果这些价值人格类型及其等级秩序在实际的榜样中'得到实现'，那么榜样（客观上）便是好的；如果榜样一与这些价值人格类型及其等级秩序相违背，那么榜样就是坏的。"

的价值秩序一样，位格典范的各种类型就藏匿在各种各样具体的模范位格类型之后。这些光谱性的位格也像光谱性的价值秩序一样是"普遍"有效的。只有借助于位格典范，人类中的具体模范才获得了自己的形式。也可以说，位格典范为现实中的模范位格的产生提供了一个范围，正如价值秩序成为价值世界的先天游戏空间一样。

作为纯粹的轮廓，纯粹的位格典范完全属于人的精神本身。在舍勒看来，精神就其本身而言是"无能的"，除非它能具体地功能化于事物、事态及一般的现实当中。精神只在它自身的功能化过程中存在，"纯粹精神"、"纯粹意识"是不存在的。由此，他不仅把自己与胡塞尔现象学区别了开来，而且也从德国的唯心主义体系中区分出来。所以，舍勒承认纯粹的位格典范属于人的精神并不意味着心灵以柏拉图的方式内在地占有它们，恰恰相反，理想的位格典范"占有我们"，因为心灵独自无法生产它们。它们在它们的功能化中占有了作为具体位格的我们。人历史地理解他们自身的许多不同形式就是由这些图式或轮廓限定的。这些纯粹图式与具体位格的动态行为的差异，造成了实际位格与理想位格之间的差别。

舍勒根据每个价值等级的位格原型与价值秩序的对应关系，确立了五个理想的位格典范，由高到低分别是：圣人、天才、英雄、文明的舵手、生活艺术大师。在这个与价值秩序对应的位格典范序列中，存在着这样一条规律：按照由高到低的顺序，"想要"成为某个位格典范的意志作用的重要性是在渐次增强，模范在历史上的持续时间是在递减，而实际模范的数量和种类却是在递增。

在我们的日常生活中，存在大量真实的行为模范。他们是由不同的社会行业树立起来的，仅仅是为了赋予人以某种价值，即那种如果某人想被当成某项"活动"中受人尊重的分子他就必须采纳的价值，而且这些价值是可分的价值等级。社会正是根据成就和成功把他们挑选出来，并通过嘉奖使之得到尊重和提拔。但他们的道德品性和他们的可量化成就可能并不相称甚至相冲突。因此，人们对行为模范的追随不是发自内心的自由的吸引，而带有理性上的盘算或责任上的强制。这导致模范位格持续时间很短，正如舍勒所言：至多持续一二代人。而位格典范却拥有内在的道德价值和道德品性，并贯穿在其行为和行动的任何阶段。一个位格典范不依赖于可量化的记录和公众的称赞，这个位格的真正价值不在于这样的外在价值，而在于它能自动影响人们、牵引人们。自由追随位格典范的人们会把他们自己与位格典范进行比较，但这是主体间的、位格间的比较，是自发的而非理性刻意的比较。依舍勒的看法，正是这种位格间自发的比较行为构成了道德和谐与和睦的理想之路。

若干年前，英国作家王尔德曾经无限感慨地说："人生有两大悲剧：一个是得不到想要的东西，另一个是得到了想要的东西。"舍勒通过位格典范的设定试图给予我们的也许正是"我有理想，尚待实现"的人生追求和人心之境，这是一种充满期待和希望的喜剧生活，它使我们永远处于"得到"与"得不到"之间，让我们每个人永远"在路上"。

（二）懊悔情感的复苏

舍勒在《懊悔与重生》中开门见山地对懊悔做了这样的界说："在良知的动荡中，在良知的儆戒、规劝和谴责中，信仰之慧眼恒然凝视着一位不可见的无限的审判者的身影。"① 接下来进一步解释说："懊悔是这些良知动荡之一，它在本质上行使审判，并且与我们生命的过去相关。"②"懊悔不仅具有否定的谴责性作用，它也具有肯定的解放性的建构作用。"③由此看来，舍勒对懊悔的解读与阐释与现代哲学的惯常观点截然不同：他并没有将懊悔简单视为一种否定的毫不实用的多余行为，而是将懊悔视为人类良知的无形审判者；他并没有将懊悔片面看作灵魂的一种不和谐状态，而是同时将懊悔视为灵魂自我治愈的一种形式，就像躯体颤抖不仅仅是受寒的症状，同时也是保持体温的一种方式一样。具体来说，懊悔的作用表现在两个方面：一方面，任何懊悔都具有一种破坏力，因为它能根除位格之中的罪质存在、瓦解它的持续效力；另一方面，任何懊悔还具有一种重生的力量，或者说能够使人拥有一颗"新心"、成为一个"新人"。之所以有这样的双重作用，首先是因为在日常生活中，当我们认识到自己过去的"恶性"时，我们现在的自我就已经为此背上了沉重的包袱或者说充满了负罪感，但由于过去自我的恶性所固有的惯性或持续效力束缚、决定着现在自我的行动及愿望，所以负罪感并不能使人"痛改前非"，重新做人。只有通过懊悔行为斩断罪过的持续效力，使自己从罪过之强力的束缚中解放出来，人才能痛改前非，使生命重新拥有一个无罪的开端。其

---

① ［德］马克斯·舍勒：《舍勒选集》，刘小枫选编，上海三联书店1999年版，第674页。
② 同上书，第675页。
③ 同上书，第675—676页。

次，当人摆脱了过去罪过的束缚和限制时，他的自我存在本身就发生了彻底改变，他因此而充满了向善的决心，拥有了向善的自由，从而发现他过去所承担的罪责及其所处的价值存在层次不是必然的，并由此意识到他之解除过去罪过束缚、向一种更理想的价值王国及存在境域不断攀升的自由。需要说明的是，虽然这里分析的是纯粹个体的懊悔，但社会共同的懊悔也遵循同样的作用机制。

综上所述，不管是纯粹的个体懊悔还是社会共同的懊悔，都与客观价值秩序的自觉意识密切相关，并因此与德行的进步和社会历史的变迁紧密相关。正如舍勒所说："德行世界中最具有变革力量的不是乌托邦，而是懊悔。"① 不过，德行的进步并不是一种持续进步的进化发展过程，而是遵循着一条"衰亡与生成"的法则。用舍勒的话讲，"文化从创立、僵化到分裂，然后，其构造环节重新以懊悔的方式分解，并纳入一种新的创造性的重新孕育一切的精神和生命意志之中：这不仅是个体的小灵赖以生存的法则，而且是适用于历史的人类之大灵的生存法则"。② 也就是说，德行的进步并不是直线前进的，而是一个不断裂变、破碎又重新愈合、上升的曲折过程。的确，"懊悔摧毁，只是为了创造。懊悔破坏，只是为了建造"。"当懊悔似乎还在破坏之时，它已经悄悄开始建造。"③ 纵观人类的历史，懊悔曾经一次又一次地唤醒了人类精神从而使人获得重生、使社会发生变革。用舍勒的话来说，"懊悔行动曾经成为一种势不可当的潮流；曾经一代接一代地席卷各个民族和文化圈；曾经启迪冥顽和封闭的心灵，使之具有生命活力；曾经将世代积压的罪过驱逐出社会的总体生命；曾经照亮被人类的傲慢掩盖的人类史的过去；曾经将先前日趋狭窄的未来扩展为一幅前景远大的充满可能性的蓝图——并且由此奠定了道德的总体存在的重生。"④ 尤其是社会共同的懊悔构成了几乎所有伟大社会的历史变革的强大洪流。"早期基督教以其永不枯竭的懊悔的热泪，最大限度地更新了古代末期因追求享乐、权势和虚荣而冥顽的世界，为这个世界注入了新的青春感。""11世纪野蛮横行，甚嚣尘上，日益严重地威胁着生命，在此之后，又一次懊悔浪潮猛烈地席卷了欧洲的各个民族。这种懊悔粉碎了

---

① ［德］马克斯·舍勒：《舍勒选集》，刘小枫选编，上海三联书店1999年版，第699页。
② 同上书，第702页。
③ 同上书，第700页。
④ 同上书，第701—702页。

当时充满绝望的最后的乌托邦,因为世界末日即将来临,基督将重新降临。"① 作为亲历过第一次世界大战和使命感极强的思想家,舍勒更关注现代人的现在和未来。在他看来,不仅欧洲因第一次世界大战已经深陷巨大的罪过之中,而且整个人类时至现代又一次陷入了巨大的罪过之中。这种罪过的表现就是:"现代人几乎不再感觉到、但因此危害更大的罪过上自我欺骗;现代人靠无止境的工作(将纯粹的工作过程上升为一种绝对价值)来自我欺骗;或者通过投入纯粹享乐的感官感受世界来自我欺骗;现代人追求永远暂时的自然生命,这种生命将任何生命意义自动推延,把意义搁置到死亡、未来中,或'下一次'再说。然后又以'进步'意志和'进步'学说在逻辑和道义上为自己开脱。"② 这种罪过已发展到如此地步,以至于现代人没有勇气怀着赎罪的心情去感受、思考它,或把它当成一种精神状况和主观态度的咎由自取,而是把其当成纯粹客观的、自己不得不向之屈服的"环境"力量或一种新事物、一种外部强力、一种命运,并试图通过科学的理论去解释它。对于欧洲的罪过,舍勒认为不是"任何新的法律高见、任何政治家的良好意愿、任何'革命'以及任何'新派人物'"③,而是懊悔,才是形成欧洲联盟的国际政治新制度的唯一内在前提;对于现代整个人类的罪过,舍勒呼吁道:"请撕下你们'处境'的伪装面具,你们将发现隐藏在处境后面的罪过。"④

所以,罪过与懊悔不仅仅存在于个体灵魂当中,它们也是一种集体性、社会性、历史性的现象。懊悔使人拥有一颗"新心"、成为一个"新人",使社会历史翻开新的一页!

基于对懊悔的独特认识,舍勒认为现代社会价值颠倒的原因之一就在于现代人不懂得懊悔。因此复苏懊悔情感是修复人心、重建价值秩序、促进社会发展的正确途径。

(三)爱的共同体的构筑

舍勒认为现代社会价值秩序颠倒的另一重要原因就是世界缺乏"爱"。这里所说的爱当然不是日常生活意义上的感性之爱,如情爱、友爱、兄弟之爱等,而是专指精神之爱尤其是位格之爱。这种爱原初是指对

---

① [德]马克斯·舍勒:《舍勒选集》,刘小枫选编,上海三联书店1999年版,第702页。
② 同上书,第704页。
③ 同上书,第703页。
④ 同上。

上帝的爱。舍勒认为，对上帝的爱是认识其他一切事物的基础。这是因为，对上帝的爱同时也意味着与上帝一道爱他所创造的一切，包括人在内。对上帝的爱如果不包括对上帝所创造的一切事物的爱，这种爱只能是一种虚假的爱，它既不能使人认识上帝，也不能使人认识万物。在舍勒看来，对邻人的爱是与对上帝的爱一同设定的，对上帝的爱必然始终同时包含与上帝一起爱人乃至万物，即在爱上帝之中爱世界。爱上帝本身、爱邻人、爱一切造物，进而结成爱之共同体。但现代社会"爱"已被"怨恨"所代替，怨恨又是价值颠覆的真正原因，因此，重建价值秩序客观上要求构筑爱的共同体，这也是舍勒倡导爱的真实价值旨趣。

舍勒所谓具有"爱的秩序"的"爱的共同体"本质上就是基督教的共同体，它来源于基督教的集体理念并内含三条定理，正是这三条定律在人身上的现实存在使得爱的共同体的构筑得以可能。

第一，人是共同体的存在。"人，即有精神的，有限的人格，与其他和自己同类的个人过着共同的生活。"① 这即是说，每一个人既是有自我意识、责任自负的现实个体，也是处身于某共同体的具有共同体意识、责任共负的现实成员。"从根本上说，人的存在既是独居，也是群居，即相互体验，共同活动。"② 这对于任何可能的有限性精神存在都有效。只要有精神本质存在，它便处身于共同体之中。"我"必定属于某个"我们"。这里的"我们"并不仅仅指某一自然的"生命群体"，更重要的是指人类精神的共同体。这一共同体有更为高级的起源，具有神性的精神。

第二，人有超越的要求。每一个体的灵魂核心中都有超越的要求，这就是超越一切有限、具体的世俗共同体，把任何一种具体实在的世俗共同体当作一个更广大、等级更高的精神共同体的"器官"，这种超越的要求也是一种理性规定的冲动。因为任何有限、具体的世俗共同体比如家庭、国家、民族等都不能在其历史中可能达到的任何程度上使我们的理性和心灵完全感到满足，因此，这个理性冲动"只可能在一个理念中得到它可能得到的完结和完全的满足，这个理念就是与一个无限的、精神的个人缔结爱的共同体，组成精神的集体"③。在这个精神集体当中，人的冲动和

---

① ［德］马克斯·舍勒：《舍勒选集》，刘小枫选编，上海三联书店1999年版，第820页。
② 同上。
③ 同上书，第823页。

思想的发展才安静下来，栖息于此。这一爱的共同体有赖于由共同信仰、共同希望、共同爱慕、共同负责构成的共契精神。

第三，人是道德责任共负的存在。"每一个人及每一个范围较窄的共同体，在他们作为某集体的'成员'之必然的身份中，是同等本真与责任自负的；他们在上帝面前，为在精神和道德方面涉及任何一个包容性的集体的境遇和行为的一切共同负责。"① 这即是说，每一个体不仅对自我良知负责，在共同体中以"成员"身份责任自负，而且还同时责任共负，对共同体承担责任。在舍勒看来，我们每个人对整个共同体的道德状况均负有责任。我们都天生地在上帝面前，以上帝为法官，彼此共同承担责任，只有这样缔结契约才有可能，契约的约束力才有保障。在舍勒充满宗教色彩的论述中所包含的真实有价值的思想是：我们每一个人必须有一种对共同体负责任的普遍价值精神，只有具备了这种普遍价值精神才有可能构成爱的共同体。在舍勒看来，近代以来伦理的根本缺陷就是丢失了对共同体负责任这一普遍价值精神。②

按照舍勒的设想，通过位格典范的塑造、懊悔情感的复苏和爱的共同体的构筑，人心将得以修复，客观独立先天的价值秩序将得以重建，现代资本主义社会将被扬弃，一种新的社会秩序——基督教社会主义将全面取代资本主义。那么，对于舍勒提出的基督教社会主义的社会建制理想，我们应该如何认识呢？

三　基督教社会主义及其批判与超越

在社会建制上，舍勒批判了资本主义以后，试图建立起社会主义，这就是舍勒所说的基督教社会主义。舍勒认为，社会主义有多种形式，马克思主义只是社会主义的一种形式，而基督教社会主义也是社会主义的一种形式。那么什么是社会主义呢？舍勒认为，根据社会主义的对立面来阐述社会主义概念是再贴切不过了。这些对立面主要有三个，即"个人主义"、"自由主义"以及"资本主义"。从纯粹逻辑学角度来看，同"社会主义"相对的首先是"个人主义"。而不论是社会主义还是个人主义，

---

① ［德］马克斯·舍勒：《舍勒选集》，刘小枫选编，上海三联书店1999年版，第825页。
② 张廷国、张任之：《舍勒的〈爱的秩序〉》［J/OL］．（2005 - 01 - 24）［2007 - 08 - 10］http://www.douban.com/group/topic/1027314/．

都具有双重意义：本质概念意义和历史意义。就本质概念意义而言，它们是指一些关于人类共同体观念的永恒原理；就历史意义而言，社会主义和个人主义是指两种历史性的相对要求，如果把这两种要求放到某个具体时代的社会现实关系当中并对万物加以改造，它们就能更好地适用自身赖以出发的实证观念。舍勒认为"基督教社会主义"的合法性依据关键是看我们是从第一个角度还是第二个角度去使用这个词。通过细致分析，舍勒认为基督教原理是介于社会主义和个人主义之"中"的，在本质概念意义上或者说永恒意义上是没有什么基督教社会主义可言的。只有在历史、实践和相对意义上才能讨论和个人主义相对立的"基督教社会主义"。

舍勒认为，迄今为止我们坚持的历史—实践社会主义立场主要有四种类型：乌托邦社会主义立场、马克思科学社会主义立场、带有浪漫色彩的反动——封建社会主义立场、实践和改革的社会主义立场。舍勒对上述四种社会主义立场均持否定态度，否定之后，他提出了自己的基本立场：基督教社会主义。那么什么是基督教社会主义呢？

首先，就其本质而言，基督教社会主义是一种精神气质，是一种不同于资本主义精神气质的崭新精神气质，这种精神气质具有"先知色彩"。舍勒借用宗教里的先知概念主要是想说明基督教社会主义者在对待当代社会和未来社会方面必须接受一种类似于先知的内在立场，即根据历史现实来推测社会主义[①]的到来，而不是预言社会主义的到来。基督教社会主义的精神根源于方济各的神学心性思想。方济各的心性特点在于，"它对一切存在物，包括在生死之间照亮了世界的我们自己的存在之光，都普遍充满了感激之情。在这种心性中，万物是与人和上帝'共在的'，而不是与人疏远的、摆在人面前供人操纵的对象"。[②] 即它把万事万物都经验为上帝馈赠给人的礼物而不是实用之物。因此，这种基督教先知社会主义认为，上帝不仅存在于人的精神和意志当中，上帝及其永恒天意和世俗统治也一同参与了此岸世界的历史发展的必然过程，先知之言是对充满鲜血、苦难的历史劫难提出的客观告诫；弗林斯认为，这种心性能纠正现代人的情感混乱，使人达到虽苦犹乐、虽贫亦足的生活境界，而这种乐和足则是

---

① 舍勒在这里所说的社会主义是指一定意义上的基督教社会主义。
② [美] 曼弗雷德·S. 弗林斯：《舍勒的心灵》，张志平、张任之译，上海三联书店2006年版，第176页。

所有欢乐和满足当中最大的欢乐、最高的满足。舍勒认为，基督教社会主义之所以充满"先知色彩"，原因就在于它知道从一切当下历史现实当中听取上帝的这种警戒之言，在于它从这种现实当中领会到的远远多于个别有限的偶然事实的总和：亦即领会了左右现实发展趋势的精神联系，而且，这种发展趋势本身还会沿着一条完全可以看清的方向继续向前。①

其次，从理论上讲，基督教社会主义在对待社会现实时试图实现理性算计与情感直观的融合统一。用舍勒的话说就是"基督教社会主义对社会现实充满了直观，它不仅试图对社会现实进行计算和分析，而且还想对之报以深深的同情，因此，它在确立其纲领的同时也遵循一种并非从历史，而是从善——恶、正义——非正义等永恒观念（马克思对这些观念持彻底否定态度）中提取出来的标准"。② 那么基督教社会主义的最佳实践时机是什么呢？对此，舍勒说："一旦历史现实的巨浪看上去似乎波及到了基督教原理的那些永恒星座，或者说历史现实的大浪看上去朝着其方向奔腾，那么，在基督教社会主义看来，此时此刻就是必须开始实践的关键和契机。"③ 这就是说，当现实社会的道德状况和整个精神状况已经遭到或者即将遭到冲击时，就是基督教社会主义大显身手之时。这就是舍勒在看到现代资本主义社会的精神危机时为我们提出的社会建制方案。因为按照舍勒对基督教社会主义的解释，基督教社会主义从西欧罪不可恕的历史现实中看到的不是所谓人性的进步运动和向上发展，而是欧洲的颓废以及西方文化面临的死亡威胁，所以拯救西方文化、重整欧洲精神的重任不能由资本主义或其他立场的社会主义来完成，而只能由基督教社会主义来完成。

那么，基督教社会主义真的能担当此历史重任吗？

显然，舍勒提出的基督教社会主义设想，是一种非经济、非政治的精神，尽管可以想象，但在现代社会环境里则是不可理解的，也是从未实现的一种新的乌托邦！一种新的社会秩序的形成，不仅需要思想观念、精神气质等"软件"，更需要各种各样的物质基础和制度保证等"硬件"，是软硬件共同发挥作用共同建构的结果。就软件建设来看，舍勒的思考和研

---

① 参见［德］马克斯·舍勒《舍勒选集》，刘小枫选编，上海三联书店1999年版，第1274页。

② 同上书，第1276页。

③ 同上。

究无疑是非常深刻的。尽管在舍勒的价值秩序理论中神学思想占据重要的支撑地位，但我们还是倾向于认为，他的基督教社会主义设想最终目的是想强调信仰、信念、精神支柱等在社会发展中的重要作用，而不是为了弘扬神学思想，他自己从初期的一神论到后期的泛神论的转变足以证明这一判断。这种社会发展设想与今天世界各国正在进行的各项政策谋划不期而遇。此外，基督教社会主义思想还认识到，人的自由活动空间以及人所能影响到的自由活动空间随着所有民族和文化圈越来越关注自身的命运而变得越来越小、越来越窄，这些思想也与当今社会现实高度契合。

第六章 价值秩序理论与马克思哲学的沟通交流

舍勒的价值秩序理论不仅给我们揭示出一个客观先天的价值世界及其内部秩序，而且更重要的为我们展示了价值秩序与社会秩序之间的关系，从而从一个方面解答了人心与社会的关系问题。整体来看，舍勒对价值的认识以及对社会秩序正当性的看法具有一定的合理性，但学界对舍勒价值秩序理论的责难和批评从来就没有停止，尤其当人们站在马克思主义实践唯物主义立场上来审视价值秩序理论时，总是倾向于给其简单冠以唯心主义与形而上学之名，然后将其"打入冷宫"，不予理睬。这种态度值得我们反思。其实，唯物主义与唯心主义只有在哲学基本问题上才有区别和对立，离开哲学基本问题的争论，在对价值及价值秩序的探讨上，在对自然界、社会及其发展变化规律的探索上，唯心主义与唯物主义并无本质区别，而只有视角和方法的不同。因此，本章不准备从哲学立场上对舍勒价值秩序理论与马克思主义进行比较，而只是从二者共同关注的社会秩序的正当性问题入手，揭示二者的不同研究视角以及对价值、社会的不同看法，在这种比较中寻求价值秩序理论与马克思哲学在当代沟通交流的可能，并试图为整个马克思主义的发展和创新寻找可能的空间，以推动马克思主义与时俱进。

第一节 关于社会秩序的一般理解

秩序是人类社会生存与发展的基本条件和重要保障。任何社会都是在一定的秩序轨迹上运行着的，社会历史时期的变迁实质上就是社会秩序的演变。所以，人类由古代到现代再到未来的社会历史变迁过程也就是社会秩序的演变过程。对社会秩序正当性的评判是社会哲学家的使命与责任，舍勒也不例外。而究竟如何评判社会秩序的正当性首先取决于对社会秩序的认识，包括什么是社会秩序、社会秩序的构成、社会秩序的内部关系等。

一　社会秩序的内涵与构成

对于社会秩序的内涵，目前学术界尚无统一而明确的认识，往往是不同的人从不同的方面有不同的解释。有人认为"社会秩序是指社会的有序状态或动态平衡"①，也有人认为社会秩序就是"社会得以聚结在一起的方式"②，这是两种具有代表性的论调，我们可以称之为状态论和方式论。人们在评价社会秩序是良好或混乱时，是从状态意义上讲的；而在诉说社会秩序的变迁时则是从方式论上讲的。我们认为状态论和方式论都只是抓住了社会秩序某一个方面的特征和内涵，没有揭示出社会秩序的完整内涵。在我们看来，社会秩序既表示构成社会的各个要素的构成方式和关联方式，也表征构成社会的各个要素内部即相互间的一种现时状态，是二者的有机统一。在此我们无意也无法给出社会秩序的准确定义，我们关注的重点是社会秩序本身的构成。

从社会秩序的内在构成要素来看，国内研究者认为一般有三个方面：社会实体、行为规则和社会权威。其中，社会实体构成社会秩序的物质载体，行为规则也即一定社会关系的抽象和概括，是社会秩序的具体内容，社会权威是社会秩序不可缺少的内在结构要素③。在这里，我们重点分析社会实体这个要素。作为社会秩序物质载体的社会实体，其形式有三种：社会组织（广义的社会组织）、个人和群体。社会组织应包括政治组织、经济组织、文化组织和狭义的社会组织，个人和群体实际上指涉的都是有生命、有意识、有感情的人。因为"各种秩序都必须找到它相应的社会载体，反过来说，各类社会实体总要生成某种秩序"④。所以，社会组织生成的是社会组织秩序，它属于有形的显性秩序，是外在于人的一种秩序；而处于一定社会关系中的有思想、有意识、有情感的个人和群体也要

---

① 胡守钧：《社会秩序的价值标准》，《探索与争鸣》，1996年第4期，第30页。
② ［美］李普塞特：《一致与冲突》，张华青等译，上海人民出版社1995年版，第12页。
③ 邢建国：《秩序论》，人民出版社1993年版，第23—46页。
④ 同上书，第26—27页。

生成自己的秩序，这就是思想的秩序、意识的秩序和情感的秩序，对于这些秩序，我们可以用舍勒所说的人心价值秩序来总括，人心价值秩序属于无形的隐性秩序，是内在于人的一种秩序。这样，我们可以按照社会秩序载体的不同，把社会秩序区分为社会组织秩序与人心价值秩序，也可以形象地称前者为硬秩序，称后者为软秩序。

综上所述，我们认为社会秩序可以划分为两个子秩序：社会组织秩序与人心价值秩序。这两个子秩序不仅构成社会整体秩序，而且是支配社会发展的两个重要力量。

从历史上看，我国古代早就认识到了支配社会的这两个子秩序的作用。儒家、法家、道家的国家治理思想和方式就集中体现了这一点。以老子为代表的道家主张无为而治，其实质就是贬抑社会组织秩序在国家治理中的作用，抬高由本然的人心体现出来的人心价值秩序的作用；以韩非为代表的法家主张以法治国，其实质是提倡将社会完全置于社会组织秩序的统治之下，一定程度上忽视了人心价值秩序的作用。道家和法家治理思想和方式的昙花一现以及国家治理实践的最终失败，说明不从社会秩序的整体出发而纯粹从一种秩序出发来建构治理方式方法，社会秩序不可能持久而稳固。与道家和法家不同，儒家提倡法治与德治的统一，也就是主张社会组织秩序与伦理秩序的统一，其实质是将社会组织秩序与人心价值秩序相结合来建构国家治理方式和社会管理模式，依此建立的社会秩序则稳固持久，这正是儒家思想能够在中国封建社会长期占据主流地位的原因。

历史的车轮驶入现代后，人们当然也看到了这两个子秩序的同时存在与巨大力量，现代社会，世界各国在不断健全各种社会组织及其秩序的同时，也日益重视和不断强化价值观教育和精神文明建设就是明证。生活于现代社会的马克思和舍勒，当然也不例外。但他们对两个子秩序在社会秩序存在和变迁中的地位和作用认识有差异，所以形成了各自不同的社会秩序正当性分析视角。

二 社会组织秩序与人心价值秩序的关系

社会组织秩序与人心价值秩序既有一致性，又相互区别，相互渗透，二者之间的协调与背离造就了整体社会秩序的发展演变。

二者的一致表现在：

首先，从形成目的来看，两种秩序都基于社会人的生存需要。人既是有生命的自然存在物,又是有意义的社会存在物,人不仅需要从自然和社会获取物质生活资料以维持自身的生存,也需要不断地追寻生命的意义和价值,所以两种秩序都是人的生存必不可少的,只不过社会组织秩序的形成更多地基于外在压力包括自然选择的压力,如结成一定的群体是为了对付自然界和其他群体,而人心价值秩序则更多地基于人内在的对意义和目的、理想、信念等的追求。

其次,从演进的方式来看,两者都经历了从"自生自发"到"人为建构"再到"自生自发与人为建构相统一"的过程。社会组织由小到大的成长、功能的日益强大和人类文化价值观由单一到多元的发展,进一步凸现了西方学者创立的"自生自发秩序"理论的片面性,因为"当群体很小时,秩序自发地产生是可能的;而当群体相当大时,秩序则不会自行出现"①。社会组织秩序与人心价值秩序的历史继承性和自然属性也消解了单纯的"人为建构秩序"观,最终走上了自生自发与人为建构相统一之路。

再次,从它们的存在特征来看,二者都一方面与人们有意识、有目的甚至是情绪化的活动联系在一起,必须反映作为主体的人的需要、愿望、情感和意志;另一方面,又应当是合目的与合规律的统一。② 换句话说,两种秩序都有情感之维和理性之维,这对社会组织秩序是比较容易理解的,而对于人心价值秩序来说,如何理解呢?人心价值秩序主要通过主体的价值体悟来把握。这种价值体悟要求主体"排除外物的干扰,排除主观的欲望、目的、动机及种种文化价值意识的控制,以极为虚静的心境去进行"③,这实际上就是通过"灵魂的眼睛"领悟事物的本质存在,或者说是用心灵去听、去想,用纯粹的意识支配直觉去感受、体验、把握事物的本质与价值存在。所谓纯粹的意识就是去除掉世俗的欲望、目的、动机后,经过精神的升华而达到的纯真的理性意识。用李泽厚的话说就是"在人的经验中又超经验的积淀本体和形上境界"、"在感性中积淀了的本

---

① 张宇燕:《民主的经济意义》,《经济民主与经济自由》,生活·读书·新知三联书店1997年版,第22页。
② 邹吉忠:《自由与秩序——制度价值研究》,北京师范大学出版社2003年版,第201页。
③ 司马云杰:《价值实现论:关于人的文化主体性及其价值实现的研究》,陕西人民出版社2003年版,第397页。

体理性"①,这就是第三章所说的情感理性,即帕斯卡尔表达的"心有其理"。在这里,情感与理性已经交融在一起,形成了一个密不可分的整体。

最后,两者的应然形态即理想形态可能是一元的,但实然形态却都具有多元性。其具体表现就是在不同领域、不同时代、不同国家和民族,社会组织秩序与人心价值秩序具有非常不同的具体形态。

从两者的区别来看,首先是存在的领域不同。社会组织秩序存在于主体人之外的一切共同体或组织中,如政治、经济、文化、社会性组织中;而人心价值秩序存在于主体人的内心中,用舍勒的话来讲,是一种"人心的秩序"或"爱的秩序"。其次是两种秩序相对于人的感受是不同的。社会组织秩序是一种人们能够借助自身的感觉器官在无意识中意识到、捕捉到的或者说可以经验到的事实;而人心价值秩序则必须借助特殊的价值体悟才能感受,因此它不是每个人都能经验到的,价值感觉能力对主体的元认知能力和反思能力都有特殊的要求。第三就是具体的构序方式不同。社会组织秩序的形成、巩固、灭亡从古到今经历了各种方式:战争、暴力、血统、道德、宗教、魅力、法律等,通俗地讲就是软硬兼施、情理交融;而人心价值秩序的形成和消解是排斥暴力和强力的,是愈强加愈排斥、愈消解愈加强的反向应答方式,人心价值秩序必须借助情感、历史、习俗来建立。比如辛亥革命推翻了封建社会的组织秩序,但未能改变深层的人心价值秩序;1949年新中国的诞生以及1956年社会主义改造的完成,标志着半封建半殖民地的社会组织秩序土崩瓦解,但封建、传统的人心价值秩序不可能彻底改变,可以说直至今日,传统的人心价值秩序仍然在影响着人们的心理、行为方式和精神面貌。

从相互关系来看,二者具有相互渗透、相互作用、相互影响的一面,也有相互背离的一面。人心价值秩序一旦形成,不仅可以独立存在,而且具有很强的渗透性,可以体现渗透在社会组织秩序中,去影响、引导社会组织秩序的发展方向和趋势;反过来说,社会组织秩序一旦建立,又会巩固、强化、主导、选择人心价值秩序的演变。两者的相互背离主要体现在现实表现出来的人心价值秩序有时不一定是有利于社会组织秩序的存续和发展的,而可能是摧毁其存在根基的人心力量。所以,社会组织秩序和人

---

① 李泽厚:《庄子美学札记》,《中国文化与中国哲学》,东方出版社1986年版,第93页。

心价值秩序统一于特定社会秩序结构中，二者之间既有依存关系，也有一定的张力关系。处理好二者之间的张力关系，使两种秩序保持和谐的动态平衡关系是社会秩序正当性的首要要求。

另外，从两种秩序本身来看，只有两种秩序都合理，才能保证社会秩序的正当性和合理性。社会组织秩序的合理性集中体现在社会各项制度设定能否实现人的全面发展；人心价值秩序的合理性集中体现在社会价值观念能否促进价值世界的有序发展，并保证社会成员价值判断、价值选择的正确性。人，尤其是现代人，是追问生命意义并渴望全面发展的存在物，他每时每刻生活于两种秩序之中。社会组织秩序制约人的生活，人心价值秩序决定、支配人的生活。从这个意义上讲，人心价值秩序是更深层次、更根本的秩序。人心价值秩序回答的是这样一个问题：作为一个人，一个社会，究竟是要过一种只追求物质享受、经验实在而没有精神理想的生活，还是要过一种在物质财富和科学技术发展的基础上，更加精神化、理想化，不仅追求物质享受，更追求精神超越的生活。现代社会究竟向哪一种方向发展变迁更具合理性，确实值得我们深思。

资本主义作为一种社会秩序，在其演进过程中出现了两个方面的突出问题：一方面是工具理性的过分张扬和人们对物质财富的无限贪婪，导致社会关系全面异化和"人的本质的灾难"，人的发展日益片面化，人变成非人；另一方面是价值理性及传统的文化价值被日益边缘化甚至消解，导致价值世界的失序和人心的失序。生活在不同时期的马克思和舍勒，有着共同的社会责任意识，他们都着眼于"社会秩序"，分别看到了资本主义社会秩序的两个突出问题，并从各自的视角出发极力认识社会、批判社会、改造社会。他们的理论功能不在于为现存社会秩序做辩护，而在于揭示现存社会秩序的内在矛盾和悖论，寻找社会秩序正当性、合理性的依据和社会秩序发展演变的动力源。他们从同一个问题出发，但由于视角不同，得出了截然不同的结论。

第二节　社会秩序的正当性：马克思与舍勒的不同分析视角

马克思和舍勒都生活在资本主义社会，他们对现存社会秩序正当性的认识和论证集中体现为对资本主义的认识、批判和改造。马克思对资本主义的认识、批判和改造主要以社会组织秩序为视角，同时兼顾人心价值秩序视角;而舍勒对资本主义的认识、批判和改造以人心价值秩序为视角。两人从不同的视角展开了对资本主义入木三分的批判和精辟的分析,形成了各自独具特色的社会批判理论,建立了社会秩序正当性、合理性的基本依据和社会秩序演变的动力学说。

一 马克思的社会组织秩序视角及与舍勒的不同

我们知道,马克思并未给"资本主义"下过明确的定义,但这并不意味着马克思对资本主义没有一个基本的认识。实际上,马克思对资本主义的认识包含着十分丰富和复杂的内涵,以至于我们今天说起资本主义来,可以从各个不同的方面去描述。但是,资本主义不管有多么丰富的内涵,无可置疑的是:资本主义的核心要义是一种政治制度、经济制度、社会制度。制度的基本功能就是形成和塑造秩序,由资本主义制度形塑的秩序就是本文说的资本主义社会组织秩序,但人心价值秩序是不是就是由制度形成和塑造的,在此不敢也很难断然下结论。从西方价值哲学和马克思主义价值哲学的现有研究进展来看,人心价值秩序既是一个相对独立又与社会组织秩序密切相关的领域。当然,在资本主义社会组织秩序与人心价值秩序何者在先的问题上,马克思与舍勒的看法是完全不同的。在马克思看来,"物质生活的生产方式制约着整个社会生活、政治生活和精神生活的过程"[1]。可以看出,在马克思的思想深处,是资本主义的社会组织秩序生成了资本主义的人心价值秩序,而不是资本主义的人心价值秩序生成了资本主义的社会组织秩序。因此,马克思把资本主义社会组织秩序看成资本主义社会的万恶之源,也注定了他对资本主义的批判主要是以资本主义的组织秩序批判为理论旨趣和实践指向。

马克思对资本主义的批判从历史时期来划分有五个阶段,分别以同期主要论著为批判的蓝本,即1844年的"巴黎手稿",《德意志意识形态》和《共产党宣言》,"1857—1858年经济学手稿",《资本论》,古代社会和人类学笔记[2],但从五个阶段的批判内容来看,则可以划分为三个批判

---

[1] 《马克思恩格斯选集》,第2卷,人民出版社1995年版,第32页。
[2] 雷龙乾:《马克思的现代性批判理论刍议——兼论"物的依赖性"》,《北京大学学报(哲学社会科学版)》,2007年第1期,第63—64页。

形态,即伦理批判、意识形态批判、政治经济学批判[1]。但无论是伦理批判,还是意识形态批判或政治经济学批判,批判的矛头、批判的固着点都是资本主义组织制度以及这种制度形塑的组织秩序。

马克思的伦理批判。马克思的伦理批判是借助异化理论展开的。马克思揭露了资本主义的一个最重要的特征,即资本主义按其本质而具有一种力量,能把人所创造的一切有价值的东西都变成它自己的反面,其突出表现就是:资本主义创造了巨大财富,却使世界大多数人陷入贫困;它创造了程序正义和形式平等,却又造成了愈演愈烈的实质性不正义和内容的不平等;它创造了空前繁盛的文化产业,却造成了现代人精神状况的极度贫乏。马克思用异化概括了这一事实,并认为异化体现了资本主义文明的一切罪恶,异化是使人变成非人、使价值变成非价值、使人丧失其本性的痼疾。为此,马克思认为为反对异化而进行斗争,就是为恢复人的本性和价值而进行斗争。而异化的根源是什么呢?马克思认为资本主义私有制是导致异化的最深刻的根源。所以,马克思对异化的批判体现的是对资本主义的伦理批判,而最终的落脚点是构成资本主义社会组织秩序的私有制。

马克思的意识形态批判。马克思通过深入分析资本主义提倡的自由、平等、博爱等价值理想与资本主义现实的矛盾,来揭露、批判资产阶级的政治理想、人权学说等意识形态的虚伪性。马克思明确指出:"统治阶级的思想在每一时代都是占统治地位的思想。这就是说,一个阶级是社会上占统治地位的物质力量,同时也是社会上占统治地位的精神力量。支配着物质生产资料的阶级,同时也支配着精神生产资料,因此,那些没有精神生产资料的人的思想,一般地是隶属于这个阶级的。占统治地位的思想不过是占统治地位的物质关系在观念上的表现,不过是以思想的形式表现出来的占统治地位的物质关系。"[2] "每一个企图取代旧统治阶级的新阶级,为了达到自己的目的不得不把自己的利益说成是社会全体成员的共同利益,就是说,这在观念上的表达就是:赋予自己的思想以普遍性的形式,把它们描绘成唯一合乎理性的有普遍意义的思想。"[3] 这样,资本主义"意识形态"的虚假性由此产生,因为它以"全人类"、"全社会"利益

---

[1] 郑元景:《从伦理、意识形态批判到政治经济学批判》,《福建农林大学学报(哲学社会科学版)》,2007年第2期,第77—82页。
[2] 《马克思恩格斯选集》,第1卷,人民出版社1995年版,第98页。
[3] 《马克思恩格斯选集》,第2卷,人民出版社1995年版,第100页。

第六章 价值秩序理论与马克思哲学的沟通交流

和理想的名义真实地表现着它所代表的那个阶级的阶级利益、价值理想。而理性法则和人道法则作为资本主义价值理想的两大基石，它的实质又如何呢？恩格斯接着马克思的话语一针见血地指出："这个理性的王国不过是资产阶级的理想化的王国；永恒的正义在资产阶级的司法中得到实现；平等归结为法律面前的资产阶级的平等；被宣布为最主要的人权之一的是资产阶级的所有权；而理性的国家、卢梭的社会契约在实践中表现为，而且也只能表现为资产阶级的民主共和国。"① 马克思和恩格斯的上述论述都给我们深刻地揭示出资本主义意识形态虚假性的最终根源，那就是内在于资本主义社会组织秩序的政治、经济、法律制度。

马克思的政治经济学批判。马克思对资本主义的政治经济学批判是建立在对资本主义生产方式和生产关系的全面而科学分析的基础上的。马克思指出："每一历史时代主要的经济生产方式与交换方式以及必然由此产生的社会结构，是该时代政治的和精神的历史所赖以确定的基础，并且只有从这一基础出发，这一历史才能得到说明。"② 他认为，资本主义生产方式一开始就有两个特征：第一，它生产的产品是商品。第二，剩余价值的生产是生产的直接目的和决定动机。第一个特征说明资本主义社会通过商品和货币形式，一方面推动了社会生产的发展，另一方面，把"为买而卖"的简单商品生产转变成了"为卖而买"的资本主义商品生产。"为卖而买"客观上造成生产和消费的脱离，主观上则造成了人和物关系的颠倒，以及人与人关系的全面异化。第二个特征说明生产资料与生产者的分离造成的雇佣劳动制度是资本主义生产的基础。这两个基本特征，使生产力和生产关系的矛盾在资本主义生产方式中集中表现为生产的社会化与生产资料的资本家私人占有之间的矛盾，这个矛盾是资本主义生产方式自身无法克服的内在矛盾。这一内在矛盾的发展不仅导致了无产阶级和资产阶级矛盾的尖锐化，而且也使个别企业生产的有组织性和整个社会生产的无政府状态的对立加剧，最终导致社会危机和经济危机的全面爆发。马克思认为，尽管资本主义想尽千方百计消除危机，但它最终不能自行解决各种内在矛盾，只有依靠无产阶级自觉的阶级斗争，消灭资本主义制度才能得到解决。这样，马克思就从对资本主义生产方式的内在矛盾的科学分析

---

① 恩格斯：《反杜林论》，人民出版社1999年版，第16页。
② 《马克思恩格斯选集》，第1卷，人民出版社1995年版，第257页。

中展开了对资本主义社会制度的批判。

需要说明的是,马克思在对资本主义进行社会组织秩序批判时,并没有忽视价值秩序的批判。他在《1844年经济学哲学手稿》中谈论货币的作用时曾谈到了资本主义社会价值秩序的颠倒问题。他写道:"我是什么和我能够做什么,决不是由我的个人特征决定的。我是丑的,但我能给我买到最美的女人。可见,我并不丑,因为丑的作用,丑的吓人的力量,被货币化为乌有了。我——就我的个人特征而言——是个跛子,可是货币使我获得二十四只脚;可见,我并不是跛子。我是一个邪恶的、不诚实的、没有良心的、没有头脑的人,可是货币是受尊敬的,因此,它的占有者也受尊敬。货币是最高的善,因此,它的占有者也是善的。"① "谁能买到勇气,谁就是勇敢的,即使他是胆小鬼。因为货币所交换的不是特定的品质,不是特定的事物,人的本质力量,而是人的、自然的整个对象世界,所以,从货币占有者的观点看来,货币能把任何特性和任何对象同其他任何即使与它相矛盾的特性和对象相交换,货币能使冰炭化为胶漆,能迫使仇敌互相亲吻。"② 不仅如此,货币还是一种颠倒黑白,混淆善恶的力量。"它把坚贞变成背叛,把爱变成恨,把德行变成恶行,把恶行变成德行,把奴隶变成主人,把主人变成奴隶,把愚蠢变成明智,把明智变成愚蠢。"③ 它把一切事物都混淆和颠倒了,从而造就了一个颠倒的世界:真正的价值在此变成了非价值,而非价值的东西在此反而以价值之物的面目出现,黑的变成白的,丑的变成美的,卑贱变成尊贵,懦夫变成勇士。不难看出,马克思在此给我们揭示了一幅完完全全的资本主义社会的价值全面颠倒的景象。但这种分析显然不是直接从人心价值秩序入手的,而是从已经转化为资本的货币入手。资本是资本主义社会组织秩序的内在逻辑,资本才是价值秩序颠倒的根源。

那么,资本为什么能够毁灭一切价值、破坏应有的价值秩序呢?对此,有学者分析了马克思笔下资本的两个破坏本性④,从而对这个问题做出了解答。首先,"资本"具有融化一切确定性、动摇稳定的价值信念的

---

① [德]马克思:《1844年经济学哲学手稿(3版)》,人民出版社2000年版,第143页。
② 同上书,第145页。
③ 同上。
④ 贺来:《马克思的哲学变革与价值虚无主义课题》,《复旦学报(社会科学版)》,2004年第6期,第15—16页。

冲动和本性，这一点破坏了价值秩序赖以确立的稳定的价值基础；其次，资本内在地蕴含着一种悖论式的荒谬逻辑，这种荒谬逻辑破坏了一切价值和价值秩序。

总之，马克思对资本主义社会价值秩序颠倒的认识最终还是追根溯源到社会组织秩序上。为此，马克思向资本主义开出的一剂良药也是通过社会革命，打碎资本主义社会秩序，建立新的社会秩序。马克思理想的新社会秩序，其初级阶段是社会主义社会，高级阶段是共产主义社会。马克思认为，在共产主义社会，人能够通过自己的对象性活动全面地占有自己的本质，全面地占有社会生产力，并实现对社会关系的真正控制。所以，在马克思看来，只有通过社会革命推翻资本主义制度，变革生产方式，才能实现社会秩序的变迁，从而扬弃"人的本质的灾难"。

舍勒对资本主义的理解、批判和改造思路与马克思截然不同。这在第四章已经做了详细的论述分析。马克思和舍勒对资本主义的认识、批判和改造思路的差异可以用表格汇总如下：

项目 人名	资本主义要义	资本主义批判	资本主义改造	社会秩序变迁动力
马克思	政治、经济制度 社会资本主义	社会组织秩序批判	社会革命，推翻资本主义制度，建立共产主义社会	社会革命 变革生产方式
舍勒	文化、生活制度： 心性资本主义	人心价值秩序批判	心性改良，不涉及资本主义制度，建立基督教社会主义	修复人心 重建价值秩序

总起来看，马克思和舍勒对于资本主义的理解、批判和改造思路，既折射出他们对生活于其中的资本主义的不同认识和精神体验，也反映出他们对资本主义的不同态度：马克思的激进革命态度，舍勒的保守妥协态度。但从他们身后资本主义的发展看，马克思的批判和革命鼓动没有"消灭"资本主义，而舍勒的批判和忠告也没能"治愈"资本主义的现代病。马克思之后的舍勒对马克思的历史理论和革命学说进行了猛烈的抨击，马克思虽然再也听不到看不到，但马克思主义的后继者也对舍勒的价值秩序理论和资本主义改良学说进行了还击，对此我们先不做定论性的评论。我们注意到的一个事实是，他们都瞄准了资本主义现代性的病症，而且都做出了富有深度的诊断、分析与批判。马克思的分析和批判抓住了根

本,切中了要害,但未能在价值秩序方面深入下去;舍勒的分析虽然不够全面,但仍然不失为一种非常深刻的批判理论。研究舍勒的价值秩序理论,就是要在辩证分析的基础上,认真汲取其思想精华,实现价值秩序理论与马克思哲学的沟通与交流,从而发展马克思主义理论。

在实现沟通与交流之前,有必要先分析马克思与舍勒不同视角差异的产生原因,这也是实现沟通与交流必须厘清的前提。

二 马克思与舍勒视角差异的产生原因分析

同样生活在现代资本主义社会,马克思和舍勒对现代社会秩序的主要评判视角却截然不同,原因何在?除了前面提到的他们对构成社会秩序的两个子秩序的地位作用认识上的差异外,还有两个方面的原因。

第一,对"社会"的理解不同。

"社会"是舍勒和马克思共同关注和着力研究的对象,但他们二人对"社会"的理解和透视角度完全不同。舍勒对社会的理解是一种现象学理解,与我们日常生活中所说的社会不同。在舍勒看来,人作为一种共同存在,有四种共在形式:人群(the mass)、生活共同体(life-community)、社会(society)、总体位格(encompassing person),而且这四种形式都不能独立存在,在时间上也没有先后之分,但在一个特定时代,总有一个居于支配地位。他认为,人群是通过心理传染而结合在一起的乌合之众,在其中,没有相互之间的理解和负责,人们的意识和良知处于麻木状态;以家庭、家族、部落、原住民以及非政治意义上的"民族"等形式出现的生活共同体,是通过同情感(fellow feeling)而结合在一起的休戚与共的共在形式,成员之间存在自然而然的理解、自然的忠诚、普遍而自发的相互信任、道德上的共同负责。人群与生活共同体之间的差异在于他们的持续性不同:人群是短暂的,人群中的人很快就会发现他们又生活在生活共同体的环境中。

舍勒认为,社会则是通过契约的制订人为地建立起来的人与人之间的关系,与生活共同体相比,在社会中缺少人与人之间的情感上的休戚与共,也缺乏共同负责,社会是一个自我负责的个人联合体。在生活共同体中,他者首先被经验为"一起生活"的人,自我和他人是相互渗透的,并存在着高度的共同负责。在社会中,他人不是首先被经验为共同生活的,而是被经验为异己的他者(alien-other)。这个异己的他者是与自我发生关系的可控制、可观察的对象,这样,充满他者的人的世界即社会也就成了可控制、可操纵、可观察的对象,社会也就具有了一种不同寻常的、和生活共同体的心性完全不同的心性:生活共同体所共享的主要是对生命价值的感受,而社会却是以那些最容易控制的价值等级如感官价值和实用价值为特征,至于精神价值和神圣价值都不是在他们各自的位格感受中被给予,而主要是以客观化的方式被给予,它们出现在批评性的和反思性的意识态度当中,它们变成了审视、论证、科学的和理论的研究以及圆桌讨论的对象①。由此看来,舍勒所说的社会虽然也是人的一种共在形式,但这种共在形式只是人与人之间的一种精神关系,而且这种精神关系先天地具有颠倒客观价值秩序或者说敞亮较低等级的价值,遮蔽较高等级的价值的弊端。从这个角度来讲,舍勒的内心应该是反对社会这种共在形式而提倡最高的共在形式——总体位格。总体位格,简单地说就是一种"由某种信念或基本的世界观联结在一起的精神领域"②,它包含着生活共同体和社会,但又克服了社会的弊端。鉴于对社会的上述认识,舍勒主要是从价值秩序视角来审理和反思现代社会秩序。

马克思对社会本质的认识是其唯物史观的核心,具体从两个方面展开:一是把社会"当作实践去理解"③;二是把社会看作一个"一切关系在其中同时存在而又互相依存的社会机体"④。马克思之所以把社会"当作实践去理解",是因为他看到了实践内在地包含着三重关系,即人与自然的关系、人与人的关系以及人与其精神的关系。而"社会不是由个人构成,而是表示这些个人彼此发生的那些联系和关系的总和"⑤。因而,实践构成了社会关系的发源地。马克思之所以把社会看作一个完整的有机体,是因为根源于实践、形成于人们之间交往活动的社会,已经变成了一个由经济制度、政治制度和文化价值制度构成的制度体系,这个制度体系具有一定的秩序和法则,并且具有自我更新、自我发展的能力。作为制度体系的社会,其根本的秩序和法则就是经济和政治制度决定并制约着文化

---

① 参见[美]曼弗雷德·S. 弗林斯《舍勒的心灵》,张志平、张任之译,上海三联书店2006年版,第97—113页。
② 同上书,第116页。
③ 《马克思恩格斯选集》,第1卷,人民出版社1995年版,第54页。
④ 同上书,第143页。
⑤ 《马克思恩格斯全集》,第46卷上,人民出版社1979年版,第220页。

价值制度，文化价值制度反作用于经济和政治制度。有研究者认为，社会本质的这两个方面是不可分割的统一关系，没有社会有机体的理解，对社会的理解就很容易沦落为肤浅的机械决定论，而没有对社会的实践理解，社会有机体最终会枯竭、干瘪，就很容易被精神化为空中楼阁[①]。的确，历史上形形色色的唯心史观和机械决定论之所以没能正确认识社会的本质，根本原因就在于没有把这两个方面统一起来。所以，在马克思看来，社会实际上是一个由根源于人类实践活动的经济、政治和文化制度构成的完整的有机体。也正是基于对社会的这种把握，马克思对社会秩序正当性的评判是从两个视角进行的：一是经济制度和政治制度等形塑的社会组织秩序视角，二是文化制度形塑的文化价值秩序视角。但这两个秩序在马克思那里不是平行等量关系，而是有主次之分。因为经济和政治制度决定并制约着文化制度，所以社会组织秩序是主导秩序。因而，马克思主要是从社会组织秩序视角来评判社会秩序的合理性、正当性。

第二，对价值的认识不同。

从上面的分析我们已经知道马克思也有价值秩序的分析视角，但由于他们对价值和价值秩序的认识不同，最终没能在这个问题上走到一起。

舍勒对价值和价值秩序的认识在前面已经讨论了很多，可以简要地把它描述为：价值是在人的精神直观中自身被给予的先天客观不可定义的现象学事实。这个事实领域先天地存在着一个高低等级秩序，这就是价值秩序。也就是说，在舍勒这里，价值和价值秩序都变成了一种"形而上"的存在，实际上是舍勒设定的一个具有绝对意义的永恒价值标准，借此评判现实社会秩序的正当性。所以，舍勒的价值观和价值秩序观具有客观性和绝对性，同时也是超现实、超社会、超历史的。

马克思对价值的认识不同于舍勒。他对价值的认识起源于经济领域，但最终从哲学上做了概括。马克思说："'价值'这个普遍的概念是从人们对待满足他们需要的外界物的关系中产生的"[②]，"是人们所利用的并表现了对人的需要的关系的物的属性"[③]。在这里，马克思把价值看作"关系"、"属性"等，意味着价值只有在社会关系中才能发生和存在，价值

[①] 参见周向军《壮丽的日出——马克思主义的社会哲学》，泰山出版社1998年版，第159页。

[②]《马克思恩格斯全集》，第19卷，人民出版社1963年版，第406页。

[③]《马克思恩格斯全集》，第26卷Ⅲ，人民出版社1974年版，第139页。

是现实的、相对的。所以，在马克思这里，价值是一种"形而下"的存在。更重要的，马克思认为价值作为一种反映主客体之间相互关系的范畴，最终受社会制度的决定和制约。所以，他对资本主义不仅从制度层面、社会组织秩序角度，也从价值角度进行批判。他这样来抨击资本主义社会秩序的黑暗和罪恶："我们彼此的价值就是我们彼此拥有的物品的价值……一个人本身对另一个人来说是某种没有价值的东西。"① "工人生产得越多，他能够消费的越少；他创造价值越多，他自己越没有价值、越低贱；工人的产品越完美，工人自己越畸形。"② 但我们注意到，马克思从价值视角进行的批判最终从属于制度批判和社会组织秩序批判，也就是把造成这一切的根源都归结于万恶的资本主义制度和组织秩序。

以上两个因素既造成了马克思与舍勒评判现代资本主义社会秩序的视角差异，也成为价值秩序理论与整个马克思哲学交流与沟通的可能性背景。

第三节 舍勒价值秩序理论与马克思哲学的沟通融合

舍勒价值秩序理论与马克思哲学看起来好像是绝然不相干的两种相反的理论，而且舍勒在其著作里也不止一次地反驳马克思的社会理论，但两种理论仍然存在沟通与交流的可能，这种可能性来自价值秩序理论得以建立的方法论——"面向现实本身"的精神直观，与马克思哲学所实现的伟大变革的相似，或者直接就是精神直观与实践方法论的相似，这种相似体现为精神直观和实践方法论都把人的现实生活作为自己关注和研究的对象，只是"现实"的外延不同罢了。舍勒的"现实"是精神生活现实，而马克思的"现实"是物质生活现实和精神生活现实的统一，在马克思看来，物质生活规定并制约着精神生活。这决定了舍勒关注的重点是人的精神生活领域，而马克思关注的重点是人的物质实践领域。舍勒从精神生活领域的现实出发，深入探讨了人的意识结构，最终揭示了客观先天独立的价值秩序；并以客观价值秩序反观现实，描绘出现代人价值颠覆和人心失序的整个图景。马克思从物质实践领域的现实出发，深入探讨了人类实

---

① 《马克思恩格斯全集》，第42卷，人民出版社1979年版，第37页。
② ［德］马克思：《1844年经济学哲学手稿（3版）》，人民出版社2000年版，第53页。

践活动的形式、内容、特点和方向，发现了作为实践基本形式的劳动的全面异化以及由其导致的人的异化和社会关系的全面异化，给我们描绘出一幅现代资本主义社会问题丛生、困难重重的末路镜像。可以说，马克思和舍勒都是从现代资本主义社会的"现实"问题出发的，目的都是要证伪而不是证实资本主义社会，批判而不是颂扬资本主义社会，改造而不是维护资本主义社会。只是他们的关注点不同，最终导致结论大相径庭。所以，在坚持马克思哲学基本立场、观点和方法的前提下，实现价值秩序理论与马克思哲学的沟通交流不仅是可能的，而且是必要的。我们将在此过程中体会到舍勒价值秩序理论的深刻与片面、贡献与局限，并为发展马克思主义开掘新的空间。

一 关于人的存在本质

通过前面的分析发现，不管是舍勒还是马克思，都十分重视人并切实从人出发来考察社会秩序。可以说，舍勒与马克思对社会秩序正当性的论证都以人的存在本质为逻辑前提。所以，二者之间的交流首先体现在关于人的存在本质的交流。

马克思认为，应当"从现实的、有生命的个人本身出发"[①]，在人的生命活动及其特殊性质中去探究人的本质。这是因为"一个种的全部特性、种的类特性就在于生命活动的性质"[②]。动物是在消极适应自然的过程中维持自己生存的，动物的存在方式就是其本能活动。与此不同，人是在利用工具积极改造自然的劳动过程中维持自己的生存和发展的。而劳动过程明显不同于动物本能活动之处就在于：劳动不仅是人与自然之间的物质变换过程，同时还是一个人与自然之间的观念变换过程，因为"劳动过程结束时得到的结果，在这个过程开始时就已经在劳动者的表象中存在着，即已经观念地存在着"[③]。因而，人的生命活动是有意识的活动。同时，劳动过程又离不开人与人之间的交往，因为人们"只有以一定的方式共同活动和互相交换其活动，才能进行生产。为了进行生产，人们相互之间便发生一定的联系和关系；只有在这些社会联系和社会关系的范围

[①] 马克思、恩格斯：《费尔巴哈》，人民出版社1988年版，第16页。
[②] 《马克思恩格斯全集》，第42卷，人民出版社1979年版，第96页。
[③] 《马克思恩格斯全集》，第23卷，人民出版社1972年版，第202页。

内,才会有他们对自然界的影响,才会有生产"①。可见,劳动包含着三重关系,即人与自然的关系、人与人的关系以及人与其精神的关系。正是这三重关系使人成为自然属性、社会属性和精神属性的统一体。在劳动中,人把自己从动物界提升了出来,人把自己与社会连在了一起,人把自己与他人区别了开来,这样,劳动就形成了人的类本质——自由自觉的活动,形成了人的社会本质——一切社会关系的总和,形成了人的个体本质——自由个性。一句话,劳动构成人的全面的本质。正如马克思所说:"个人怎样表现自己的生活,他们自己就是怎样。因此,他们是什么样的,这同他们的生产是一致的——既和他们生产什么一致,又和他们怎样生产一致。"② 可以说,人的全部秘密就在利用工具积极改造自然的劳动过程中。这是马克思对人的本质的整体认识。但马克思认为在人的三种属性中,社会属性是人的根本属性,人的本质"在其现实性上,它是一切社会关系的总和"③。这样,马克思从不同的方面完整地描绘了人的现实的、全面的本质,使得古老的斯芬克斯之谜在历史上得以科学解答。

舍勒也试图探讨"人的完整本质"。他把人看作生命冲动与精神活动的统一体,并从生命与精神的双向运动中考察人的本质,这一点确实有其合理性。因为人与动物的不同之处就在于人是有意识的存在,从这个意义上讲,人确实表现为生命与精神的双重存在本质。但舍勒同时认为,精神是比生命"高级的东西",精神属于高于生命而又不依赖于生命的自我意识领域,因而他认为精神与生命相比更堪称人的本质特性。与生命冲动相比较把精神定位为人的本质特性也具有一定的合理性,但这种定位只是把人和动植物区别了开来,并没有把人同人区别开来。主要原因在于舍勒几乎没有考察人与人之间的关系,也忽视了人与社会的关系,将人从社会中孤立出来,将精神从人和社会中剥离出来,其结果是:本来想要得到完整的人,最终得到的却是单个的人、片面的人和抽象的人。因此,与马克思对人的本质的全面认识相比,舍勒关于人的本质的认识显然不够全面。但不可否认的是,舍勒对人的精神内涵和特征的细致分析和精巧解释达到了马克思远未达到的程度,马克思主义的人学理论需要认证汲取舍勒关于人

---

① 《马克思恩格斯选集》,第 1 卷,人民出版社 1995 年版,第 344 页。
② 同上书,第 67—68 页。
③ 同上书,第 56 页。

的精神本质的认识成果,来丰富和发展自己。

从马克思主义的观点来看,人的现实存在和精神存在构成人的存在不可分隔的两个方面。作为现实存在,人区别于其他现实存在的本质在于人的社会性。那么,作为精神存在,人区别于其他精神存在如文化、宗教等的本质又是什么呢?舍勒关于人的本质学说为我们回答这个问题提供了很好的借鉴,值得深入思考挖掘。

二 关于价值的认识

前面分析的舍勒与马克思在价值认识上的差异,从另一个角度看,恰恰是二者可以交流与沟通的领域。概括地讲,舍勒的价值是"形而上"的本体性存在,他走的是一条主观的超越的价值研究路向;而马克思的价值是"形而下"的生成性存在,他走的是一条经验的实证的价值研究路向,这一研究路向至今影响着马克思主义价值论的研究。到底怎样认识价值才合理呢?在这个问题上,显然不能简单地肯定一方而否定另一方。我们认为,舍勒与马克思的交流与融合恰是形成科学认识的必要路径。(下面加入张老师的访谈观点)

从马克思对价值的定义来看,"需要"、"属性"、"关系"是其价值概念的关键词,主体客体关系是价值解释的基本框架,当今马克思主义价值理论对价值的解释和界定仍然没有跳出这一框架,即使对人生价值和人的价值的解释也是如此。这种对价值的定义和解释虽然能有效地引导人们的日常物质生活,却也引发了"拜金主义"和"消费主义"的大肆流行,成为社会生活领域滋生腐败堕落、自然环境领域产生生态危机的价值源头。但另一方面,马克思又给人们提出了崇高的具有超越性的价值理想和目标,如人的全面发展、和谐富裕的美好生活等。这样,对价值的实际把握与对价值的期望值之间就形成了一对矛盾,我们认为这是导致人们嘴上念着崇高,手里攥着庸俗的深刻原因。这一矛盾也就是所谓的"价值的'工具性'定义与价值的'本体论'承担之间的矛盾"[①]。由此看来,就马克思哲学对价值的解释和定义是难以说明现代社会普遍存在的伦理道德问题的价值论原因,解决不了现代社会业已存在的精神危机,也很难弄清

---

① 张曙光:《价值论研究:问题与出路》,《华中科技大学学报(人文社会科学版)》,2002年第4期,第2页。

人们生活的意义和价值之类的本体论任务，更不用说去揭示真善美的人格价值和道德价值了。那么，"价值的'本体论'承担"问题该怎么解决呢？这需要马克思哲学对舍勒价值秩序理论的视野开放，进而展开真正意义上的交流与沟通。

舍勒的价值秩序理论给我们揭示出一个超验的绝对的价值世界，是对价值的本体论研究。这里的"本体"当然是指人的安身立命之基，即对绝对价值的追求。也就是说，舍勒价值秩序理论的最终目的就是要为人寻求一个安身立命之所。那么，他的最终目的实现了吗？我们已经知道，他之所以能建立一个绝对、客观的价值体系和秩序，现象学的精神直观发挥了决定性作用。没有精神直观或精神体验，仅靠感性直观人永远只能获得经验世界的相对价值。但就是这种精神直观，恰恰成为舍勒价值秩序理论最薄弱、最容易受到攻击的环节，因为精神直观缺乏主体间的可证明性，具有神秘主义和主观独断的色彩，他所建立的价值秩序也因为失去了现实基础而成为空中楼阁，根本无力解决舍勒所说的价值相对主义问题，价值秩序理论本身也无法独自完成"价值的'本体论'承担"任务。这样，价值秩序理论在价值的超越性追求与价值的现实作用之间同样产生了自身难以逾越的鸿沟。怎么解决呢？这需要价值秩序理论向马克思哲学寻求现实养分。

从人类生活现实观照，超越性价值与经验性价值的统一正体现了人类生活的应然价值追求与实然价值追求的统一。因此，要避免价值问题上的经验实证和超验独断的两难，真正解决我们日常生活中存在的"价值的'工具性'定义与价值的'本体论'承担之间的矛盾"，就必须实现价值秩序理论与马克思哲学的沟通，在价值问题上实现形上与形下的统一，实质与形式的统一，超越与经验的统一。

三　关于社会秩序的演变

舍勒与马克思对社会秩序正当性的不同论证，使我们看到了社会组织秩序在马克思那里的绝对优先性以及人心价值秩序在舍勒那里的绝对优先性。所以，在马克思看来，社会秩序主要就是社会组织秩序，社会秩序的发生、演变也首先是从组织秩序的形成、变化开始；而在舍勒看来，社会秩序主要是一种人心价值秩序，人心价值秩序的正当性决定着社会秩序的正当性，社会秩序的发生、演变首先是从人心价值秩序的改变开始。在我国学术研究领域,这两种不同的解释模式早已经被定性为唯物史观与唯心史观的对立,在政治话语领域,马克思的解释模式无疑占据着主导地位,由此导致人们对舍勒人心价值秩序及其社会解释模式的长期忽视甚至蔑视。实际上,从马克思主义的发展历史考察,马克思主义就是在与形形色色唯心主义的斗争与较量中发展起来的。尤其值得注意的是,在社会秩序的发生和演变问题上,唯物史观与唯心史观并非水火不相容,而是存在着沟通与交流的可能空间。

从社会秩序发生和演变的前提来看,马克思认为,一切人类生存的第一个前提,也是一切历史的第一个前提是:"人们为了能够'创造历史',必须能够生活,但是为了生活,首先就需要吃喝住穿以及其他一些东西。因此第一个历史活动就是生产满足这些需要的资料,即生产物质生活本身。"① 这一体现唯物史观思想的经典论述所表达的主要是社会历史的"第一个"前提,也就是社会秩序的发生学前提。"生产物质生活本身"这个前提实际上涉及社会的政治生活、经济生活的方方面面,其中,由政治制度和经济制度形塑的社会组织秩序是这个物质生活的主要内容。而在舍勒看来,在社会秩序的现代演变中,人心价值秩序的现代转型比社会组织秩序的现代转型更为根本。换句话说,社会秩序的发生和演变是以人心的转变为前提的,这是舍勒的洞见。舍勒与马克思在这个问题上对话的可能基础就在于:社会秩序是社会组织秩序与人心价值秩序的和谐统一。但历史发展的事实雄辩地说明,任何社会历史的重大变革包括社会秩序的改变,都首先是从人心价值秩序的改变开始的。在我国,没有人民大众对民主与科学的普遍认同与接受,就不会有"五四"运动的兴起,没有马克思主义在中国的传播,就谈不上社会主义信念的确立,继而就没有新中国和社会主义制度的确立。这说明人心价值秩序一旦形成,就会成为影响、引导社会组织秩序形成、发展和变革的一股强大的力量。反过来说,社会组织秩序一旦建立,又会巩固、强化、主导、选择人心价值秩序的演变。二者在相互影响、相互促进的关系中共同存在、共同发展。我们的结论是:在坚持马克思哲学基本观点的前提下,应认真研究、吸收舍勒价值秩序理论的深刻之处,并以之来充实完善马克思主义理论。

从社会秩序发生和演变的动力来看,马克思认为生产方式的变化是根

---

① 《马克思恩格斯选集》,第1卷,人民出版社1995年版,第79页。

本动力,科学技术的进步是直接动力,阶级斗争是阶级社会发展的直接动力,而且,马克思还看到了社会意识对社会发展的巨大推动作用。但马克思始终坚持物质力量是根本力量,精神力量尽管有时能起到巨大的决定性作用,从归根结底的意义上看,还是要受物质力量的制约和决定。与马克思不同,舍勒认为人心价值秩序的转变才是社会秩序变化的根本动力并且是唯一动力。舍勒的伟大之处在于看到了人心所向对社会秩序存续的作用,片面之处在于他把人心力量归结为社会发展的唯一动力,显然走向了极端,也是舍勒的失察。究其原因,这与他所处社会的文化意识即基督教文化背景密切相关,所以,他所谓的纯粹意识并不纯粹,他所谓的纯粹精神直观很难做到不受客观社会存在的影响而达到"一无前提"。客观地说,社会秩序的变化是在多维动力组成的动力系统协同作用下来完成的,多个动力形成了恩格斯所说的"力的平行四边形",社会秩序的变化是"合力"的结果,其中,每个动力都发挥了一定的作用,但在不同的历史时期、不同的时代背景下,各个动力所处的地位、发挥的作用又有所不同。比如,在战争与革命时代,当阶级矛盾比较突出时,阶级斗争可能是主要动力,这时社会秩序的变化就必须通过暴力式社会革命完成;而在和平与发展时代,经济发展问题凸现时,生产方式尤其是科学技术就成为主要动力,这时社会秩序的变迁往往表现为科技革命;而当经济发展到一定程度,人们的精神生活出现问题时,人心的转变就成为主要动力,这时社会秩序的变化主要靠重建价值秩序,修复人心来进行。当然,马克思主义哲学关于主要矛盾与次要矛盾、矛盾的主要方面与次要方面的关系原理提醒我们,在对待社会秩序演变的动力问题上,应坚持两点论与重点论的统一,切不可单打一。这即是说,我们应坚持马克思主义的基本立场和观点,把物质动力放在首要地位,同时不要忽视精神动力的作用。

  舍勒价值秩序理论对人心价值秩序与社会秩序关系的探讨,尽管深刻与片面共存、洞见与失察同在,但确实为人们理解人心与社会之关系提供了独特的视角和富有深度的启示。美国著名哲学家乔纳森·贝内特(J. Bennett)在谈到哲学家的作用时曾说:"当一个杰出的哲学家用大胆的、不屈不挠的和充满智慧的方式来处理最棘手的问题时,即使他在大多数事情上都错了,我们仍然可以从他如何着手处理问题的方式方法上学到很多东西。"① 舍勒正是为我们理解最棘手的价值秩序问题和社会秩序的正当性问题提供了独特的方式方法，值得我们深入研究和挖掘。可惜的是，本研究只是一个初步的、概略式的研究，远未深入到舍勒思想的深处。尤其是舍勒价值秩序理论对我们今日价值秩序的构建能够起到怎样的作用、对构建和谐社会秩序的具体启示以及对发展和完善马克思主义的具体方向，都缺乏深入的挖掘和直接、正面的阐述，这些都是下一步有待解决的问题。

第四节 在沟通融合中认识舍勒价值秩序理论的贡献与局限

美国著名哲学家乔纳森·贝内特（J. Bennett）在谈到哲学家的作用时曾说："当一个杰出的哲学家用大胆的、不屈不挠的和充满智慧的方式来处理最棘手的问题时，即使他在大多数事情上都错了，我们仍然可以从他如何着手处理问题的方式方法上学到很多东西。"② 实际上，价值领域就是一个问题丛生的领域，价值秩序问题是一个非常棘手的问题，舍勒的价值秩序理论尽管从产生之日起就不断遭到来自各方的责难和批评，但舍勒正是为我们理解最棘手的价值秩序问题和社会秩序的正当性问题提供了独特的方式方法。我们通过对其与马克思理论的沟通融合的揭示，该理论本身的贡献与局限也就昭然若揭。

就价值秩序理论的贡献看，主要表现在以下三个方面：

第一，开辟了价值哲学研究的独特角度和方法论体系。自19世纪中叶开始，众多的哲学家们披荆斩棘，开辟出种种路径去探求价值王国的奥秘。在舍勒之前，有源于康德以洛采、文德尔班、李凯尔特为代表的先验主义价值哲学，有源于布伦塔诺以胡塞尔为代表的现象学价值论，也有以马克思为代表的马克思主义价值哲学。这些价值哲学理论的创立，运用不同的方法、从不同的方面对价值的本质、价值的认识、价值的功能等基本理论问题进行了探讨和回答，给后人留下了极其宝贵的理论财富和诸多深刻的启示。但是，始终没有人明确提出价值秩序这个重大问题，更谈不上

---

① ［美］乔纳森·贝内特：《45年工作的回顾》，欧阳康：《当代英美著名哲学家学术自述》，吴畏译，人民出版社2005年版，第32页。

② 同上。

深入探究价值秩序问题。在西方哲学史上,舍勒是第一个明确提出价值秩序问题的哲学家,他突破了心理主义倾向,立足于社会历史和文化思想史的宏观视野对价值秩序问题进行研究,不能不说是价值哲学研究的重大问题和独特角度。另外,从方法论体系来看,尽管胡塞尔创立了现象学方法并运用现象学方法研究价值问题,但毕竟现象学是一种以分析人类意识的内在的先验结构为主要内容的哲学理论,所以胡塞尔眼中的价值仍然是主体在意识活动中建构起来的一种观念。舍勒也是运用现象学的方式研究价值问题,但他不同于胡塞尔之处在于,他并没有将现象学看成一种研究方法,而是看作一种态度,即现象学态度。正是现象学态度规定了他对价值世界的审视方式和审视结果,虽然提供的答案正确与否存在着争议,但提出新问题是最有意义的,"理论最重要的作用之一,就在于我们能够问出新的问题、不同类型的问题"。① 仅凭舍勒提出的新问题以及他对现象学方法体系的扩展,就足以肯定他在价值哲学发展史上的重要地位和独特贡献。

第二,深化和拓宽了马克思对资本主义的批判,并为理解社会历史变迁提供了全新的视角。在舍勒把价值秩序理论应用于社会时,就为我们展示了一幅令人惊恐的有关资本主义时代的道德品味的画卷。在他看来,这种道德品味根源于现代人所特有的一种"心性"或"性情"。舍勒从社会秩序的历史发生学角度,分析了古代社会、现代社会、未来新社会变迁的规律,提出了价值秩序的改变比政治经济制度的改变更为根本的基本观点。因此,价值秩序理论不仅为我们理解、把握社会历史的变迁找到了一个新的视角,而且为我们认识现代资本主义社会的弊病提供了一个不同于马克思主义的着眼点。我们必须承认,他们都抓住了资本主义难题的一个主要方面。对于熟悉马克思主义理论的中国学生来说,舍勒的批判角度无疑为我们拓宽了视野,甚至可以说,舍勒的价值秩序理论深化和拓展了马克思对资本主义的批判。

第三,为尼古拉·哈特曼进一步探讨价值秩序问题提供了理论资源。尼古拉·哈特曼也是运用现象学方法研究价值问题的德国著名哲学家,他的价值哲学思想尤其是对价值秩序的进一步研究深受舍勒的影响,从一定

---

① 布莱恩·特纳:《社会理论指南(第2版)》,李康译,上海人民出版社2003年版,第609页。

意义上说,哈特曼的价值论是对舍勒价值哲学思想在内容上的展开和细化。

首先,哈特曼所说的价值不是自然主义所理解的实在的价值物,而是先验的、普遍的和理想的存在。哈特曼认为价值既是一种自在存在,具有超越性和永恒性,又是实质性的,脱离活生生的价值现象,价值自身就化为乌有。哈特曼还指出,价值不是被发明的,也不能为思维所直接把握,而只能靠一种内在的当下觉识所把握。① 这与舍勒的认识基本一致。但哈特曼对价值样式的划分,比舍勒的价值样式划分更为精致、更为系统、更为宏大。显然,这是在舍勒价值论基础上进一步展开和细化的结果。

其次,哈特曼认为价值秩序是价值高度的秩序与价值强度的秩序的统一。舍勒为我们揭示的五个价值样式之间的秩序其实只是价值高度的秩序,没有涉及价值强度。哈特曼则进一步发展了舍勒的价值秩序理论,提出了价值高度的秩序与价值强度的秩序相统一的价值秩序理论。哈特曼认为,在价值领域,价值高度越高,依赖性越强,越受限制,强度越小;价值高度越低,依赖性越弱,越不受限制,强度越大。正如他所说:"较高级价值始终是较受限制的、较依赖的并在此意义上是较弱的;只有就它依赖于较低价值的实现而言,它的实现才是可以想象的。但是,较不受限制的、较基本的并在此意义上较强力的价值始终是较低级的;它只是道德生活的一个根基,而不是其意义的一种实现。这同样可以说成:最严重的违背是对最低级价值的违背,但是,最阔的道德沙漠依附于最高级价值。"② 总之,在哈特曼看来,价值高度与价值强度在价值领域大致成反比关系。

价值秩序理论的局限主要表现在:

第一,与马克思辩证唯物地考察社会历史变迁不同,舍勒显然走向了极端。舍勒提出了一个正确的问题,却对这个问题进行了脱离现实生活实践的形而上的预设,虽然结论似乎合理,但始终未能获得大众的认同。究其原因,舍勒在价值和价值秩序的判定上,受到了他所处社会的文化意识即基督教文化意识的深深影响,他所谓的纯粹意识并不纯粹,而且他

---

① 参考李江凌《价值与兴趣:培里价值本质论研究》,中国社会科学出版社 2004 年版,第 36 页。

② Nicolai Hartmann. Ethics Volume 2:Moral phenomena, Translated by Stanton coit, New York:The Macmillan compang, 1931. 452、453. 转引自董世峰《价值:一种道德基础的建构——N. 哈特曼价值伦理学研究》,中山大学,2002 年,第 87 页。

"这种依据神性判定价值的做法,必定在褒扬人的精神生命的同时贬低人的世俗生活的价值并否定现代文明的正面意义"①,与现代人对社会历史变迁的进步上升的渴望和愿望背道而驰,也与马克思主义的社会历史理论相去甚远,自然为人们所不齿。

第二,价值秩序赖以成立的方法论支撑——精神直观法——缺乏主体间的可证明性,具有神秘主义和主观独断的色彩。尽管舍勒借助精神直观提出了一个很重要的问题,这个问题也体现了提出者强烈的现实关怀和社会责任意识,但建构方式上的明显缺陷,不仅使价值秩序的合法性成为问题,而且无力解决其"自我中心"式的价值相对主义问题,更无力解决价值理性与现实生活的矛盾问题。

第五节 对舍勒价值秩序理论的总体评价

第一,价值秩序理论在分析社会变迁动力方面深刻与偏激兼具。舍勒的价值秩序理论从现象学立场出发,对个体的人心、群体的精神气质做了深入细致的描述和分析,从而得出社会秩序的变化与人心变迁、精神气质的转变有本质性的关联。他认为现代现象是一场总体转变,既包括社会制度层面的结构转变,如国家组织、法律制度、经济体制等的转变,也包括精神气质即体验结构的转变,而体验结构的转变更为根本。这就是说,在舍勒看来,社会发展最终是由人心的变化和精神气质的改变引起并推动的。客观地看,深刻与偏激构成了舍勒理论的二重特性。其深刻之处在于他看到了精神力量在社会发展一定阶段的特殊重要性,而偏激之处在于他把精神力量归结为社会发展的终极原因和动力,复归了德国唯心主义历史传统。对于我们来说,如果能自觉剔除其中的极端成分,吸收其深刻之处,必定能够更加深入地理解并完善马克思主义的社会秩序变迁理论,从而对人类社会发展进行全方位的透视,更自觉、更有效地推动人类社会的发展与进步。

第二,价值秩序理论在价值的超越性追求与现实作用之间产生了难以逾越的鸿沟。舍勒的价值秩序理论给我们揭示出一个超验的绝对的价值世

---

① 张曙光:《价值论研究:问题与出路》,《华中科技大学学报(人文社会科学版)》,2002年第4期,第7页。

界，是对价值的本体论研究。这里的"本体"当然是指人的安身立命之基，即对绝对价值的追求。也就是说，舍勒价值秩序理论的最终目的就是要为人寻求一个安身立命之所。那么，他的最终目的实现了吗？我们已经知道，他之所以能建立一个绝对、客观的价值体系和秩序，现象学的精神直观发挥了决定性作用。没有精神直观或精神体验，仅靠感性直观人永远只能获得经验世界的相对价值。但就是这种精神直观，恰恰成为舍勒价值秩序理论最薄弱、最容易受到攻击的环节，因为精神直观缺乏主体间的可证明性，具有神秘主义和主观独断的色彩，他所建立的价值秩序也因为失去了现实基础而成为空中楼阁，根本无力解决舍勒所说的价值相对主义问题，价值秩序理论本身也无法独自完成"价值的'本体论'承担"任务。这样，价值秩序理论在价值的超越性追求与价值的现实作用之间同样产生了自身难以逾越的鸿沟。怎么解决呢？这需要价值秩序理论向马克思哲学寻求现实养分。从人类生活现实观照，超越性价值与经验性价值的统一正体现了人类生活的应然价值追求与实然价值追求的统一。因此，要避免价值问题上的经验实证和超验独断的两难，真正解决我们日常生活中存在的"价值的'工具性'定义与价值的'本体论'承担之间的矛盾"，就必须实现价值秩序理论与马克思哲学的沟通，在价值问题上实现形上与形下的统一，实质与形式的统一，超越与经验的统一。

第三，价值秩序理论的神学思想支撑与对信仰信念的弘扬，构成了一枚硬币的两面。对现代资本主义社会的批判是舍勒基于价值秩序理论进行现代性批判的典范，这必然使舍勒以他身处其中的资本主义为切入点，来展开对未来社会发展的谋划。在社会建制上，舍勒批判了资本主义以后，试图建立起社会主义，这就是舍勒所说的基督教社会主义。舍勒认为："基督教社会主义对社会现实充满了直观，它不仅试图对社会现实进行计算和分析，而且还想对之抱以深深的同情，因此，它在确立其纲领的同时也遵循一种并非从历史，而是从善——恶、正义——非正义等永恒观念（马克思对这些观念持彻底否定态度）中提取出来的标准。"那么基督教社会主义的最佳实践时机是什么呢？对此，舍勒说："一旦历史现实的巨浪看上去似乎波及了基督教原理的那些永恒星座，或者说历史现实的大浪看上去朝着其方向奔腾，那么，在基督教社会主义看来，此时此刻就是必须开始实践的关键和契机。"这就是说，当现实社会的道德状况和整个精神状况已经遭到或者即将遭到冲击时，就是基督教社会主义大显身手之时。这就是舍勒在看到现代资本主义社会的精神危机时为我们提出的社会建制方案。因为按照舍勒对基督教社会主义的解释，基督教社会主义从西欧罪不可恕的历史现实中看到的不是所谓人性的进步运动和向上发展，而是欧洲的颓废以及西方文化面临的死亡威胁，所以拯救西方文化、重整欧洲精神的重任不能由资本主义或其他立场的社会主义来完成，而只能由基督教社会主义来完成。那么，基督教社会主义真的能担当此历史重任吗？

显然，舍勒提出的基督教社会主义设想，是一种非经济、非政治的精神，尽管可以想象，但在现代社会环境里则是不可理解的，也是从未实现的一种新的乌托邦！一种新的社会秩序的形成，不仅需要思想观念、精神气质等"软件"，更需要各种各样的物质基础和制度保证等"硬件"，是软硬件共同发挥作用共同建构的结果。就软件建设来看，舍勒的思考和研究无疑是非常深刻的。尽管在舍勒的价值秩序理论中神学思想占据重要的支撑地位，但我们还是倾向于认为，他的基督教社会主义设想最终目的是想强调信仰、信念、精神支柱等在社会发展中的重要作用，而不是为了弘扬神学思想，他自己从初期的一神论到后期的泛神论的转变足以证明这一判断。这种社会发展设想与今天世界各国正在进行的各项政策谋划不期而遇。

第七章　舍勒价值秩序理论的当代启示

舍勒的价值秩序理论最终给我们揭示出这样一个道理：作为个体存在的人只有遵循心的逻辑去生活，才能实现其存在的本真意义，过上真正有德的生活；作为群体存在的社会，其文明与文化的发展、道德状况的优劣、社会秩序的和谐与否等都与特定历史阶段中的价值秩序密切相关。因此，要推动道德世界的进步，构建社会的文明秩序，就必须发挥本然的人心之力量，重建价值秩序。从这个意义上说，舍勒的价值秩序理论对思想政治教育工作和当代中国文明秩序的构建一定会有所启示。

第一节　舍勒价值秩序理论对思想政治教育的启示

思想政治教育的对象、目的、出发点和落脚点都是人，是要通过有目的、有计划的教育活动改变人的思想、观念、意识和行为，使其向着有利于社会发展与进步的方向变化。而人心无论是从生理学还是心理学来看，既是人的思想、观念和意识的寓所，反过来也是制约和影响人的思想、观念、意识和行为的重要因素。从舍勒的情感现象学来看，人心还是人的价值意识的源头。由此看来，舍勒的价值秩序理论对我们理解思想政治教育的一系列基本问题会有一定帮助和启示。

一　价值秩序与思想政治教育的问题和难题

首先，从价值秩序理论关注的问题来看，与思想政治教育着力解决的问题具有一致性。

对时代精神状况的关注和思虑是舍勒构建价值秩序理论的现实动因。舍勒生活的时代，是一个典型的转型时期：近代向现代的全面转型。这个时代的精神图景是混合、复杂的：旧的标准、准则、秩序、结构正在逐渐失效，新的标准、准则、秩序、结构亟需创造与重建；前有尼采对信仰世界、价值世界的强力摧毁，同时也有第一次世界大战的血腥屠杀和疯狂毁灭，由此出现基督教的式微、"价值的颠覆"和人的生存的严重危机。用海德格尔的话说，就是"世界黯迷下去，众神逃遁，大地解体，人变成群众，一切创造性和自由遭受憎恨和怀疑"。① 在中国，有的学者用"上不在天（心中毫无敬畏）、下不在地（人与自然关系的激烈冲突）、外不在人（人我关系的外在性）、内不在己（迷失了自己的本真的生存）"②来概括这种状况。正是这种状况预示了人的精神家园亟需新的思想、观念来指导与引领。舍勒对时代的精神状况有清楚的把握，他写道："各种征象表明，生活秩序在衰亡，而我们还在这种生活秩序的力量和方向之下生活。在这许多征象之中，我看到，最令人确信无疑的恐怕莫过于深深的陌化这一征象了。"③ 舍勒用"陌化"表征了马克思笔下"异化"的镜像，但更多地描绘出人心失序与价值颠覆的精神反常镜像，并对此深感忧心。可见，舍勒已经将时代的各种精神危机归罪于人心失序。从一定意义上说，当代思想政治教育关注的主要问题也是国人的精神危机。因为改革开放 30 年来，中国社会经历了由传统到现代、由封闭到开放、由一元到多元的深刻转型，整个社会发生了波澜壮阔、翻天覆地的变化。这场变化带给国人的不仅有物质生活的充裕和殷实等正面的影响，而且还有精神生活的日益沙漠化、道德水准的下降、价值虚无化等负面的影响，这种负面影响的突出表现就是在一定领域、一定范围的人身上存在真诚逃亡、良知隐逸、信仰缺失、追求低俗等现象。作为成人之学的思想政治教育当然要以重振国人的精神面貌、消除精神危机为己任，只有这样，才能从根本上为解决人的思想问题、促进人的全面发展奠定良好的精神基础。因此，就关注的时代问题而言，当代思想政治教育与舍勒的价值秩序理论不期而遇了。

其次，现代思想政治教育难题基本上可追根溯源于价值秩序。

---

① ［德］海德格尔：《形而上学导论》，熊伟、王庆节译，商务印书馆 1996 年版，第 41 页。
② 参考杨岚、张维真《中国当代人文精神的构建》，人民教育出版社 2003 年版，第 434 页。
③ ［德］马克斯·舍勒：《资本主义的未来》，罗悌伦等译，生活·读书·新知三联书店 1997 年版，第 1 页。

思想政治教育难题指的是思想政治教育所面对的外部环境的急剧变化对思想政治教育形成的挑战，以及思想政治教育对象面对新的挑战所产生的各种思想道德问题和困境。

进入 21 世纪，世界形势和国内形势都发生了深刻的变化。全球化向纵横两个方向继续深化扩展，民族文化一元化要求与世界文化多元化趋势之间的矛盾与冲突进一步加剧，政治霸权与政治多极化并存。世界形势的这些发展变化一方面预示了人类社会正在走向繁荣与进步，一方面又产生了众多问题，比如竞争加剧、贫富分化、文明冲突、政治摩擦等，最终导致世界范围内恐怖主义的产生，局部战争此起彼伏。从国内来看，社会转型全面铺开，人的物质生活水平进一步提高，科技突飞猛进，政治体制改革也在全面稳妥推进，人的民主意识进一步增强，等等。国内的发展也有两面性：一是看得见的进步，一是回避不了的问题。而所谓问题，一言以蔽之，就是西方已经经历过的作为后发现代化国家正在经历的"现代性问题"。现代性问题以及恐怖主义问题共同加剧了人的生存危机，以至于我们可以这样说：孤独的主体、浮躁的心态、忙碌的生活、无义的追寻共同构成了现代性境遇下人的生存镜像。这种镜像具体表现为人的四种生存状态，即无根生存、困惑生存、焦虑生存和恐怖生存。这给我们的思想政治教育工作带来极大的挑战。

人的无根生存、困惑生存、焦虑生存和恐怖生存归根结底是价值秩序的颠倒所致，即舍勒所说的实用价值凌驾生命价值，攀比价值凌驾质性价值，世俗价值对神圣价值的倒置。而价值秩序的颠倒是现代科学与哲学和信仰之间新型关系的一个真实写照，对此，舍勒这样评价："哲学与信仰和科学之间的新型关系颠倒了欧洲精神形态曾经达到的真正的关系，这种颠倒既深入彻底，又影响深远。但这只是构成市民阶级——资本主义核心的一切人价值秩序的内在颠倒和精神与心灵的失序这一更加广泛的现象中的一个特例。事实上，我们在此所见到的正是智性世界中的奴隶起义，它和道德领域里（单称个体主义反抗休戚与共原则，反抗生命价值，以及超越它们的功利价值反抗救赎价值）、制度中（主要是国家反抗教会，民族反抗国家，经济机构反抗民族和国家）、阶层中（阶级反抗阶层）、历史观中（技术主义和经济学历史论）、艺术中（目的思想反抗形式思想、手工艺术反抗高级艺术、导演戏剧反抗作家戏剧）等以下犯上的类似起义，构成了整个价值颠覆的统一症候学。"① 既然价值秩序的颠倒是当代思想政治教育难题的根源，那么要想提高思想政治教育的实效，使思想政治教育在构建一个和谐动态稳定的社会中发挥应有的作用，就必须从人的心性结构的调整，即价值秩序的寻觅出发，重新找到人的生存尺度，扬弃现代人的生存状态。

总之，只有从价值秩序出发，才能真正地理解人，这是现代思想政治教育的形而上学基础。因为，思想政治教育的最终目的并不是仅仅解决一个人要"做什么"的"行"的问题，还要解决人的一生应如何度过的本体论问题。价值秩序恰恰构成了思想政治教育的本体论基础。没有这个基础，思想政治教育就没有"根"，也就没有生命。

现在我们可以这样说：在我们的思想政治教育活动中，本应存在一种真诚的心灵谛听，存在一种缜密的精神审视，它指向理智的意愿、认知、判断所失之交臂的东西——价值秩序。

二　价值秩序与思想政治教育的价值和目标

首先，舍勒的价值秩序理论深化了人们对思想政治教育价值的认识。

关于思想政治教育的价值有多种说法，比如内在价值与外在价值、个体价值与社会价值、显性价值与隐性价值等。但不管从哪种划分来说，有一点是确定无疑的，即思想政治教育虽然不能解决人的物质生存问题，但它恰恰在解决人的意义生存问题上能够发挥无与伦比的作用。

人作为一个复杂的社会性存在物，他不仅需要各种物质维持和提高自身的生命存在，而且需要在这些基本的物质要求得到满足的同时有众多的精神财富支撑和发展他的"意义"存在。意义的坍塌将使人变成一个迷失方向的孤独的存在物。因此，无论单个的人还是社会，总是力图在一种客观性中规定自己，把自己置于一个客观体系之中，以获得某种确定性和位置感，并以此为参照系或标准来对自身的变化做出肯定或否定的评判，规范或弘扬人的现实的和未来的发展。从本质上来讲，意义问题体现了人类对自身存在的"终极关怀"，是人类生活的基本支柱，也是人的确定性生存的基本标志。

---

① ［德］马克斯·舍勒：《舍勒选集》，刘小枫主编，上海三联书店1999年版，第220—221页。

在社会转型到来之前的传统社会中，人们生活在一个相对封闭的社会环境中，各种错综复杂的关系将个人确定在稳定的社会组织中，个人总是归属于某个社会组织；另外，由于科技理性还未占据主导地位，各种各样的形而上学理性观依然盘踞人心。在西方，人们心中普遍有上帝，上帝就是人生存的价值和意义所在；在中国，以纲常伦理和宗法名分为核心的儒家文化给人们提供了一个庞大、完整、无所不包的意义价值系统，每个人都可以在社会中找到确定的身份和生存目的，因而普遍拥有充实感和意义感。所以，传统社会人的生存能够获得某种确定性。随着传统社会向现代社会的全面转型，一方面，原有的社会组织关系和人际关系发生了改变或者被打破，个人的身份获得了空前的解放和自由。在失去了组织依靠和确定的依赖关系后，人出现了所谓的认同危机。另一方面，社会转型带来的急剧变革动摇了旧的文化规范和价值系统，却未能及时建立起新的文化价值体系以匡正和扶持人们的意义要求。在西方，表现为基督教的式微和"价值的颠覆"，在中国，则表现为儒家文化的衰微和传统价值的失落，再加上现代西方价值观念的入侵，使国人陷入了极大的价值旋涡之中，从而导致不同程度的彷徨与困惑。所以，现代社会在帮助个人摆脱传统束缚的同时，也给每个人带来新的苦恼，使每个人随时面临更大的威胁。人生存的非确定性因素极大地增加了。这一切用弗洛姆的话说就是，"他自由了——也就是说，他孤独无助，备受各方威胁……天堂永远失去了，个人茕茕孑立，直面世界，仿佛一个陌生者置身于无边无际而又危险重重的世界里。新自由注定要产生一种深深的不安全、无能为力、怀疑、孤单与焦虑感"。[1] 今天，我们仔细斟酌舍勒的价值秩序理论，在剔除其过时、极端的成分后，我们会发现其中确有值得我们仔细回味和借鉴的成分。在我们看来，人的非确定性生存产生的最终根源就在于现代人对价值及其结构的简单化处理。不管如何诉说价值，价值是有它的内在体系和结构等级的，这一点在学界已形成共识。舍勒的价值秩序思想恰恰给我们提出了一个很值得深思的问题，那就是人作为追求无限的有限存在者，到底该如何恰当地处理世俗价值与超越价值、有限价值与无限价值、实用价值与生命价值、精神价值与生命价值等的关系。

---

[1] ［美］埃利希·弗洛姆：《逃避自由》，刘林海译，国际文化出版公司2000年版，第44—45页。

价值秩序为人们提供的是一个意义生存系统,或者说是一个信仰体系,其揭示的是民族精神结构问题,表征的是一个社会的精神风貌。我国是一个以马克思主义为主导意识形态的社会主义国家,曾经为并继续为西方社会提供意义生存系统或信仰体系的宗教,不可能成为大多数中国人的信仰之源;哲学作为"时代精神的精华"能否担当起重建社会的价值秩序、改善社会的精神风貌的重任呢?当然能。但哲学是对时代精神的高度提炼和抽象概括,在提供人的意义生存系统方面多少显得有点"大材小用"和"爱莫能助"。唯有以人的思想、意识、观念为具体对象的思想政治教育才能为人们提供具体的意义生存系统,而且如果能将思想政治教育与价值哲学结合起来,即实现思想政治教育的价值哲学转向,使思想政治教育直接担当构筑价值秩序的重任,思想政治教育本身的价值将得到进一步的彰显,无疑也将使思想政治教育获得发展的广度和深度。

意义生存的重要性决定了思想政治教育的不可或缺性。同时,现代社会人们对意义生存的遗忘与迷失又注定了思想政治教育的尴尬地位。其中,"思想政治教育无用"论就暴露出一部分人用物质生存问题的解决来要求思想政治教育的僭妄之意。思想政治教育的价值属于精神价值层级,它本质上就与实用价值无关,借口思想政治教育无用而全盘否定现行思想政治教育存在的合理性的看法从根本上混淆了精神价值和实用价值,暴露的是对价值和价值秩序的虚无态度。

从思想政治教育社会价值的实现来看,无论是推动社会发展进步还是塑造时代精神风貌,都必须以价值秩序为切入点;从思想政治教育个体价值的实现来看,要推动人的全面发展也必须从价值秩序入手,因为一个"心之紊乱"或"心之失序"的人不可能是一个全面发展的人。

其次,价值秩序理论拓宽了人们对思想政治教育价值目标的认识。

在现实生活中,思想政治教育常常被人们赋予太多形下的价值目标,但本质地看,思想政治教育不可能承载形下的价值目标,而理应承载形上的价值目标。

一是现代思想政治教育日益成为人的一种精神生存方式。当代法国思想家埃德加·莫林和安娜·布里吉特·凯恩说:"人类历来受到两种相反志向的吸引。一种具有外向性,即对外部世界的好奇心。这种好奇心体现为旅行、勘探和科学研究,今天则发展成对宇宙的探索。另一种则具有内向性,并发展为内心生活、思考和默想。自文明产生起,天文学家便把目光朝向天空,默想者则把关注转向自我。"① 但可惜的是,生活于现代社会的人越来越轻视"内心生活、思考和默想"的重要性,同时越来越重视对外部世界的探索以获得尽可能多的物质财富,上能升天,下能入地已不是梦想。但在自然对人类的无情报复更频繁、更猛烈、更不可预料的今天,人更需要不断地认同境遇,需要不断地抚慰生命自身,需要不断地思考人的意义,需要在自我审视中获得宁静、自由和关怀,以取得自身与社会的协调一致。所以在这种境况下,思想政治教育就是要唤起人的生命之思,使人从中获得自我审视的精神生存方式。

二是思想政治教育主要是人与外界实现意义关联的一种方式。马克思主义哲学认为,人是自然属性、社会属性和精神属性的统一。这里所说的"精神"其实就是人的意识和意志活动。马克思说:"动物是和它的生命活动直接同一的。它没有自己和自己的生命活动之间的区别。它就是这种生命活动。人则把自己的生命活动本身变成自己的意志和意识的对象。他的生活活动是有意识的……有意识的生活活动直接把人跟动物的生命活动区别开来。"② 舍勒认为人是"生命冲动"与精神活动的统一体,但精神活动才是人的根本属性,是人与动物的根本区别。德国哲学家雅斯贝斯说:"人是精神,人之作为人的状况乃是一种精神状况。"③ 上述几位思想家对"精神"的内涵认识尽管有一些差别,但都认为人与动物的本质区别在于人的精神活动。正是这种精神活动实现了生命与外界的意义关联。思想政治教育是以人的思想、意识、观念等精神结构为直接对象的,理所当然就成为人与外界实现意义关联的一种方式。因此,思想政治教育对人来说已经不是一种理性的灌输,而是一种精神的牵引和生存的关怀。这种"牵引"和"关怀"使得社会和阶级的思想政治要求变成了人自身维系自己、满足自己、发展自己的内在精神需求。

三是思想政治教育担负着构筑人的精神世界的责任。人活着,不仅需要不断地与外界打交道,而且需要不停地与自身打交道。正如卡西尔指出:"人是在不断地与自身打交道而不是在应付事物本身。他是如此地使

---

① [法]埃德加·莫林、安娜·布里吉特·凯恩:《地球祖国》,马胜利译,生活·读书·新知三联书店1997年版,第119页。
② 《马克思恩格斯全集》,第42卷,人民出版社1979年版,第96页。
③ [德]卡尔·雅斯贝斯:《时代的精神状况》,王德峰译,上海译文出版社1997年版,第3页。

自己被包围在语言的形式、艺术的想象、神话的符号以及宗教的仪式之中，以致除非凭借这些人为媒介物的中介，他就不可能看见或认识任何东西。"① 思想政治教育所承载的社会倡导的思想观念和政治态度正是以文化符号出现，以语言形式显现，以艺术想象力为依托，以宗教的替代角色而存在。它担负着构筑人的精神世界的责任，而且这种责任是一种灵魂的自由自在的自觉和自抉。人正是借助思想政治教育工作通过外部言语和内部言语与自然、社会、他人和自我进行交流和融洽，并不断诉说生活的意义、确证自身所处的位置，从而达到消解冲突和烦恼，形成正确的态度和生活方式的目的。②

由以上三个层面来看，形上价值追求才是思想政治教育的题中应有之义。从思想政治教育的实践来看，缺乏形上基础和形上追求的反思，往往使人局限眼前，醉心功利，遗忘未来，失却高尚。

对于思想政治教育来说，以价值秩序为目标的形上追求在当前既具有可能性，也具有合理性。

其一，思想政治教育形上追求任务的再次提出是在一个人人追求更高价值、畅想生存意义的时代背景下发生的，时代赋予了它极大的可能性。相对于20世纪，21世纪社会生活的特点已经由过去的重视价值追求变为重视并追求更高的价值。这是由21世纪社会生产力、社会经济生活及文化生活的特点决定的，是由科学技术以超级的速度发展和社会财富的巨大增长的特点决定的。19世纪是压迫、剥削和掠夺的世纪；20世纪前半期是战争和革命的时期，后半期是和平与发展的时期；21世纪将会是和平与更快发展的世纪。在21世纪，人们将更加关注精神生活，关注精神生活的质量，努力克服与物质生活丰裕并存的精神生活空虚，克服社会道德危机、犯罪率上升等现象。从社会精神文明建设上说，要克服道德危机、精神空虚现象，首先要重建价值秩序，树立向上的价值追求。③ 价值追求已成为启动人们活力的内在动力。我们看到，"在不少地方，人们试图摆脱活动主义、动荡不安和娱乐消遣的控制，向往通过精神教育而不是毒品

---

① ［德］恩斯特·卡西尔：《人论》，甘阳译，上海译文出版社2004年版，第36页。
② 孙其昂、胡沫：《思想政治工作的人本价值》，《思想政治教育（人大复印资料）》，2002年第8期。
③ 王玉樑：《当代中国价值哲学》，人民出版社2004年版，第302—303页。

达到内心的平静与安详"。①

其二，思想政治教育形上目标追求的最终目的在于使人向神圣价值或超越价值的不断趋近，是努力促进人的全面发展，而不是回归上帝的怀抱走上宗教立信之道，在以构建和谐社会为主题的当今中国具有合理合法性。以前我们的思想政治教育只停留在价值观的具体内容和具体的道德规范的传授上，局限于道德知识的传授方面，没有对规范和内容做根源性说明，更重要的是没有体现思想政治教育提升人、发展人的本体价值，其不合理性显而易见。思想政治教育的形上追求，应体现神圣价值的至上位置，但要对神圣之物做出符合社会主义时代精神要求的转换。在这里，儒家文化中的"圣人"、"君子"等理想人格可以成为历史资源加以继承光大，还应结合舍勒的"完整的人"、马克思的"全面发展的人"予以整合。用舍勒的话来说，"这整个普世主义的终极意义和终极价值最终只能在纯粹的存在上（不能在功效上）和在尽可能完美的善的状态上得到衡量，只能在最丰富的充盈和最完整的展开上、在最纯粹的美和各个人格的内心和谐上得到衡量"。② 也就是说，思想政治教育的最终目标，在于追求位格的内心和谐，也就是培养具有和谐的内心世界的人。这样的人由于有一颗宁静的心灵和确定的目标，即使置身外部事物的洪流，仍能达到"不以物喜，不以己悲"和"任庭前花开花落，看天边云卷云舒"的心灵境界。

三 价值秩序与思想政治教育的原则和方法

一是在思想政治教育原则上，应体现现实关怀与终极关怀的结合。在我们的思想政治教育实践中，关注比较多的、做的比较好的是现实关怀，而终极关怀不够。终极关怀实质上就是对某种终极价值或者说最高价值的追求，体现的是一种超越性的价值追求或信仰，而信仰说到底其实就是人类对自身生存局限性的主观弥补和超越，它在人的生存中是如此地重要，以至于东西方教育家一致呼吁应该通过各种途径刻意培植人的信仰。当前我国思想政治教育中一再强调的理想信念教育正是对这种呼吁的回应。舍

---

① ［法］埃德加·莫林、安娜·布里吉特·凯恩：《地球祖国》，马胜利译，生活·读书·新知三联书店1997年版，第120页。

② ［德］马克斯·舍勒：《伦理学中的形式主义与质料的价值伦理学》，倪梁康译，生活·读书·新知三联书店2004年版，第10页。

勒是一位使命感、责任感非常强又非常关注现实的哲学家，但舍勒却将神圣价值作为人们应当追求的最高价值予以弘扬，显然，他并不是要表达对实体神的追捧，而仅仅是利用神的观念揭示人身上永恒的神性或超越性，并以此提醒人们在追求现实价值的同时勿忘超越性的价值目标。所以，价值秩序理论给我们的思想政治教育提出了一条很重要的原则，那就是思想政治教育应充分体现对人的现实关怀与终极关怀的结合。在这点上，西方的宗教途径在我国既缺乏社会基础又缺乏科学认同，故不切合我国国情，难以承担解决人的信仰问题的历史重任。在我国，只能通过社会主义核心价值观的建构来解决人们的信仰问题。

二是在思想政治教育方法上，应注重精神体验与人格典范的牵引。

因为人心价值秩序是思想政治教育的本体论基础，而人心价值秩序又是在"面向世界本身"的精神体验过程中自身被给予的，所以，要想以价值秩序为坐标来引领思想政治教育的方向，就必须摒弃传统的灌输、说教等方法，转而采取以活动为载体、以内在精神体验为主要方法的教育形式。只有在静谧的精神体验过程中，个体才有可能把握到价值及其价值秩序，才有可能遵循先天的偏好法则和价值公理做出符合社会要求的价值选择，进而实现人格的善。

与价值秩序对应的价值人格典范是促进社会道德发展的重要力量，价值人格典范往往现实化为行为榜样。所以，思想政治教育必须注重榜样的牵引。但舍勒所谓的榜样与我们现实生活中已经确立的榜样之间是有区别的。首先，在舍勒看来，榜样之所以为榜样主要在于他内在所包涵的人格价值，是一种精神性的存在。而在市场经济深入发展、科技理性和实用理性日益被高举的今天，人身上的那一部分精神性的东西似乎已经渐渐地被人遗忘，人性的崇高已经成为不少人嗤之以鼻的"迂腐"，人格的价值和尊严仿佛只能用血淋淋的成功来标识，所以思想政治教育中树立的榜样更多的是一些成功人士，是学习上的佼佼者、事业上的先进者，社会更多地是基于某人所拥有的才气、拥有的成绩、拥有的名誉而将一个人推到榜样的位置。即使有些真正精神性的榜样，也在宣传的过程中被功利化了，将真正的对榜样的追随与一些外在的名誉、好处挂上钩，人们只是不断地去追随榜样的行为，去寻求和榜样一样大的成就，而不是去形成榜样的精神内涵。对此时代境遇，国内有学者将之概括为"只有偶像没有英雄"[①] 的时代。为此，在思想政治教育中，要不断避免榜样的形式化和功利化，真正树立精神性而有影响力的榜样。

第二节 舍勒价值秩序理论对当代中国文明秩序构建的启示

价值与价值观是文化的核心，文化中蕴含的正面价值即文明。如果说，作为文化类型或时代概念的文明意味着人类走出蒙昧和野蛮的原始社会，价值观或文明因素同样意味着一种社会性秩序的生成：善恶对立与惩恶扬善的价值取向，以及正面价值高低大小及选择上的排序。因而，人们在生活实践中形成什么样的价值观，其实表明他们追求什么样的社会秩序。马克斯·舍勒（Max Scheler）是中外思想史上第一个明确提出"价值秩序"概念并给予深入探讨的哲学家，舍勒本人和学界都将其现象学价值论及价值秩序理论视为重建德国和欧洲社会文明秩序的一种努力。现代中国社会的变迁与文明秩序的构建都离不开中西文化的碰撞和互动，因此，舍勒的价值秩序理论是我们不容忽视的思想资源。由于浓厚的宗教情怀和西方文化背景，舍勒对价值、价值秩序的理解与我们所讲的价值、价值秩序的含义会有相当的不同，他对时代难题的看法及其解答，与我们的认识也会有一定的出入。但是，"他山之石，可以攻玉"，舍勒的有关研究可以为我们正在努力推进的现代中国文明秩序的形成提供有益的帮助和思想启示。

在谈论启示之前，我们有必要对本书阐述的主要内容——舍勒的价值秩序理论，做一个总结式的回顾和概览。（加页下注）

一 不可验证的方法与可以理解的结论

精神直观是舍勒发现价值及客观先天质料的价值秩序的基本方法，而精神直观的实质就是精神体验。精神体验不同于我们日常生活中的心理体验和感性体验。心理体验可观察可测量，具有客观现实性，而精神体验不可观察不可测量，具有超验性；感性体验用马克思的话来表达就是"活

[①] 张志平：《从价值意识的转变看当今世界的脆弱性》，《江海学刊》，2004 年第 5 期，第 15 页。

生生的实践",可感知可归纳,受人的主观条件和客观外界条件的限制而具有相对性,精神体验则以人的心理状态为对象,是一种非现实、非实在的"当下直观与把握过程",不可被他人感知并归纳,不受所处环境限制而具有绝对性。因此,心理体验和感性体验在不同主体身上具有普遍性和可验证性,但舍勒的精神体验不具有主体间的普遍性和可验证性。舍勒在《论哲学的本质及哲学认识的道德条件》一文中充分论述了人的精神直观得以可能的三个条件:人对绝对价值和绝对存在的爱、自我的屈尊和自我控制。显然,由于人的虚伪性和本身客观存在着的条件限制,谁都不愿意公开承认自己根本不具备精神直观能力,这就使得精神直观能力成为一个无解之谜。因而,迄今为止,舍勒宣称自己能够直观到价值世界的"先天事实",尽管别人无法验证,更无法像他一样直观到一个同样的"先天事实",但却无人站出来公开反对或否定精神直观。一个不可否认的历史事实是,只有舍勒具有常人无可比拟的精神直观能力,并被现象学运动的成员所公认,正如施皮格伯格评价所说"没有一个人具有比舍勒更高的直观能力"。[①]这就清楚地表明舍勒的精神直观作为价值秩序的认识方法,是不可以通过经验世界的逻辑来检验的,也是不能被不同主体反复运用的。

由于精神直观在舍勒这里并不具有主体普遍性,恰恰是像他这样的人才具有的一种特殊能力和资质,那么,他所直观到的价值及价值秩序如何具有客观的存在有效性呢?对此,舍勒打了一个颇具说服力的比方,他说这就像人人都见过苹果落地现象,但并不是人人都能从苹果落地现象中发现万有引力定律一样,可见万有引力定律的客观性和有效性与是否人人具有发现它的资质和能力无关。同样,对于价值把握的明见性和客观的存在有效性来说,是否每个人、每个民族、每个时刻都具有特殊的明察能力,这是无关紧要的问题。因此,在他看来,对价值质性以及价值秩序的把握,与这种可把握性的普遍性或传布范围根本没有关系。看来,我们要理解舍勒在现象学价值论尤其是价值秩序观方面的能力与建树,必须要有对"超常"能力的自觉意识,即超乎常人的人具备了超常的能力与资质,发现了常人难以或不可能发现的先天客观质料的价值秩序。对于舍勒的这种

[①] [德] 赫伯特·施皮格伯格:《现象学运动》,王炳文、张金言译,商务印书馆1995年版,第394页。

独特能力和哲学贡献，现象学泰斗胡塞尔坦言："他绝不是一个二流的思想家，而是一位极其敏锐、独立和具有科学的严格性的研究者。"① 舍勒去世后，海德格尔哀叹"哲学之路又一次重归于暗"②，蒂利希称舍勒思想"富有伟大的直觉力"，巴尔塔萨将舍勒思想视为"世界观的聚盆"，特洛尔奇称他为"禀有天主教精神的尼采"，社会学家韦伯赋予舍勒一串思想家的标志："现象学家、直觉思想家、浪漫的浪漫论者、形而上学家、神秘主义者，等等等等"，迄今还有欧洲的著名思想家说："舍勒对欧洲思想的发展具有决定性的意义。"③ 舍勒因此获得"思想界的浮士德"之美誉。上述种种评价从一个侧面反映出舍勒的精神直观法尽管不可验证，但舍勒精神直观到的价值世界的先天事实却得到了哲学家、社会学家的广泛认可。

事实上，舍勒通过精神直观发现的先天价值秩序是能够得到哲学家和社会学家以外的普通大众的理解和认可的，因为舍勒揭示的价值"被给予"的情感感受活动是我们在日常生活中能够感受并理解的经验性活动过程。比如与"享受、忍受"对应的"快乐、疼痛"的感性感受活动及适意、不适意的感官价值；与"自我保存、渴望成功"对应的"成功、失败"的感受活动及有用、无用的实用价值；与"健康、疾病、年龄、死亡、虚弱、力量"对应的"喜悦、忧郁、恐惧、同情、愤怒、报复"等生命感受活动及高贵、粗俗或好、坏的生命价值；与"美、丑"、"应该、不应该"等对应的"喜悦、悲哀"的精神感受活动及正当、不正当的精神价值；最后就是"福乐"或"绝望"的宗教形而上学性感受活动及神圣价值。舍勒还用"奠基"这个关键概念以及具体事例描述了价值的先天高低次序，即神圣价值高于精神价值，精神价值又高于生命价值，生命价值高于实用价值，实用价值高于感官价值。这个价值秩序还有两个先天依据，一是现象学的"偏好"，一是价值高低的先天标准，即价值的持续性、价值的可分性、价值的依赖性、价值的满足深度及价值本身的相对性层次。对"偏好"的明见性和价值高低的划分标准舍勒没有从理论

---

① 倪梁康：《现象学及其效应》，生活·读书·新知三联书店1994年版，第306页。
② ［德］吕迪格尔·萨弗兰斯基：《海德格尔传》，靳希平译，商务印书馆1999年版，第576页。
③ 以上评价均参见［美］曼弗雷德·S. 弗林斯《舍勒思想评述》，王芃译，华夏出版社2004年版。中译本前言。

上进行严密论证，而是通过从经验世界寻找例证的方法来证明其有效性。这样就产生了两个显著问题：一是例证可以让我们对舍勒思想的意图豁然开朗，并从例证理解价值秩序的合理有效性，但例证的特殊性不能代替结论的普遍性；二是舍勒的例证都是经验世界的事实，用经验世界事实的有效性来证明先验事实的有效性，有违现象学的基本主张"现象学经验是所有非现象学经验的基础"。这两个问题体现出舍勒价值论论证上的不足和理论的内在悖论。

但理论论证的不足和理论的内在悖论并不抹杀价值秩序本身的意义，我们关注的主要是舍勒关于价值世界的先天事实对人类社会的意义和功能。无可否认的事实是，舍勒所说的价值样式就大量存在于我们的生活中，我们甚至不用"精神之眼"就能感受到价值样式之间应该如此的排序，千年不易的族类精神、"天地良心"，生活中不言而喻的禁忌，到做人做事的基本道理，再到个人的名利与感受，最后是不断生产出来又不断被消费掉的商品的使用价值，这里有一个从人的形上根据、终极关怀，到形下器物和当下需求的价值次序。我们知道，近代以来，从达尔文的生物进化论，到普里戈津、拉兹洛等人依据系统论和耗散结构理论所阐发的进化论思想，为历史进化论提供了强有力的方法论支持，因而，人们更倾向于按照历史时间顺序从古到今地论述人类的价值取向和发展。也正是在这种背景下，社会心理学家马斯洛自下而上、从低到高的"需求层次论"才广为流行。那么，这是否意味着具有"超验"取向的舍勒的价值秩序观是观念论或意志论的，"经验"性的价值论才是合理的？我们认为，如果后者更多地属于"事实描述"，且人的历史进化特别是道德和宗教信仰的价值未必与物质和技术一样处于"进化"之中，在物质生活的丰裕与人的精神追求和境界之间，亦非简单的因果关系，那么，舍勒的价值秩序论恰恰具有某种针对性和批判性，并在现代树立起了一面崇高的价值大旗，正如中国先秦儒家之所以大讲"仁义"和"为仁由己"，所针对的正是当时由于礼崩乐坏而带来的不仁不义。我们自己的观点则是，人自从有了"自我意识"，有了"肉身"与"心灵"的二重性，一方面，在生物学和社会学意义上，人不断地展开从生物性到超生物性的进化而又永远受制于生物性；另一方面，在文化学和精神学的意义上，人则不断地依据自己的意识、目的和生活信念，不断地为自己开辟新的可能并引导着自己生命和精神境界的提升，如同笛卡儿所说"我思故我在"，黑格尔所说"人是用头立地的"。正是这两个方面的张力，推动着人类自身的进步并努力践行"一以贯之"之道。

对于当代中国价值及秩序的重建来说，我们需要的是既结合中国文化背景和国民的信念和信仰状况，又充分考虑现代化所带来的富有时代意义的思想和价值，创造性转换舍勒所揭示的价值的时代含义，在社会主义核心价值观的关照下，建构合理、合意的价值秩序，促进当代文明秩序的生成。

二 价值秩序是文明秩序的深层根据

为了区分舍勒在不同语境中使用的价值秩序的确切含义，我们姑且将他精神直观到的客观先天质料的价值秩序称为应然的价值秩序，将现代社会"价值颠覆"后的价值秩序称为实然的价值秩序。舍勒曾说："不论我探究个人、历史时代、家庭、民族、国家或任一社会历史群体的内在本质，唯有当我把握其具体的价值评估、价值选取的系统，我才算深入地了解它。"[①] 这里的价值评估和价值选取系统就是指实然的价值秩序。显然，在舍勒这里，实然的价值秩序不仅是理解个人的根据，也是理解社会历史的根据，而使这种理解得以可能的参照系正是应然的价值秩序。

首先，应然的价值秩序具有价值指引和文明标尺功能。舍勒认为，应然的价值秩序是实际价值世界的"北斗星"，它指引但不明确干涉价值世界的任何变化，也不对实际价值世界的构成做出直接、明确的规定，它只是为实际价值世界划定一个可能的游戏空间，人们的所有活动都只能在这个空间里发生并和这个空间一起变动。对于这一点，舍勒曾形象地指出："在尚未物化即尚未定形为财富的最简单的价值和价值质（它们构成了人的爱的秩序的客观方面）的等级各异的秩序之中，人迈步走来，就像在一间他始终随身搬运的房屋之中；不管他走得多快，他也不能走出这间房屋。"[②] 这就是说，应然的价值秩序规定了实际价值世界的活动范围，对实际价值世界具有指引和导向作用。至于价值世界的实际构成即实然的价值秩序，舍勒则认为是各种各样的因素，包括人们运用于其上的精力、能力和偶然事件综合作用的结果，但他认为人们对实然价值秩序的理解却不

---

① ［德］马克斯·舍勒：《爱的秩序》，林克译，上海三联书店1995年版，第35页。
② 同上书，第37页。

能从这些因素和偶然事件出发，而必须借助于应然价值秩序才能做出合理的解释。因为他认为实然的价值秩序并不是从构成价值世界的实际因素如物质资料、相关技术、人们运用于其上的精力以及许多偶然因素中抽象出来的，而是体现为贯穿于整个价值世界的一种价值统一性，并在那些处在价值质性之间的实施规则中展示自己，而这些实施规则决定着时代的灵魂。例如一个艺术品，会带着在美感的基本价值之间变换不定的实施规则而贯穿于历史上完全不同的"理解"中，并且为不同的历史时期提供完全不同的价值视角。① 显然，舍勒以不同历史时期人们对同一件艺术品会具有不同的理解为例，在向我们说明一个道理，即实然的价值秩序不仅提供了该时代人们观察、评价一切事物的价值视角，而且决定了该时代的灵魂，或者说决定了该时代的精神状况或文明状况。那么，我们如何理解、解释、评价这种文明状况的是非优劣呢？经验告诉我们，评价任何事物都需要一个客观标准，就像有一把标准的尺子才能丈量其他东西的长短一样。舍勒揭示的应然的价值秩序就为我们提供了这样一个"标尺"，它使我们看到了现实世界中价值的"反常"或"颠覆"，进而能够判断道德的"滑坡"或"沦丧"，不管人们对这把"标尺"的来源有多少质疑，不可否认的事实是，它确实为我们提供了认识特定历史时代文明状况的独特视角，使我们对时代精神状况有了更深入透彻的理解。

其次，实然的价值秩序是社会文明状况的"晴雨表"。基于舍勒的相关论述，价值秩序代表的是人的价值偏爱系统，实际的价值偏爱系统总会给身处其中的社会打上自己的印记。比如古代社会，巫术、禁忌、宗教等支配着整个社会生活，古代人也因此养成了敬畏神明、不尚竞争、平和淡泊的心性结构，这种心性结构使得古代人在价值追求上更加偏重精神价值和神圣价值，导致古代社会疏离了物质追求而仅仅景仰精神上的优雅崇高，从而既应对又助长了古代社会生产力发展的缓慢和物质匮乏，让民众能够安贫乐道甚至逆来顺受；现代社会经过"祛魅"和"世俗化"后，货币及资本对利润的追逐成为社会的基本逻辑，生产和竞争成为社会生活的核心内容，现代人自然形成了无所敬畏、敢于挑战、乐于竞争的心性结构，这使得现代人在价值追求上过分看重较低层级的感官价值和实用价

---

① ［德］马克斯·舍勒：《伦理学中的形式主义和质料的价值伦理学》，倪梁康译，生活·读书·新知三联书店2004年版，第21页。

值，而疏离了对较高价值的追求，导致现代社会变成一个物质极大丰富，到处声色犬马，但人们精神空虚、信仰缺失、世风日下的社会。舍勒曾这样来描述现代社会的文明状况："构成我们当今整个生活秩序之特色的全部力量，只能基于对一切精神之本质力量的极度反常之上，只能基于对一切富有意义的价值秩序的癫狂般的颠覆之上，而不能基于属于'人的'正常'天性'的精神力量之上。"①用奥斯瓦尔德·斯宾格勒的话说就是"大脑支配着一切，因为心灵已放弃了一切"。② 由此看来，古代社会和现代社会的文明都是"瘸腿"的文明。当然，我们将古代社会和现代社会的文明定位为"瘸腿"的文明，其目的不是全盘否定人类文明，而是表明，我们真正追求的文明应该是一个较高价值统领较低价值，并在它们的和谐统一中使人不仅得到感官享受而且感受到灵魂幸福的人类新文明。

从文明社会的内在规定性来说，物质文明与精神文明无疑是最基本的规定性，但物质"文明"的要义不在于物质充盈和财富大量涌现，而在于丰富的物质生活中蕴含着健康向上、积极正确的价值向度，精神"文明"的要义也不在制度健全和法律完善，而在于全社会拥有对制度、法律、主义等的坚定信心、信念和信仰。一言以蔽之，文明社会的要义和主旨在于它有着符合人性、维护人道、尊重人格、丰富并提升人的生活品位的意义与价值系统。这个意义与价值系统应该能为人们提供该做什么、不该做什么，应该优先追求什么、不应该优先追求什么的标准和参照，以保证现代人的生存根基，免于被"连根拔起"。舍勒揭示的应然价值秩序就是为现代人提供了这样一个意义与价值系统，这个系统在保持自身和谐、统一、平衡的同时，一定会赋予个人情性的高度和广度，也会赋予特定社会的正当性与合理性，就如舍勒指出的那样："在对人普遍有效的价值秩序之内，已经为那种个别的人性形式指定了明确的价值质范围，而这些范围必须和谐一致，结成整体，才能在建构一种共同的世界文化时呈现出人之情性的整个高度和广度。"③ 从这个角度看，古代社会和现代社会的合理性、正当性都成了问题。因此，价值秩序的重建也是对合理正当的文明

---

① [德] 马克斯·舍勒：《资本主义的未来》，罗悌伦等译，生活·读书·新知三联书店1997年版，第2页。
② [德] 奥斯瓦尔德·斯宾格勒：《西方的没落》（第一卷），上海三联书店2006年版，第338页。
③ [德] 马克斯·舍勒：《舍勒选集》，刘小枫选编，上海三联书店1999年版，第752页。

社会秩序的构建。

三 现代社会的主要问题与解决之道

对于责任感、使命感极强又非常关注"活生生的现实"的舍勒来说，建立一种质料的超验价值论显然不是其最终目的，他的最终目的是要将客观先天的价值秩序作为绝对标准，来反观和评价现实的人心及现代社会的精神气质，从而为改良现代资本主义社会、治愈资本主义病症提供一剂良方。基于他的质料价值伦理学观察视角，他将现代社会的主要问题归结为"价值的颠覆"，即价值秩序的颠倒：自我获得的价值凌驾质性价值、有用价值凌驾生命价值、世俗价值对神圣价值的倒置，并对价值颠覆的整个社会镜像进行了细致生动的描述。舍勒的描述尽管基于超验的价值秩序观，看到的主要是价值秩序颠倒的负面意义，但却与我们对现代社会诸多问题的经验感觉不谋而合。现实生活中，人们对通过努力和竞争取得的"成功"的过分尊崇，已经使得人的内在品性和德行游离于评价之外甚至被彻底遮蔽；人们为了获取财富、金钱、权利等有用的东西，不惜过度耗费宝贵的生命和健康；为了追逐一切世俗的利益、幸福和享受，无所顾忌、无所敬畏，丧失任何信仰。当然，我们也要看到舍勒未曾论及的价值秩序颠倒的正面意义。价值秩序的颠倒实现了社会发展价值目标从神本到人本的彻底转变，有力促进了人的解放，增强了人的主体性和独立性，为个人的发展营造了一个宽松的精神氛围。同时，整个社会对实用价值的普遍重视，也确实大大丰富了社会物质财富，使我们告别了缺衣少食的物质匮乏的历史阶段。这是评价现代文明时绝对不可以忽视的方面。问题是，随着社会财富的增加和人的独立性的增强，物质成果与心灵要求之间的矛盾也变得日益明显，生产、劳动、竞争使人们赢得了世界失去了心灵，拥有了物质的丰裕失去了精神的安宁，尤其是良知召唤系统全面瘫痪导致现代社会从道德上变得日益冷漠和精于算计，价值意识日益平面化导致我们这个时代变成了一个"嘲笑英雄痴迷偶像"的时代，价值深度与幸福感一同丧失导致现代人在面对大都市的繁华与便捷及现代生活的舒适与奢华时，并未感到更加幸福和满意，而是感到无能的痛苦与极大的逼迫。这是现代人生存实践的巨大悖谬与无奈。正因如此，我们认为舍勒对现代社会主要问题的把握是非常精准的。

在我们看来，舍勒所说的现代社会问题的实质就是道德文化危机与意义危机，现代性难题也因此在于，超越性的价值源头消解之后，现代人在合理地建构社会制度结构的同时，是否能并如何能重建人的心性结构？是否能并如何能重建人的精神家园与意义世界？从一定意义上说，舍勒为我们发出了世纪前的警告，促使我们跳出一元论的社会发展观，从现代社会分化和思想文化独立性的角度，审视人的精神生产和心灵世界，追求优秀，不做金钱和权力的仆役。

基于对时代精神状况的清醒认识，舍勒从重建实然的价值秩序，恢复应然的价值秩序为切入点开启现代文明秩序之路。但价值秩序在舍勒这里就是人心之序，重建价值秩序就是修复现代人破碎的"人心"。怎样修复人心呢？舍勒提到了三种路径：位格典范的塑造、懊悔情感的复苏、爱的共同体的构筑。

按照舍勒的思想，位格典范是一种"图式"或轮廓，只有当这种"图式"或轮廓与某个位格的生命过程相结合时，它们才拥有功能性存在；而只有借助于位格典范，人类中的具体模范才获得了自己的形式。舍勒根据每个价值等级的位格原型与价值秩序的对应关系，确立了五个理想的位格典范，由高到低分别是：圣人、天才、英雄、文明的舵手、生活艺术大师。他认为，位格典范拥有内在的道德价值和道德品性，并贯穿在其行为和行动的任何阶段，位格典范也不依赖于可量化的记录和公众的称赞，他的真正价值不在于这样的外在价值，而在于它能自动影响人们、牵引人们。但在我们日常生活中存在的大量真实的行为模范，舍勒认为仅仅是社会根据可量化的成就和成功挑选并树立起来的榜样，他们的道德品性和可量化成就可能并不相称甚至相冲突，因而人们对他们的追随不是发自内心的自由的吸引，而带有理性的盘算或责任上的强制，故持续时间很短。因此，位格典范的塑造比行为模范的树立更为根本有效。

懊悔是舍勒情感现象学中的重要概念。舍勒对懊悔的解读与阐述与现代哲学以及日常解释有很大不同。他说："在良知的动荡中，在良知的儆戒、规劝和谴责中，信仰之慧眼恒然凝视着一位不可见的无限的审判者的身影。"[①]"懊悔是这些良知动荡之一，它在本质上行使审判，并且与我们生命的过去相关。"[②] 由此看来，他并没有将懊悔视为一种否定的没有用

[①] ［德］马克斯·舍勒：《舍勒选集》，刘小枫选编，上海三联书店 1999 年版，第 674 页。
[②] 同上书，第 675 页。

处的多余行为，而是将懊悔视为人类良知的无形审判者。舍勒认为懊悔的作用表现在两个方面，"懊悔不仅具有否定的谴责性作用，它也具有肯定的解放性的建构作用"。① 一方面，任何懊悔都具有一种破坏力，因为它能根除位格之中的罪质存在、瓦解它的持续效力；另一方面，任何懊悔还具有一种重生的力量，或者说能够使人拥有一颗"新心"、成为一个"新人"。虽然这里分析的是纯粹个体的懊悔，但社会共同的懊悔也遵循同样的作用机制。不管是纯粹的个体懊悔还是社会共同的懊悔，都与应然价值秩序的自觉意识密切相关，并因此与德行的进步和社会历史的变迁紧密相关。纵观人类的历史，懊悔曾经一次又一次地唤醒了人类精神从而使人获得重生、使社会发生变革。基于对懊悔的独特认识，舍勒认为复苏懊悔情感是修复人心，重建价值秩序，促使社会走向良序的正确途径。

"爱"是舍勒情感现象学当中又一个非常重要的概念，理解舍勒所说的"爱"必须立足精神直观的要义，把它与感性之爱如情爱、友爱、兄弟之爱区别开来，而定位于精神之爱。舍勒认为这种精神之爱是人所特有的发掘事物价值的行为，"只有有爱心的人眼睛是睁开的——眼睛的明亮取决于他们爱的程度"②。这里的"眼睛"显然是精神之眼而非器官意义上的眼睛，精神之眼一旦睁开，展现在眼前的只能是作为先天事实的价值世界，而不会是经验的物的世界。这种发现价值的爱"本身具有一种不依赖于人的心理学机制的严格而自主的法则性"③，这个法则性即爱的秩序。所以，爱的秩序是价值秩序的先天依据。更为重要的是，舍勒所说的发现价值的"爱"不是片面的爱，不是对世界某一方面的"爱"，而是基于爱上帝、爱邻人、爱一切造物基础之上的爱之共同体。据此，舍勒认为现代社会所有问题的根源皆在于"爱"不仅被"怨恨"所代替，而且"爱的共同体"已经破碎。因此，重建价值秩序客观上要求构筑爱的共同体，这也是舍勒倡导爱的真实价值旨趣。

按照舍勒的设想，通过位格典范的塑造、懊悔情感的复苏和爱的共同体的构筑，人心将得以修复，现代资本主义社会及其价值观将被扬弃，价

---

① ［德］马克斯·舍勒：《舍勒选集》，刘小枫选编，上海三联书店1999年版，第675—676页。

② 同上书，第792页。

③ ［德］马克斯·舍勒：《伦理学中的形式主义和质料的价值伦理学》，倪梁康译，生活·读书·新知三联书店2004年版，第83页。

值秩序将得以重建，一种新的文明秩序——社会主义，他指的是基督教社会主义将得以建立。在我们看来，舍勒修复人心的三种路径中显然夹杂着一些理想化、宗教化的思想成分，照搬照抄对于解决当今中国文化低俗社会溃败问题可能并不合适，但它所强调的懊悔情感的心理机制及爱的共同体的重要性，无疑能给我们思考和解决自己的问题以有益的启示。

四 舍勒价值秩序理论对当代中国文明秩序构建的启示

无疑，舍勒关于价值及价值秩序的基本观点属于文化保守主义，他基于文化保守主义的立场自然会批评现代社会由资本所主导的市场经济及其价值追求，而他提出的问题解决之道也有理想化之嫌。那么，舍勒的价值秩序理论对当代中国文明秩序的构建究竟有什么启示？我们认为，这种启示至少有四点：

第一，每个人的人格与心灵秩序的建构，和社会组织秩序的建构是一个问题的两个方面，因为社会正是由每个个体组成的，反过来，人们在相互合作与竞争中所形成的关系体系又制约着每个个人。如同著名社会心理学家米德所说：社会的重建与自我或人格的重建之间的关系是交互的、内在的和有机的；"任何有组织的人类社会中个体成员进行的社会重建必然要求各个个体进行某种程度的自我或人格的重建。反之亦然。因为既然他们的自我或人格是由他们相互之间有组织的社会联系构成，他们不可能重建那些自我或人格而不在某种程度上重建特写的社会秩序，这种秩序当然也是由他们相互之间有组织的社会联系构成的。在这两类重建中涉及同样的基本材料即人类个体之间有组织的社会联系，只不过在两种情况下分别以不同的方式、从不同的角度或观点来处理罢了；或简言之，社会重建和自我或人格的重建，是一个过程即人类社会进化过程的两个方面"。[①] 这些年来，我们中国人普遍的心灵浮躁与社会的溃败，从反面说明了这一点，而只有重建文化价值秩序，变低俗、恶俗为风清气正，才能为人的内心世界与外部社会的重建创造良好的文化环境。

第二，舍勒所批评的价值颠倒和人心失序的现象固然针对的是西方，但在一定程度上说的也是我们今天正在面临的问题。中国近代以来特别是

---

① ［美］乔治·H. 米德：《心灵、自我与社会》，赵月瑟译，上海译文出版社1997年版，第270—271页。

实行市场经济以来，社会上普遍出现的对金钱和个人利益的追逐，已经达到了不顾道德底线的地步，这固然表明中国近代以来的社会变迁包括实行市场经济都是在西方的压力和示范下展开的，西方的价值观也必定会影响到我们，同时它还暴露出我们的世俗文化传统，特别是在现代革命斗争中一度神圣化之后转向更加世俗甚至低俗和恶俗的严重问题，这种严重问题不只表现为我们传统文化自身有难以适应并有效地平衡现代市场经济的伦理，而且表现为许多人恰恰把中西两种文化的负面因素结合于自身，这促使我们必须努力将中国历史上的优秀文化传统、近代以来革命的优秀传统和改革开放以来正在形成中的现代文明因素，在现代化实践的基础上融汇结合在一起，重建新的文化秩序和价值秩序。

第三，舍勒对西方现代资本主义社会的价值问题的批评虽然存在着一元化的问题，但西方社会的现实毕竟是经济、政治与文化这三大领域相当充分的分化；这三大领域的性质和功能是各不相同的，因而其标准和尺度也不相同，这样它们之间才能形成互斥互补、良性互动的关系。舍勒在文化价值上的保守主义态度，表明他的思想意识并没有被现代经济和政治所同化，他是作为思想家而非经济学家或政治家考虑问题，他以及与他抱有同样或接近的文化立场的学者，对西方基督教文化价值传统的坚持和保守，恰恰对作为强势的自由主义价值观构成了应有的制约或平衡，自由主义价值观主要应当体现在经济领域，但它也强烈地影响了思想文化领域，自由主义固然不等于对金钱价值的完全认同，思想文化领域也更需要自由的精神以及优胜劣汰的原则，但自由主义所推崇的市场放任原则并不完全适合于文化领域，如果把文化作为与市场完全平行甚至市场的附庸来看待，那么，整个社会都有被市场规则因而也是金钱交换所独断的危险，这在一定程度上已经成为现实，如直观地表现在真正具有艺术独创性的、体现人性及其反思的作品，往往无人问津，而文化工业的产品和媚俗之作，倒反而大行其道。因而，舍勒及其同道的这种声音是现代社会非常需要的，甚至是可贵的。他也能够让我们更加清醒地看到我们自身的问题，即由于中国社会的领域分化还非常不充分，传统的整体主义思维方式和价值取向，以及现行体制的问题，使得中国人往往不是陷入权力拜物的状态，就是金钱拜物的状态，因而，我们更需要推动社会的领域分化，确立思想文化的独立地位。

第四，舍勒的价值信念和价值批判，还有一个超越市场与政治的指向，这种指向其实是以现代社会整体的共识与信念为旨趣的，即它旨在维护整个社会的文化教养保持在一定的精神高度之上。社会的领域分化并不等于社会的相互疏离，而是为了它们之间的良性互动。而这种所谓的良性互动，不仅在于相互批评与相互制约，达到一种平衡状态，更在于相互促进，在多元的利益与多元的思想之间，最大限度地达成基本的共识与信念，如同宪法作为一切法律的母法起着根本的作用一样，社会也需要有一种为整个民族或全体公民所认同、信从的类似宪法的价值观，充当社会的黏合剂甚至共同的精神支柱。因而，我们传统文化的真正的问题，不在于其整体性的思维方式与价值取向，而在于这种"整体"是否能够真正代表或整合所有个体的愿望与目的，并体现出将历史、现实与未来贯通在一起的能力。无疑，现代的社会的共识不可能再靠精神领袖或学术权威来给出，更不可能是政府或某个部门强制推行的结果，而一定是人们在普遍交往和互动中所形成的。但由此形成的社会共识也必定是这个社会传统思想文化的创造性转化，不可能是与传统完全断裂的产物，也不可能是其他民族和国家思想文化的简单移植。如同在西方，基督教的文化传统仍然直接或间接地影响甚至在一定程度上主导着西方人的精神世界，中国现代价值与文明秩序的重建，也应当并必定是自身的文化传统在西方和世界文化影响与砥砺下的创造性转换。

附录　马克斯·舍勒学术生平

1874　舍勒 8 月 22 日出生于德国慕尼黑。母亲有犹太血统，父亲为新教徒。

1892　中断文科中学的学习，到私人研究院学习，在此期间大量阅读尼采的著作。

1894　毕业于慕尼黑路德维希（Ludwig）公学，同年秋开始在慕尼黑大学学习哲学和心理学。

1895　夏季学期开始学医学，冬季学期转入柏林大学，跟从狄尔泰（W. Dilthey）和齐美尔（C. Simmel）学哲学和社会学。

1896　对社会问题发生兴趣；同年秋至 1897 年冬在耶拿大学念哲学，与戈尔德斯坦（J. Goldstein）组织哲学学会。

1897　该年 12 月在哲学教授奥依铿（R. Eucken）、国民经济学教授皮尔斯道尔夫（Pierstorff）、地理学教授雷格尔（Regel）指导下获哲学博士学位；博士论文题为"逻辑的和伦理的关系的确定论"（耶拿 1899 年出版）

1898　游学海德堡，并在韦伯（M. Weber）的影响下写作了《劳动与伦理学》（Abreit and Ethik）一文。

1899　重返耶拿大学，在奥依铿指导下通过讲师资格论文《先验的方法与心理的方法》（耶拿 1900 年、莱比锡 1922 年第二版）；同年，在慕尼黑受洗入天主教会。

1901　在耶拿大学任编外哲学讲师；同年在哈勒（Halle）与比他年长 15 岁的胡塞尔初次见面。

1905　计划出版《逻辑学》一书，读胡塞尔著作后中止付印。

1906　因离婚诉讼被迫从耶拿大学离职，后经由胡塞尔介绍转往慕尼黑大学任教，教授伦理学和心理学。随后与慕尼黑现象学小组成员盖格、道伯特、普凡德尔交往；结识希尔德布兰特（B. Hildebrand）。

1910　赴哥廷根，通过胡塞尔的介绍，在"哥廷根哲学学会"（成员为靠近胡塞尔、莱纳赫、康拉德的慕尼黑—哥廷根的现象学者）讲哲学。六个月后，因与胡塞尔不合，返回慕尼黑。此后近 8 年时间，舍勒作为一个私人学者、讲演者和自由撰稿人活跃在德国的思想舞台，这是他一生最困顿潦倒的时期，也是他最为多产的时期。

1912　出版《论愤恨和道德的价值判断》（1961 年由 L. Coser 英译为 Ressentiment 出版）。

1913　出版《伦理学中的形式主义与质料的价值伦理学》第一部分（1974 年由 Manfred S. Frings 和 Roger L. Frank 英译为 Formalism in Ethics and Non–Formal Ethics of Value 出版）；同年，出版"情感现象学及爱与恨"，第二版改名为"情感的本质和形式"（1954 年由 Peter Heath 英译为 The Nature of Sympathy 出版；1991 年中译题名为"情感现象学"）。

1916　出版《战争天才与德意志战争》（莱比锡）；发表论文《社会学的新方向与战后德国天主教的任务》；同年脱离天主教会，但积极参与著名天主教文化杂志 Hochland 编务；出版《战争与建设》（莱比锡）；出版《伦理学中的形式主义与质料的价值伦理学》第二部分。

1917　出版《德意志仇恨的起源》（莱比锡）；此后两年，受任德国外交部出使日内瓦和海牙。

1919　任科隆大学社会科学研究所所长；受聘为科隆大学哲学与社会学教授。

1921　出版《人之永恒》（莱比锡）（1960 年由 Bernard Noble 英译为 On the Eternal in Man 出版）。

1922　发表论文《当代德国哲学》。

1923　出版《国家与世界观》。

1924　出版《社会学和世界观学说文集》（莱比锡）。

1926　出版《知识的形式与社会》。

1927　出版《人在宇宙中的地位》（1961 年由 Hans Meyerhoff 英译为 Man's Place in Nature 出版）。

1928　接受法兰克福大学社会学系邀请前往任教，受聘为哲学讲座教授；发表论文《哲学的世界观》（1958 年由 O. Haac 英译为 Philosophical

Perspectives 出版）；同年 5 月 19 日因心脏病突逝于法兰克福。他的遗孀玛丽亚·舍勒自 20 世纪 30 年代开始，毕生致力于编辑整理舍勒遗稿，并自 1954 年起编辑出版《舍勒全集》，1969 年她逝世以后由舍勒研究专家弗林斯接编，至 1997 年《舍勒全集》15 卷已全部出齐。（《舍勒全集》，瑞士伯尔尼弗兰克出版社，1954—1984；伯费尔出版社，1985—1997。）

主要参考文献

一 著作

1. ［德］马克斯·舍勒：《舍勒选集（上下）》，刘小枫选编，上海三联书店1999年版。
2. ［德］马克斯·舍勒：《伦理学中的形式主义和质料的价值伦理学（上下册）》，倪梁康译，生活·读书·新知三联书店2004年版。
3. ［德］马克斯·舍勒：《资本主义的未来》，罗悌伦等译，生活·读书·新知三联书店1997年版。
4. ［德］马克斯·舍勒：《价值的颠覆》，罗悌伦、林克、曹卫东译，刘小枫编校，上海三联书店1997年版。
5. ［德］马克斯·舍勒：《爱的秩序》，林克译，上海三联书店1995年版。
6. ［德］马克斯·舍勒：《人在宇宙中的地位》，陈泽环、沈国庆译，上海文化出版社1989年版。
7. ［德］马克斯·舍勒：《哲学与世界观》，上海人民出版社2003年版。
8. ［德］马克斯·舍勒：《情感现象学》，陈仁华译，远流出版事业股份有限公司1991年版。
9. 《马克思恩格斯选集》，第1、2卷，人民出版社1995年版。
10. 《马克思恩格斯全集》，第1卷，人民出版社1995年版。
11. 《马克思恩格斯全集》，第2卷，人民出版社1976年版。
12. 《马克思恩格斯全集》，第3卷，人民出版社1972年版，第52页。
13. 《马克思恩格斯全集》，第4卷，人民出版社1958年版。
14. 《马克思恩格斯全集》，第19卷，人民出版社1963年版。

15. 《马克思恩格斯全集》，第 23 卷，人民出版社 1972 年版。
16. 《马克思恩格斯全集》，第 26 卷，人民出版社 1972 年版。
17. 《马克思恩格斯全集》，第 42 卷，人民出版社 1979 年版。
18. 《马克思恩格斯全集》，第 46 卷上，人民出版社 1979 年版。
19. 马克思：《1844 年经济学哲学手稿》，人民出版社 2000 年版。
20. 马克思：《资本论》，第 3 卷，人民出版社 1975 年版。
21. 马克思、恩格斯：《费尔巴哈》，人民出版社 1988 年版。
22. 恩格斯：《反杜林论》，人民出版社 1999 年版。
23. [美] 曼弗雷德·S. 弗林斯：《舍勒的心灵》，张志平、张任之译，上海三联书店 2006 年版。
24. [美] 曼弗雷德·S. 弗林斯：《舍勒思想评述》，王芃译，华夏出版社 2004 年版。
25. [德] 施太格缪勒：《当代哲学主流》，王炳文、燕宏远、张金言等译，商务印书馆 1986 年版。
26. [德] 施皮格伯格：《现象学运动》，王炳文、张金言译，商务印书馆 1995 年版。
27. [美] J. N. 芬德莱：《价值论伦理学——从布伦坦诺到哈特曼》，刘继译，中国人民大学出版社 1989 年版。
28. 石毓彬、程立显、余涌：《当代西方著名哲学家评传第四卷——道德哲学》，山东人民出版社 1996 年版。
29. 周辅成：《西方著名伦理学家评传》，上海人民出版社 1987 年版。
30. 江畅：《现代西方价值哲学》，湖北人民出版社 2003 年版。
31. 刘小枫：《东西方文化评论》（第四辑），北京大学出版社 1992 年版。
32. 王炜、周国平：《人文哲学》，第 9 卷，山东人民出版社 1996 年版。
33. 倪梁康：《现象学及其效应》，北京三联书店 1994 年版。
34. 倪梁康：《现象学反思的两难》（载《中国现象哲学评论》第二辑），上海译文出版社 1998 年版。
35. 倪梁康：《自识与反思》，商务印书馆 2005 年版。
36. 倪梁康：《现象学及其效应》，上海三联书店 1994 年版。
37. 倪梁康：《胡塞尔现象学概念通释》，北京三联书店 1999 年版。
38. 刘小枫：《拯救与逍遥》，华东师范大学出版社 2007 年版。
39. 刘小枫：《现代性社会理论绪论》，上海三联书店 1998 年版。刘放桐：

《现代西方哲学》，人民出版社 1996 年版。
40. 苏国勋、刘小枫：《社会理论的开端和终结》，生活·读书·新知三联书店 2005 年版。
41. 赵修义：《马克思恩格斯同时代的西方哲学》，华东师范大学出版社 1994 年版。
42. 许志伟、赵敦华：《冲突与互补：基督教哲学在中国》，社会科学文献出版社 2000 年版。
43. 胡伟希：《流年物语——西方近现代文明的哲思》，云南人民出版社 2005 年版。
44. 赵剑英、庞元正：《马克思哲学与中国现代性建构》，社会科学文献出版社 2006 年版。
45. 宋瑞芝：《外国文化史》，湖北教育出版社 1994 年版。
46. 杨岚、张维真：《中国当代人文精神的构建》，人民教育出版社 2003 年版。
47. 司马云杰：《文化悖论：关于文化价值悖谬及其超越的理论研究》，陕西人民出版社 2003 年版。
48. 司马云杰：《价值实现论：关于人的文化主体性及其价值实现的研究》，陕西人民出版社 2003 年版。
49. 邢建国：《秩序论》，人民出版社 1993 年版。
50. 张宇燕：《民主的经济意义》，《经济民主与经济自由》，生活·读书·新知三联书店 1997 年版。
51. 李泽厚：《庄子美学札记》，《中国文化与中国哲学》，东方出版社 1986 年版。
52. 高新民：《人心与人生：广义心灵哲学论纲》，北京大学出版社 2006 年版。
53. 卢风：《启蒙之后——近代以来西方人价值追求的得与失》，湖南大学出版社 2003 年版。
54. 李江凌：《价值与兴趣：培里价值本质论研究》，中国社会科学出版社 2004 年版。
55. 刘放桐：《马克思主义与西方哲学的现当代走向：当代哲学向何处去?》，人民出版社 2002 年版。
56. 王玉樑：《当代中国价值哲学》，人民出版社 2004 年版。

57. 周向军：《壮丽的日出——马克思主义的社会哲学》，泰山出版社 1998 年版。
58. 袁贵仁：《价值与文化》，北京师范大学出版社 2002 年版。
59. 袁贵仁：《价值学引论》，北京师范大学出版社 1991 年版。
60. 孙美堂：《文化价值论》，云南人民出版社 2005 年版。
61. 石明：《价值意识》，学林出版社 2005 年版。
62. 李连科：《价值哲学引论》，商务印书馆 1999 年版。
63. 赵敦华：《基督教哲学 1500 年》，人民出版社 1994 年版。
64. 万俊人：《现代性的伦理话语》，黑龙江人民出版社 2002 年版。
65. 李建华：《法治社会中的伦理秩序》，中国社会科学出版社 2004 年版。
66. 许为勤：《布伦塔诺价值哲学》，贵州人民出版社 2004 年版。
67. ［德］海德格尔：《形而上学导论》，熊伟、王庆节译，商务印书馆 1996 年版。
68. ［德］胡塞尔：《欧洲科学危机和超验现象学》，张庆熊译，上海译文出版社 1988 年版。
69. ［德］胡塞尔：《现象学与哲学的危机》，国际文化出版公司 1988 年版。
70. ［德］胡塞尔：《纯粹现象学通论》，李幼蒸译，商务印书馆 1996 年版。
71. ［美］马歇尔·伯曼：《一切坚固的东西都烟消云散了》，徐大建、张辑译，商务印书馆 2003 年版。
72. ［德］马克斯·韦伯：《新教伦理与资本主义精神》，生活·读书·新知三联书店 1987 年版。
73. ［德］马克斯·韦伯：《新教伦理与资本主义精神》，彭强、黄晓京译，陕西师范大学出版社 2002 年版。
74. ［德］鲁道夫·奥伊肯：《生活的意义与价值》，万以译，上海译文出版社 1997 年版。
75. ［英］丹尼尔·贝尔：《资本主义文化矛盾》，赵一凡等译，北京三联书店 1989 年版。
76. ［德］奥斯瓦尔德·斯宾格勒：《西方的没落》（第一卷），上海三联书店 2006 年版。
77. ［德］黑格尔：《精神现象学（下册）》，贺麟、王玖兴译，商务印书馆 1981 年版。

78. [美] 李普塞特：《一致与冲突》，张华青等译，上海人民出版社 1995 年版。

79. [德] 海德格尔：《形而上学导论》，熊伟、王庆节译，商务印书馆 1996 年版。

80. [美] 埃利希·弗洛姆：《逃避自由》，刘林海译，国际文化出版公司 2000 年版。

81. [德] 卡尔·雅斯贝斯：《时代的精神状况》，王德峰译，上海译文出版社 1997 年版。

82. [德] 恩斯特·卡西尔：《人论》，甘阳译，上海译文出版社 2004 年版。

83. [法] 孔多塞：《人类精神进步史表纲要》，何兆武等译，生活·读书·新知三联书店 1998 年版。

84. [俄罗斯] C. 谢·弗兰克：《社会的精神基础》，王永译，生活·读书·新知三联书店 2003 年版。

85. [德] 帕斯卡尔：《帕斯卡尔文选》，陈宜良、何怀宏译，广西师范大学出版社 2002 年版。

86. [美] 托马斯·莫里斯：《帕斯卡尔与人生的意义》，李瑞萍译，北京大学出版社 2006 年版。

87. [美] 塞缪尔·亨廷顿：《文明的冲突与世界秩序的重建》，周琪等译，新华出版社 1998 年版。

88. [德] 迪特·森格哈斯：《文明内部的冲突与世界秩序》，张文武等译，新华出版社 2004 年版。

89. [美] 麦金太尔：《德性之后》，龚群、戴扬毅译，中国社会科学出版社 1995 年版。

90. [德] 吕迪格尔·萨弗兰斯基：《海德格尔传》，靳希平译，商务印书馆 1999 年版。

91. Max Scheler, *Man's Place in Nature*, Tr. Hans Meyerhoff, New York, Noonday Press, 1961.

92. Max Scheler, *Formalism in Ethics and Non-formal Ethics of Value*, Tr. Manfred S. Frings and Roger L. Funk. Eavanston, IL: Northwestern University, 1973.

93. Manfred S. Frings, *The Mind of Max Scheler*, Marquette University Press, 2001.

二 论文

94. 张志平：《价值、历史与人心：舍勒的情感现象学研究》，复旦大学，1999年。
95. 董世峰：《价值：一种道德基础的建构——N. 哈特曼价值伦理学研究》，中山大学，2002年。
96. 邹伟忠：《人格主义与价值问题：以舍勒价值哲学为锲入点的研究》，中山大学，2003年。
97. 刘翠：《人的生存本体论结构：解读舍勒的哲学人类学》，黑龙江大学，2003年。
98. 李革新：《舍勒的人格哲学研究》，复旦大学，2004年。
99. 张晓华：《马克斯·舍勒的现象学价值学说研究：从价值的自身被给予性问题入手》，北京大学，2006年。
100. 王艳：《人心之序——舍勒价值论研究》，复旦大学，2007年。
101. 万俊人：《舍勒现象学人学价值论掠要》，《社会科学战线》，1991年第3期。
102. 邓晓芒：《胡塞尔现象学对中国学术的意义》，《新华文摘》，1995年第4期。
103. 倪梁康：《现象学运动的基本意义——纪念现象学运动一百周年》，《中国社会科学》，2000年第4期。
104. 张卫良、周东华：《对马克思"资本主义"概念的再认识》，《史学理论研究》，2001年第4期。
105. 詹世友：《韦伯与舍勒之争：经济时代的伦理精神之源》，《南昌大学学报（人文社会科学版）》，2002年第1期。
106. 张志平：《舍勒的先验论及其对康德的批判》，《上海师范大学学报（社会科学版）》，2002年第3期。
107. 张曙光：《价值论研究：问题与出路》，《华中科技大学学报（人文社会科学版）》，2002年第4期。
108. 冯平：《重建价值哲学》，《哲学研究》，2002年第5期。
109. 张志平：《从内知觉明证性理论的嬗变看现象学的困境》，《人文杂志》，2003 年第 3 期。

110. 张盾：《从马克思到舍勒：反现代性理论的转型》，《浙江学刊》，2003 年第 5 期。

111. 贺来：《价值秩序的颠倒与现代社会的命运》，《吉林大学社会科学学报》，2003 年第 6 期。

112. 张祥龙：《现象学如何影响了当代西方哲学》，《天津社会科学》，2004 年第 3 期。

113. 张志平：《从价值意识的转变看当今世界的脆弱性》，《江海学刊》，2004 年第 5 期。

114. 陈力祥：《一种全新的伦理秩序和伦理规范——试论全球化时代普世伦理在实现全面和谐中的价值》，《探求》，2005 年第 1 期。

115. 倪梁康：《"伦常明察"：舍勒现象学伦理学的方法支持》，《哲学研究》，2005 年第 1 期。

116. 白蔚：《三位"马克斯"对资本主义精神的解读》，《社会科学辑刊》，2006 年第 3 期。

117. 田薇：《试论社会秩序与人心秩序的宗教性支持》，《中国人民大学学报》，2006 年第 4 期。

118. 李建华、王晓玲：《先验实质与道德价值——舍勒实质价值伦理学解读》，《中南大学学报（社会科学版）》，2006 年第 6 期。

119. 钟汉川：《论胡塞尔和舍勒的"质料"概念》，《哲学研究》，2007 年第 1 期。

120. 雷龙乾：《马克思的现代性批判理论刍议——兼论"物的依赖性"》，《北京大学学报（哲学社会科学版）》，2007 年第 1 期。

121. 韦海波：《舍勒现象学的情感先天论》，《兰州学刊》，2007 年第 1 期。

122. 郑元景：《从伦理、意识形态批判到政治经济学批判》，《福建农林大学学报（哲学社会科学版）》，2007 年第 2 期。

123. 李志军：《现代性问题图景中的马克思与西美尔》，《内蒙古社会科学（汉文版）》，2007 年第 2 期。

124. 李革新：《论舍勒的本质直观现象学》，《同济大学学报（社会科学版）》，2007 年第 5 期。

125. 英冠球：《从舍勒伦理学的观点看哲学人类学的地位》，《现代哲学》，2008 年第 1 期。

126. ［德］K. 雅斯贝尔斯：《论欧洲精神》，《金寿铁译，世界哲学》，2008 年第 2 期。

127. 贺来：《超越"现实"的"现实关怀"——马克思哲学如何理解和关注现实?》，《哲学研究》，2008 年第 10 期。

128. 倪梁康：《客体化行为与非客体化行为的奠基关系问题——从唯识学和现象学的角度看"识"与"智"的关系》，《哲学研究》，2008 年第 11 期。

129. V. J. McGill, Scheler's Theory of Sympathy and Love, in *Philosophy and Phenomenological Research*, Vol. 2, No. 3 (Mar., 1942), pp. 273—291.

130. Richard Hays Williams, Scheler's Contributions to the Sociology of Affective Action with Special Attention to the Problem of Shame, in *Philosophy and Phenomenological Research*, Vol. 2, No. 3 (Mar., 1942), pp. 348—358.

131. Edward V. Vacek, Scheler's Phenomenology of Love, in *The Journal of Religion*, Vol. 62, No. 2 (Apr., 1982), pp. 156—177.

132. Philip Blosser, Moral and Nonmoral Values: A Problem in Scheler's Ethics, in *Philosophy and Phenomenological Research*, Vol. 48, No. 1 (Sep., 1987), pp. 139—143.

后 记

本书是在我的博士论文《人心与社会——舍勒价值秩序理论研究》基础上修改而成，书中有些内容已经公开发表。说是修改，其实有点惭愧。因为博士论文的主体框架和内容基本没有大的变动，只是加了一个当代启示而已。

毕业 5 年后才想起出版自己的博士论文，着实有点太晚。一是总觉得自己的博士论文太粗糙，不好意思与更多读者见面；二是自己太懒惰，没有拿出时间和精力去精雕细琢再加工，以至于直到今日仍然"不堪入目"。但从另一方面看，就是现在出版似乎也有点早。因为对于舍勒价值秩序理论的研究，相对于我的学术经历和专业资质来说，就好像一座不可跨越的高山。事实确实如此，已过不惑之年的我，突然感觉自己真的不会说话了，自己需要跟别人学说话，学着说哲学话语，学着说现象学话语。可想而知，这本书的面目有多么丑陋啊！

平心而论，选择这样一个研究课题着实超出了我的学术能力范围。记得当年博士论文开题时就有不少好心的同学和老师提醒过我这个研究难度太大，但"明知山有虎，偏向虎山行"的性格，加上我对价值秩序问题的思考和浓厚兴趣，最终使我坚持了下来，并下力气潜心钻研。在这个过程中，最让我感动、难忘的是我的导师唐伟教授以海纳百川的胸怀接纳了我的选择，并与我一起读舍勒、研究现象学价值论，从框架构思到写作细节给予无微不至的指导。在书稿付印之际，我想把最真挚的谢忱献给我的导师唐伟教授。唐老师总是以他独特的方式，使我在慈祥温暖的关怀中感受严格细致的要求，在热情洋溢的鼓励中领会催人奋进的召唤，从做人、做事、做学问上给了我全面的教诲，从说话、办事到写文章给了我全方位的指导。这些都将使我受用终生，并成为我生命中最宝贵的一笔精神财富。

　　书稿付印之际，还要特别感谢北京师范大学哲学与社会学学院的张曙光教授，他睿智的思想和精辟的学术见解充盈了马克思主义哲学专题研究课的始末，为我们制作了诸多思想大餐，一次又一次激发了我思维的火花，将我领进了价值秩序的研究领域。同样是与张老师的一次短暂的课间交流使我最终将研究定位于舍勒的价值秩序理论上，更是与张老师在国家社会科学基金重点项目（批准号：09AZD007）《社会主义核心价值与当代文明秩序的构建》研究课题上的进一步合作，使我最终得以完成舍勒价值秩序理论对当代中国文明秩序构建启示的思考与写作，张老师的细致修改和精心指导使得这部分内容成为可读之作。

　　非常感谢在博士论文开题和预答辩、答辩过程中给予指导的杨耕老师、吴向东老师、刘孝廷老师等，他们对论文的写作提出了许多中肯的意见和建议，在本书中多有体现。

　　同时，向我书中所引用或引述的著作、文章的作者致意，感谢他们无言的帮助。

　　感谢中国社会科学出版社的徐申编辑，他为本书的出版付出了大量艰辛的前期工作。特别感谢中国社会科学出版社的田文编审，她认真负责、雷厉风行的工作作风给我留下了深刻印象，她为本书的出版做了大量繁杂的后期工作，使得本书最终能与读者见面。

　　路慢慢其修远兮，吾将上下而求索。对舍勒价值秩序理论的研究还只是一个开始，对其当代启示的揭示也只是引出了一个话题，更深入细致的研究探索有待我们大家共同参与。我期待看到更多更好的作品，也真诚希望各位读者、同行接纳和容忍我在学术上的稚嫩，期待各位读者对书中的错误和疏漏给予批评指正。

冯凡彦
2015 年 10 月 1 日